中国祥物

陶思炎 著

中国出版集团
東方出版中心

中國祥物 自序

我们每天都在同自我心灵、世上他人和天下之物打交道,并时时用知识、情感、价值和功用的眼光看待一切身外之物,作出吉与凶、爱与憎、存与弃、继与毁的判断和抉择。不论是天成的自然之物,还是手工的人类造物,一旦进入民间生活,就必然打上风俗的、宗教的、艺术的,甚至哲学的印记。

古人认为,物各有灵,物各有主,物人、物物、物事间存在着潜在的神秘联系,形成一个混融互通、交感同一的整体。基于这一认识,物有精神、物有品质、物有意志、物有力量,物能成为人的工具、武器、依靠和福星。于是,用以除凶避殃之物称为“镇物”,主要显示出工具和武器的性质;而用以纳吉迎祥之物称为“祥物”,主要显示出福善和嘉庆的特征。

同镇物一样,祥物也是一个体系庞杂的文化系统,它在岁时、建筑、器用、交通、礼仪、天地、神仙、物种、饮食、文字、图画等方面均有所见,涉及生产、生活的各个领域。祥物总是与民俗艺术联系在一起,表现为物质与精神、社会的统一,民俗与审美、创造的互动。透过祥物,我们能看到物理与事理、人情的奇妙结合。

“祥物”与“镇物”犹如一对相反相成的“姊妹”，我早就有对她们双双加以探究的兴趣，在《中国镇物》一书问世以后，我开始了本书的写作，并从功用和构成这两大线索入手，以对中国的祥物文化进行较深入的研究。本书采用了与《中国镇物》相类的体例与方法，延续着作者的个人风格，希望小作能对中国吉祥文化的研究有所拓展。

祥物与镇物的联系与区别何在？祥物是最具魅力的民俗艺术吗？祥物能否与时俱存、长传不衰？这部小作是否对祥物文化的研究有所拓展？敬请读者朋友们自己去评判。我一如既往，至诚地感谢朋友们的批评与指正，并将以更大的努力在未来的民俗艺术研究中不断地探索、前进。

陶思炎

于金陵望山楼

中國祥物 目录

导 论

一、何谓祥物

祥物，又称"吉物"、"吉祥物"，系由原始崇拜物、巫具、宗教法具等而衍生出的福善、嘉瑞的象征物品，它借取自然物、人工物及其他文化形态，遵循物物、物事、物人相感的原始逻辑，在礼俗应用中表达着明确而强烈的祈福禳凶的功利追求。

吉、祥二字的字义与联系，可在中国典籍中见到不少解说。

《周易·系辞上》曰："吉，无不利。"

《文选·东京赋》"祚灵主以元吉"薛注云："吉，福也。"①

《说文解字》曰："吉，善也。从士口。"②

《山海经·大荒西经》"江山之南楼为吉"注曰："吉者，言无凶夭。"③

《释名·释言语》曰："吉，实也，有善实也。"

《周书·武顺》曰："礼义顺祥曰吉。"④

可见，吉字包含有福、善、实、顺、无凶夭等寓意。

至于"祥"字，《说文解字》曰："祥，福也。从示，羊声。"

《尔雅·释诂》曰："祥，善也。"

"祥者，福之先者也。"⑤

---

① 清阮元：《经籍纂诂》，卷93"吉"。
② 清段玉裁：《说文解字注》，二篇上"口部"。
③ 清阮元：《经籍纂诂》，卷93"吉"。
④ 同上。
⑤ 清阮元：《经籍纂诂》，卷22"祥"。

《后汉书·窦武传》注云："祥，吉凶之先见者。"①

《文选·东京赋》"卜征考祥"薛注云："祥，吉也。"②

由上述数例可知，祥字亦有福、善、吉、见吉凶之意，祥、吉本相近、相通。因此，吉、祥二字常被相提并论。

《周易·系辞下》曰："吉事有祥，象事知器，占事知来。"

《庄子·人间世》曰："虚室生白，吉祥止止。"

《中庸》曰："国家将兴，必有祯祥，吉祥也。"

《战国策·秦三》载："蔡泽复曰：'天下继其统，守其业，……岂非道之符，而圣人所谓吉祥善事与？'"

《三国志·魏志·王肃传》曰："时有二鱼长尺，集于武库之屋，有司以为吉祥。"

由于祥为"羊声"，故"吉祥"古又称作"吉羊"，汉《元嘉刀铭》有"宜侯王，大吉羊"之句。《说文解字》曰："羊，祥也。"汉代器物多以羊为祥物，婚嫁以羊为礼，陵墓前神道多立有石羊之类（图 0-1），墓室内亦见有羊纹画像砖石（图 0-2），均取"吉祥"之意。

图 0-1　汉墓前的石羊

图 0-2　汉画像砖石上的羊纹

① 清阮元：《经籍纂诂》，卷 22"祥"。

② 同上。

至于吉、祥二字的细微差别，唐成玄英在《庄子》"吉祥止止"疏中指出：

吉者，福善之事；祥者，嘉庆之征。

根据这一解释，我们可以看到，在古人的观念中，吉指事象，祥为意象；或吉指善实，祥为嘉征。它们虽有事实与征兆的实、虚之别，但基于共同的价值观和功利观，它们又是一个相关相联、并存互补的整体。

自然界与人世间的吉凶纷呈，是人类创造祥物并以之趋吉避凶的客观基础。《周易·系辞下》曰："道有变动，故曰爻；爻有等，故曰物；物相亲，故曰文；文不当，故吉凶生焉。"在古人的观念中，"物"之存在与驳杂决定着吉凶变化，因此，为控制这一变化，获取"福善"与"嘉庆"，祥物得到了普遍的应用。

祥物不论是取自自然物或人工物，一旦在俗民社会中被赋予了文化识解的信息，并形成了传统，就超越了单纯物态的性质，带上了理念、情感、品质，成为主体的思想与人性的延伸。《老子》第51章曰：

道生之，德畜之，物形之，势成之。

物与道、德相贯相连，是在同一个文化链接上的不同形态。所以，作为物承文化的祥物，在福善追求与吉凶抉择中亦有道德的、理性的成分，并非只是虚妄信仰的寄托，且由此而显现其乐生入世的积极基调。

祥物、吉物的名称在汉代已有所载。《后汉书·明帝纪》曰：

祥物显应，乃并集朝堂。

王充《论衡·初禀》则曰：

文王当兴，赤雀适来，鱼跃鸟飞，武王偶见。非天使雀至鱼来也，吉物动飞而圣遇也。

可见，祥物、吉物早有定称，它在中国文化史上是与"镇物"相反相成的又一类历史悠久、体系庞杂、内蕴丰厚的物态文化群。

祥物的应用领域十分广阔，它既见之于物质生产、生活的层面，又见之于社会组织与社会生活的层面，还见之于精神文化和信仰风俗之中，同时，在语言、文字、图画、符号等文化创造与文化应用中亦时有见之。人们把祥物作为生活的帮手，作为讨吉祈利的心理寄托和理想追求的凭依，并根据不同的时空条件和生活领域对之加以创造与利用。就主要领域而论，祥物在当时风俗、建筑文化、饮食行旅、生育寿诞、婚嫁礼俗、丧祭仪典、农作商卖、社会交际、游乐活动、民间信仰等方面多有应用。

祥物的构成体系，包括日月星辰、山水云气、神佛仙道、动物植物、神兽灵物、日用器具、武器工具、乐器珍玩、经籍图画、文字符箓等，即一切被赋予祥瑞嘉庆意义的自然物、人工物及其文化符号。

祥物既是艺术情趣浓郁的民俗物品，又是心愿寄托的俗信物品。不过，在长期的传习中，它已褪去巫术与宗教的色调，失去虔诚与敬畏的情感，变滞重为轻松，易惶恐为欢乐，成为人们激发希望、鼓舞情致、提高勇气、美化生活的工具。由于祥物多用类比的、象征的、联想的方式而承传，故而含蓄委婉、曲奇多趣。可以说，祥物以其艺术特质与生活风韵，已成为中国民间文化中最精彩、最有价值的类型之一。

二、生成规律

祥物是建筑在文化理解之上的精神追求，它需要的是一种心理的满足和主观的慰藉，而不是实在的因果关系和事物间客观的联系。祥物的生成，往往是其某一特质被人为夸张，其名称的音声所引起的联想，其形状、用途、性质等受到了增饰和类比，其利害关系得到了主观的认定与强化。祥物的生成是民俗筛选的结果，它成为一定社群的生活伴物。人们从日常生活与劳作中，积累了对身边事物的认知与感受，并进而产生了美学评判，使能唤起生活激情、美感享受、创造欲望和追求理想的事物融入民俗传统，形成“祥物”的系列。

祥物就形态说，虽纷繁复杂，然其生成却有一定的规律，就方式而言，主要有谐音、象征、指事、联想、综合诸法。

谐音法

即从某物、某图的名称与他物、他事的名称在发音上谐同或相近入手，赋予展示物以新的意义。它以转借、认同为基本逻辑，以语言为识解媒介，以语言、词汇引发新的文化符号，从而使寻常之物成为富有情感与意旨的吉祥物品。

在中国祥物体系的架构中，谐音法起着重要的作用，创造出众多的物象与图饰。例如,以“鹿”谐“禄”,涌现出大量的“福禄寿”一类的构图(图0-3),艺术地传导着祥瑞的气息。又如,以“鱼”谐“余”,在祥物中留下了许多吉庆有余、连年有余、富贵有余(图0-4)之类的祥物、祥图。再如,以蝙蝠之“蝠”谐“福”、以玉磬之“磬”谐“庆”、以“鱼”谐“余”,构成了“福庆有余”的祥图(图0-5)。此外,以“戟”、“橘”、“鸡”谐“吉”,以绶带鸟的“绶”谐“寿”,以佛手之“佛”谐“福”,以“竹”谐“祝”,以“葱”谐“聪”等,亦常用之。

图0-3　福禄寿(民间剪纸)

图0-4　富贵有余

图0-5　福庆有余(木雕)

以“葱”谐“聪”在宋代育儿礼俗中已见应用。苏东坡记云:

> 闽人生子,三日浴儿时,家人及宾客皆载葱钱,曰葱能使儿聪明,钱使儿富大。①

在民间剪纸中,谐音法是吉祥图案的主要构图手法,常常是诸物会聚,以谐音的叠加而显现出完整的吉祥寓意。例如,南京艺人张吉根剪纸作品

① 清陈梦雷:《古今图书集成》,“人事部”。

图0-6　室中喜合(民间剪纸)

中，有一石榴构图，内有蜘蛛（蟢子）、盒子等，该图以石榴之“石”谐“室”，以蟢子之“蟢”谐“喜”，以盒子之“盒”谐“合”，其语意连读为“室中喜合”，可见是一婚用祥物（图0-6）。

至于，民间用豆腐表“陡富”，以荷花、盒子表“和合”，以秋千表“千秋”、“万岁”，以金质知了、玉雕叶片表“金枝玉叶”，以喜鹊、梅花表“喜上眉梢”等，也都有谐音的应用。

象征法

即从物物感应、物物相通的前逻辑思维出发，在两个或两个以上的物象间建立互联通代的文化联系，赋予实在物体或图像以虚拟的复合的意义。象征是人类文化创造的基本手段，是从原始文化阶段积累起来的知识、观念、美感的凝聚，《易传》有“立象以尽意”之说，而西方学者在原始思维的研究中强调知觉的神秘复合，并得出“没有哪个现象只是现象，没有哪个符号只是符号”的结论。①

祥物作为一种物象，一种符号，蕴含着趋吉避凶的神秘意义。所谓神秘，即祥物的识解要超越构成物本身的物理性质和其他自然逻辑，引向一种情感与观念的非实验性的认定。祥物的象征意义往往在组合、应用中显现出来，成为点画某一风俗主题的手段和展露生活风韵的媒介。

在中国古代，婚礼纳采之物均取祥物以寄托追求。据唐段成式《酉阳杂俎》载：“婚礼纳采有：合欢、嘉禾、阿胶、九子蒲、朱苇、双石、绵絮、长命缕、干漆九事，皆有词。”以上九种祥物各有明确的象征意义：合欢，寓夫妻欢合、合家欢乐；嘉禾，寓祥瑞、富足；阿胶，如漆，寓夫妇恩爱不离；九子蒲，作枕芯，以兆多子多福；朱苇，瑞草，寓吉祥灵瑞；双石，寓夫妇情如石坚，地久天长；绵絮，寓夫妇恩爱缠绵；长命缕，表无灾无祸，不死长生；干漆，意指如胶似漆，夫妇相守不离。

在民间风俗中，祥物的象征随处可见。例如，松鹤，表“长寿”、“延年”；狮

① 〔法〕列维·布留尔：《原始思维》，丁由译，商务印书馆，1987年，页180。

子，表“威震一方”；麒麟，表“送滋”、“送子”；牡丹意指“富贵”；莲花、莲子，意表“多子”；花瓶，表“平安”；石榴，表“多子”；桃子，表“长寿”等。

在民居门窗装饰及家具图案上，常见有花瓶中插放牡丹花的构图，作为两祥物的叠加，其寄寓的象征可识读为“富贵平安”（图0－7）。在传统的吉祥图画中，有以官帽、腰带为表现中心的图幅，以取“冠带传流”、代代做官的象征而展现着祥瑞意义（图0－8）。此外，将荔枝、桂圆、核桃这类圆形果实同图而绘，每种三枚，寄寓着“连中三元”、登科得第的象征意义（图0－9）。

图0-7　富贵平安(木雕)

图0-8　冠带传流

图0-9　连中三元

民间剪纸，作为窗花、绣品、礼盒等图样，大多取材祥物，构成丰富多趣、明快精妙的吉祥图案。例如，以桃表“寿”，并以一只蝙蝠、两枚方孔铜钱与之搭配，成为“福寿双全”的象征（图0－10），而以象征“多子”的石榴与一只蝙蝠、一头梅花鹿同图，则传达出“福禄多子”（图0－11）、“福禄兴旺”的嘉庆意义。

图 0－10　福寿双全(民间剪纸)

图 0－11　福禄多子(民间剪纸)

指事法

即以人们熟知的某些图形与符号，在应用中有针对性的表达某一特定的意义。它往往以某种事理为依据，推衍到日常生活之中，并给予形象的、艺术的表现。

1973 年在河南巩县石窟发现的北魏石刻鸟纹中，有一“凤鸟展翅图”，其前方有一个五鸟共体的刻纹，它以五头一身的奇特构图寄托着神秘的祥瑞意义(图 0－12)。古人视鸟为“阳物”的象征。《经籍纂诂》卷 47 引《楚辞·自悲》“鸟兽惊失群兮”注云：“鸟者，阳也。”在中国宇宙神话中，太阳的精魂是三足乌，乌本鸟类，即以鸟为阳。在民俗语汇中，“鸟”是男性生殖器的别称，即“阳物”之意。因此，巩县石窟的五头共身鸟是一强化阳气的祥物，昭示着时人对生殖、繁衍的追求。

图 0－12　北魏五头鸟石刻

“一团和气”的祥图也是遵循指事法的创造，它以笑容可掬、脸胖体圆的造型，表现出宽厚开朗、平易随和的气氛。一团和气的题材在木版年画及吉祥花钱(图 0－13)中多有所用。其中，苏州桃花坞的套色木版画，又称之为“和气吉祥”(图 0－14)，在旧时南京专用作门画，贴于单扉之门，[①]以讨家庭和睦的吉利。

① 潘宗鼎：《金陵岁时记·门神》载：“单扉则贴一圆形和合，名曰‘一团和气’，亦有摹财神、仙官形像者，意取吉祥而已。”

图 0 - 13　一团和气(花钱)

图 0 - 14　和气吉祥(桃花坞年画)

“鲤鱼跳龙门”作为指事性吉祥图案常见于剪纸、挂笺、年画(图 0 - 15)、花钱(图 0 - 16)、建筑装饰、家具刻纹、刺绣制品等方面。

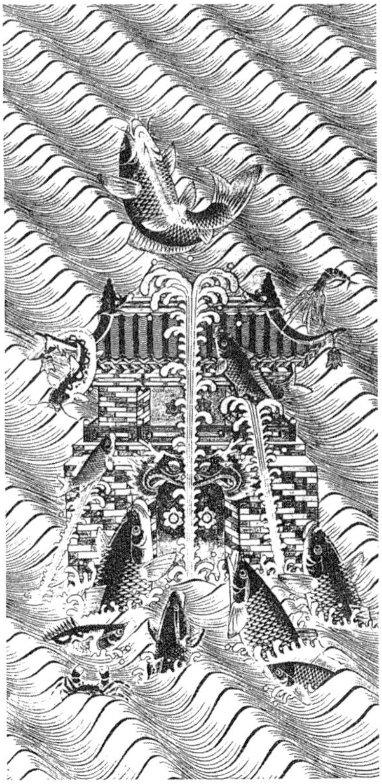

图 0 - 15　鲤鱼跳龙门(杨柳青年画)

图 0 - 16　鲤鱼跳龙门(花钱)

“跳龙门”又称作“登龙门”，指化卑为尊，显贵通达。《后汉书·李膺传》曰：“膺独持风裁，以声名自高，士有被容接者，名为登龙门。”《三秦记》曰：“江海鱼集龙门下，登者化龙。”此外，晋代长安歌谣中有“东海大鱼化为龙，男皆为王女为公”之说，[1]而唐宋时则以科举会试中登科而称“登龙门”。李白《与韩荆州书》曰：

① 见《晋书》，卷 112。

"一登龙门，则声誉十倍。"唐封演《封氏闻见记》卷3"贡举"曰："故当代以进士登科为登龙门，解褐多拜清紧，十数年间，拟迹庙堂。"

"跳龙门"之鱼何选鲤鱼？陶弘景《本草》曰：

鲤鱼最为鱼之主，形既可爱，又能神变，乃至飞越山湖……①

图0－17　鲤鱼跳龙门（美术图案）

鲤鱼在人、神或人、仙中的交通神能和空间飞跃之性，成为它"跳龙门"的信仰基础。这一事由或事理被应用到吉祥图画中，拟指腾达突变，直到现今"鲤鱼跳龙门"仍是工艺美术图案中的常见题材（图0－17）。

联想法

即从人们易于感知的物象、图像及其他文化符号入手，经识别、会意而产生联想，从而赋予构图以吉祥的主题。联想法往往形、声、义并用，既有较为固定的识解，又有想象的空间，成为颇富艺术情趣的创造方式。

"葡萄松鼠"的构图常见于居室装饰，特别是门窗裙板、大床栏板、帐挂绣品等处，并以累累的果实和可爱的松鼠给人以欢悦的感受。作为祥物，"葡萄松鼠"的意义要靠联想来识读：串串葡萄以层累的子实使人联想到成群的儿女，松鼠之"松"与"送"谐音，而人们见到鼠纹则联想到十二地支及属相以鼠领头，便有"子鼠"的起数。于是，"子"、"鼠"相连成了"子"、"鼠"对应，松鼠便成了"送子"。这样，"葡萄松鼠"以"送子多子"而展现其祥物的意义。

在瓷画、绣品中常有荷池、白鹭的构图。此外，一般绘作一只白鹭立于池中或芦苇之上，旁有莲叶、荷花，有的花中还绽出籽实密布的莲蓬，这一"花鸟图"的吉祥取义为：一只白鹭被视作"一路"，莲叶、莲花让人联想到莲蓬的存

① 唐徐坚等：《初学记》，卷30。

在，而莲子的颗颗相连又引发“连科”的向往，因此，它的主题是“一路连科”（图0－18）。

图0－18　一路连科（瓷画）

在明、清石雕、砖刻中常见有“如意草”的图饰，它以交结、弯曲、变形的构图，表现出动跃的、飞升的视觉效果，并由此产生吉祥的联想（图0－19）。它由植物而向由动物的形体变化，在石栏板雕饰中出现了凤首草身云气一类的刻画（图0－20），十分突出地展现了联想法在祥物祥图创造中的奇妙应用。

图0－19　如意草（石雕）

图0－20　凤首草身纹（栏板石雕）

综合法

即多个吉祥因素的叠加与组合，它使单一的祥物、祥图获得搭配、重组，并以新的系列扩充着原有的祥物体系。

由综合法而形成的祥物组合有“岁寒三友”——松、竹、梅，“四君子”——梅、兰、竹、菊，张扬儒学之道的“渔、樵、耕、读”（图0－21），标榜儒者风范的“琴、棋、书、画”，寄托生活追求的“福、禄、寿、喜”（图0－22）等。

图0－21　渔樵耕读（床板浅雕）

图0－22　福禄寿喜（花钱）

图0－23　综合祥图（木雕）

在木雕祥图中有刻作戟、磬、鱼篓、插有莲花的双鱼瓶、放置如意的瓷器等图像，其综合的寓意可归纳为：“吉庆有余”、“平安连科”、“得利如意”（图0－23）。

中国的风筝作为文化与艺术的载体，也往往是祥物、祥图的荟萃与选用，例如在一些纸鸢图案中见有“五福捧寿”、“福在眼前”、吉羽纹、云雷纹、“富贵不断头”等图饰，表明了它的综合特征（图0－24）。

三、历史演化

祥物在日常应用中形成了一个丰厚、庞杂的传承体系，并随着生活的需要而不断演进。当代祥物不仅是祥瑞追求的心理寄托和民间信仰的自然遗存，而

图 0－24　风筝祥图

且也是文化变迁与文化选择的结果。现存的任何祥物都经历过或经历着历史的演化，并在来源、材料、形态、特征、价值判断等方面，留下了演进的踪迹。

就来源而论，图腾物、巫具、法具和辟凶镇物是祥物得以构成的主要基础。

"图腾"(totem)一词系来自印第安语的音译，意思是"他的亲属"。图腾物被原始人类视作与本氏族、部族有血缘的联系或有其他特殊关系，被当作自己的祖先、恩主、保护神，及本族的名称或徽志。图腾物一般由动物、植物或其他自然物充任，其中以动物为多。它不是指某个物种的个体，而是指其整个的群体，并伴随有禁忌(taboo)和其他的崇拜活动。图腾物兼备着神、人两格，作为一种文化象征和信仰观念，它在氏族社会唤起了同命共生的一体感。图腾物的信仰与崇拜不仅把原始初民与自然世界混融一体，从而获得心理的慰藉与护佑，而且它借助神人合体的图腾绘画、狂放的图腾舞蹈、神秘的祝祷仪式、带有象征徽号的文身图案、记述氏族传说的图腾柱等，把氏族成员凝聚成一个相互认同、互为依靠的整体。

图腾物在原始信仰中是人类生的由来和死的归宿。前苏联学者柯斯文指出：

> 图腾主义也导致其他一些概念，如认为生育是由于图腾入居妇女体内，死亡是人返回于自己的氏族图腾。①

① 〔前苏联〕柯斯文：《原始文化史纲》，北京三联书店，1957 年，页 17。

图腾物在图腾时代被视为与人类活动息息相关的符号，成为凝聚族类、增强力量、树立信心、充满希望的最初的吉祥物。

在当代祥物体系中仍见有图腾物的遗存，不过，因社会已远离了图腾时代，它们已失去了虔信与敬惧的成分，仅作为一种吉庆嘉瑞的符号而满足人们的某种生活需求。

图 0－25　虎食人卣(商代青铜器)

虎图腾与虎崇拜在东亚地区曾普遍存在。中国商代的青铜器“虎食人卣”，以虎口人头的相连，透露出虎腹生人的祖先观(图 0－25)。在彝族文化中至今见有虎图腾的遗痕，虎吞口、虎瓦器(“瓦猫”)、虎面具、虎石、虎图腾舞(图 0－26)等，均展现了驱凶获佑、丰收兴旺的吉祥意义。在日本的岩手县大槌町和大船渡市、静冈县南伊豆町(图 0－27)、鹿儿岛市米町、香川县白鸟町、宫城县唐桑町等地也均有虎舞，其中亦含图腾的因素。[①] 在韩国的民画中，虎是常见的图像，其中“山神图”以白发老者手执如意与虎同在而传达出祥瑞的气氛(图 0－28)。

图 0－26　彝族虎图腾

① 参见〔日〕神田赖子：《日本的虎舞和虎文化》，载《自然与文化》特集第 50《东亚的虎文化》(日文版)。

图 0－27　日本虎舞(静冈县南伊豆町)

图 0－28　山神(韩国民画)

蛙、蟾也曾是氏族社会的图腾崇拜物，特别是原始文化中的“蛙人图”和“合体图”具有生殖、繁衍的象征意义。在中国马家窑型、马厂型等新石器时代彩陶上见有多种蛙蟾纹，其中，蛙头部画出多个圆点的构图突出表现了祝殖的盼求(图 0－29)。在北美印第安人的木雕件上也有蛙、人和鸟、人的叠合图

图 0－29　蛙蟾纹(原始彩陶)

(图 0－30)，同样带有图腾文化的成分。在陕北延安地区的剪纸艺术中，仍有蛙、人叠合的传统题材(图 0－31)，留下了图腾物向祥物演化的又一例证。此外，鱼人合体、鸟人合体、蛇人合体的艺术造型，例如台湾高雄的朱漆浮雕木版

图 0－30　北美印第安人的蛙人木雕

图 0－31　蛙人(陕北剪纸)

图 0－32　蛇卵生人木雕(台湾高雄)

上的蛇卵生人图等(图 0－32)，都残留着图腾的印记，并成为吉图祥物。

巫术工具、宗教法具和神话用具等，也都能随历史演化而进入当今的祥物系列。巫具、法具之类往往与通神的仪式相联系，是巫师、僧侣、道公们显灵作法的凭依和点画神秘气氛的手段。

水、火是自然之物，也是巫术与宗教常用的法物。水是地球上最重要的资源，其蕴藏极为浩瀚，人们概括地球表面构造时，素有“七水二山一分田”的说法。水在古人的观念中，不仅有润物之性，且“浮天载地”，具有通连天地的宇宙载体之性。《玄中记》曰：

天下之多者，水也。浮天载地，高下无不至，万物无不润。[①]

① 郦道元：《水经注叙》。

《黄帝书》则曰："天在地外，水在天外，水浮天而载地者也。"此外，《浑天仪》注曰：

> 天如鸡子，地如鸡中黄，孤居于天内，天大而地小，天表里有水，天地各乘气而立，载水而行……

直到清代，仍有"地浮于水，天在水外"之论。①

宇宙之水既能把天、地结为一体，由此人们出于神话思维与巫术观念便将水看作通天地、合阴阳、接神鬼的万能法物。于是，出现了所谓的神水、仙水、圣水、符水之类，巫师施法也多以吐水、洒水点画通神气氛。

火能发出光热，焚毁万物，是阳气的象征和驱阴辟祟的武器，同时也是用以通神的手段。古传炎帝以火德王，且火又由圣人造作，②故为神圣之物。巫道焚纸施法及神佛前点香燃烛，均取火的万能神力。

水火不仅有通神之性，而且还是人类生存的基础。《孟子·尽心上》曰："民非水火不生活。"此外，《尚书·洪范》"大传"曰："水火者，百姓之所饮食也。"水火因与人的生命活动息息相关而带上了嘉庆的因素，遂由巫术与宗教的法物而演成了习用的祥物。三月三的河水、七月七的露水和"阴阳水"（即井水与河水的合液），以及香火、烛火、烟火、焰火、野火、炭火等，也都被民间赋予了吉祥的寓意。

图0－33　汉画像石上的伏羲女娲图（山东嘉祥武梁祠）

其他巫具、法具，诸如斧头、锤子、规矩（图0－33）、牛角、珠子、灯盏、符纸等也经历了向祥物的演化过程，衍生出福槌、发槌、犀角（图0－34）、火珠、星灯、吉祥纸钱（图0－35）等祥物形式。

镇物是祥物的重要来源，也是

① 周亮工：《书影》，卷7。

② 《韩非子·五蠹》曰："有圣人作，钻燧取火，以化腥臊，而民说之。"

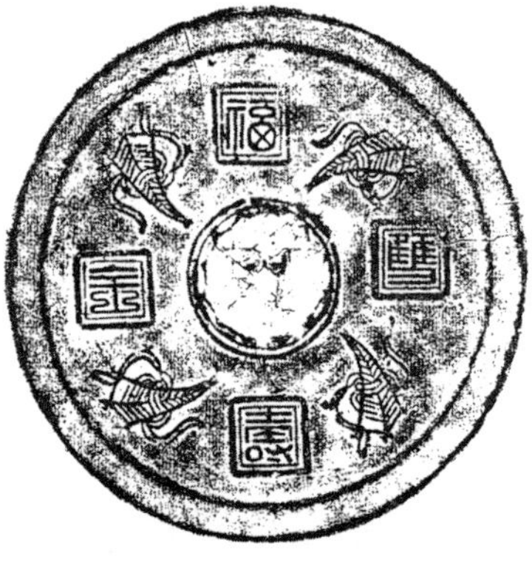

图 0－34　犀角福寿双全镜

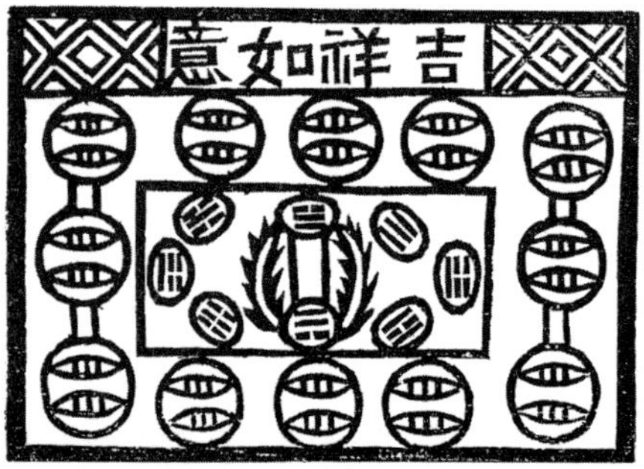

图 0－35　吉祥纸钱

祥物的早期形态。原始人类由于生产水平与知识水准极为低下，不可避免地产生对外界事物的恐惧和困惑，于是借助文化的创造，用镇物等工具对观念中的鬼祟、物魅、妖邪、阴气、敌害、祸患、灾异之类加以镇辟，以求得心理的抚慰，从而增强面对严酷世界的勇气和信心。正因为镇物的存在价值是从精神与文化方面帮助人类生存、劳作与创造，因此必不可免地随着人类知识的积累、生存能力的增强、创造手段的丰富、文化需求的提高而产生由避凶向纳吉的目标转换，于是镇物中的一些类型在应用中被赋予了新的意义，其形态为之而发生了变化。

图 0－36　售春联的小摊

从镇物演化而来的祥物种类不胜枚举，如钱币由“厌胜”变为“招财”的象征，桃木板制成的桃符演成了红纸吉语的春联（图 0－36），武门神经“文门神”的过渡形成各种祈福门画，诸如推车进宝、五子夺魁、冠带传流、加官进爵、麒麟送子、平安福寿、马上做官，等等。

镇物的应用是从反面目标入手，对一切干扰、妨碍人的生存、生产、生活的不利因素加以象征的制伏与排拒，从而赢得安全感与自信心。而祥物的应用则是直奔正面的目标，借助祥物的文化象征和物物、物人、物神、物事的联感逻辑，以获取吉利、嘉庆、祥瑞，从而创造轻松、舒坦的生活气氛。排除不利的因素，以对抗的方式换来安全的生存空间，本也为了幸福、吉祥，因此，从根本上说，镇物是祥物的一种特殊的存在形式。从镇物到祥物的转化，是人类心理上对抗与亲和、避害与祈利、紧张与舒缓等相互对立又相互联系的因素的阶段性显现。当今镇物中的一部分已完全转化成祥物，如年画、饺子等；另一部分同时具有镇物、祥物的双重性质，如鸡符、石狮、虎帽、虎枕等；还有一部分则与祥物平行传承，仍保持镇物的主要性质，如照妖镜、斩鬼符、避瘟丹之类。从祥物的构成看，有相当多的种类与镇物同源，或直接由镇物化出。

总之，图腾、巫具（法具）、镇物，可以说是祥物的三个主要来源。

就材料而论，祥物经历了由自然物到人工物的演化。禽兽虫鱼等动物，花、叶、果实等植物的一部或整体，山、石、洞、水、火、土等自然之物，都曾被早期人类视作与自己的生存、生活息息相关，并信能带来吉庆和福祉。

以自然物为祥物是自然崇拜观的延伸，留有原始思维的印痕。人与自然的共融互通是自然物被选作祥物的认识基础。一切安全的、有用的、友善的和富于美感的自然物较易进入早期的祥物系列。例如，鱼、鸟、鹿、羊、马、牛、鸡、犬、象、豕、龟、猴、猫、蝴蝶、蜜蜂、蜘蛛、松鼠等，其本体物作为吉祥的象征，具有向人工物演进的势能，后世鱼鸟、鹿鹤同春、三羊开泰、车马、天马、八骏、春牛、万象更新、太平有象（图 0－37）、室上大吉、封侯有喜、寿居耄耋、龟寿千秋、龟鹤齐龄（图 0－38）、葡萄松鼠等，或版印，或彩画，或雕塑，或刻凿，均表现出由自然物到人工物的和谐过渡和自然传承。

除了土、木、竹、石、骨、瓦、纸、金属等材料加工制作的有形祥物外，还有以文字、符号、色彩、图案等所构成的特殊人工祥物，它们同样也与自然物间有着各种潜在的文化联系，往往是自然祥物的抽象与比附。可以说，伴随着材料的演化，祥物的形态经历了由实物到图像，再由图像到艺术符号的渐进过程。

就特征而论，祥物的历史演化以由实到虚、由显到隐、由单到复较为突出。

所谓由实到虚，即祥物从实在的或原生的物体向象征的、替代的文化造物过渡，甚至从有形化为无形，并以文字、符号、声响、言辞表达原先的祥瑞意义。例如，以羊为祥，曾以活羊、整羊、羊头为祭祀、装饰中的祥物，而山西农村订婚之礼用面羊，民艺物品中版画、刺绣、绒花、灯盏中多见羊图或羊形，自汉以来还见有“吉羊”、“大吉羊”一类的吉语，它们在民俗生活中体现了祥物的虚实并用。

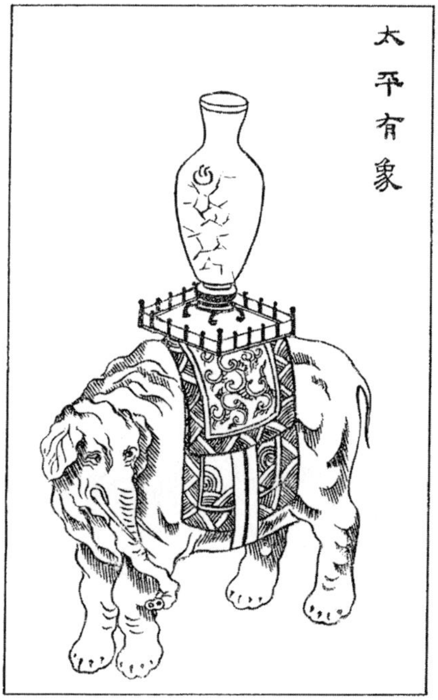

图 0－37　太平有象

图 0－38　龟鹤齐龄

所谓由显到隐，即祥物由显著的有形之物向潜隐的图案和象征转化，虽在形象上趋向了抽象，但它们所寄寓的嘉庆意义却没有随之淡化，而是更具艺术的魅力。例如，“二龙戏珠”演变为“草龙捧寿”（图 0－39），再演化为“龙花拐子”（图 0－40），龙形渐次消失，图案的抽象性越来越强。此外，八仙图从八仙的肖像演成八仙的法具，“明八仙”成了“暗八仙”，也经历了由显到隐的变化。

图 0－39　草龙捧寿（木雕）

所谓由单到复，即祥物的构成与应用由单一转向了综合，由单体变为多体，由一种祥物的意义表达转变为多种祥物意义的并用。例如，在明代中期制

图0-40　龙花拐子

作的剔红铅胎漆盒上，有一幅山水人物祥图（图0-41），绘有寿星、卧鹿、灵芝、葫芦、寿石、祥云、松、竹、菊、回纹等，它以十种祥物的迭用强化“延年益寿”的祥瑞主题。此外，以佛手、桃子、石榴与九个如意同图，表“三多九如”（图0-42），即福多、寿多、子多，久久如意。

图0-41　明代剔红铅胎漆盒

图0-42　三多九如

就价值判断而论，中国祥物的历史演化经历了由凶到吉和由吉到凶的双向发展。

所谓由凶到吉，是指原本丑恶有害的事物或与疾病、死亡相关的东西，在民俗生活中被赋予了某种功能追求和文化理解，转易为某种祥瑞的象征。诸如，大粪，被看作如愿神之所在和财富的象征；蛇入家宅，被视作宅神或仓神；棺材，被称作“寿材”、“喜材”，或被用来讨“升官发财”之吉；身上的红痣，不视作病征，反当作“福”相；白无常、五猖神等索命鬼和凶神，被说成能“增进百倍粮”，或获意外家财的吉神等。

所谓由吉到凶，是指在古代当作吉物的一些事物，由于文化变迁或功能转化而退出祥物的系列，甚至成为不祥的符号。例如，乌鸦本为吉鸟，又称作孝鸟，是知归、反哺识养的祥物，又是太阳的象征，但由于喜鹊价值的提升，及乌鸦叫声的不雅，渐与凄凉、不幸相联系，在近古以来成了人们驱逐、喝斥的对象。再如乌龟，本是长寿的象征，在近古亦成了人们嘲骂与调笑的对象，并成了对家有不贞妻子的男人的贬斥。

凶吉的对应与互化，不是一时一刻所完成的，它是长期的历史演化的结果，也是价值观随社会生活和文化选择渐进的反映。

四、功能作用

功能作为潜隐的心理机制的反映和人的自然属性与社会属性的体现，总是以各种直接与间接的作用满足着人们的生活需要，并因此使一切文化造物和民俗事物获得存在与传习的基础。祥物同其他文化造物一样，也因功能而存在，并由其社会与文化作用而显示出自身的价值。

中国祥物的功能作用十分复杂，古往今来、大江南北、各色人等，均有自己的祥物系列和广泛应用。作为祥物，它受自然力、生产力、道德力、信仰力的制约，各有其运动规律，然就功能而言，总有其共通的地方。一般来说，祥物的功能作用主要有认识功能、组织功能、改造功能、教化功能、满足功能等类。

图 0－43　指日高升

祥物的认识功能在于，以祥物为媒介，使主体缘物识事，增进对自然与人和文化与人等关系的理解，从而激发生活的情致和创造。

例如，日月作为最显见的天体，每日东升西落，分别成为阳、阴二元素的象征。太阳以其光热带来的阳气升腾的文化识解，并进而扩大到社会生活的其他领域，成为生命追求、光明追求、丰产追求、腾达追求等象征符号，成为无人不需的吉物。于是，“旭日东升”、“丹凤朝阳”、“指日高升”（图 0－43）、“青乌载日”等成为历代习见的祥物祥图。至于月之圆缺所引发的生育信仰，使“太阴”成为妇女的保护神，而月之团圞所产生的合家团圆意象，又在家族生活中成了美好欢乐的象征，于是月宫图像、月光马儿、月光饼（月饼）、兔儿爷、月桂树，以及嫦娥奔月、玉兔捣药、广寒蟾兔、吴刚伐桂等，均融入了祥物系列之中。

祥物的组织功能在于，祥物以其实际的应用在族类中唤起了凝聚力和认同感，促进了家族与社会的聚合，并以血缘的、地缘的、业缘的、神缘的等因素在文化上强化了这一“组织”，使享用同一祥物的人群组成了一个关系密切的整体。

例如，图腾物在信奉图腾的氏族或部族中是特定的族徽和符号，在图腾的信仰中，人群分别聚合起来，成为相互依靠、相互认同的群体。中华民族历来自认是“龙的传人”，对龙的信仰就带有图腾的遗痕，在上古神话和器用中多有龙的存在和图像（图0－44），可以说，龙是中华民族经久不衰的文化象征，也是民族凝聚力的形象显现。龙作为祥物，不仅用于宫廷，也广泛见诸民间，至今为人们所习用。此外，祖墓、碑石、先像、祠堂、宗谱（图0－45）等，在家庭、宗族中亦视作祥物，同样具有强劲的组织功能。

图0－44　龙纹（西周青铜器）

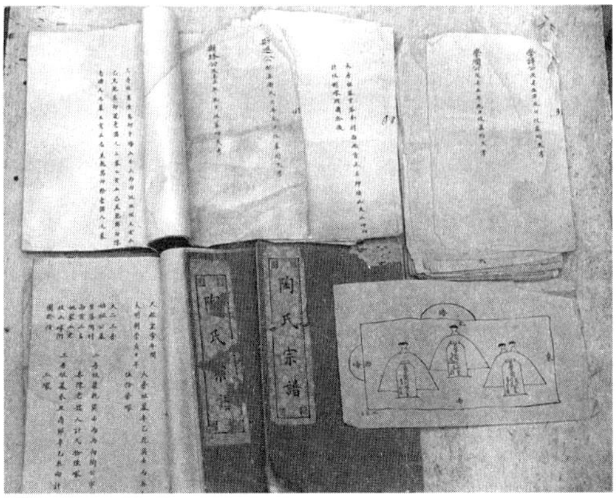

图0－45　陶氏宗谱

祥物的改造功能在于，借助祥物以图对现状加以改变，或对各种凶险有害的因素加以排除，显露出强烈的祈福心理。这一功能在除害变利、避凶化吉、免祸得福、送穷祈富、祛病保健、弭灾得稳等方面展现出来，因此，这类祥物又具有镇物的性质。其除害、避凶、免祸、送穷、祛病、弭灾之用，本出自镇物的功能，而变利、化吉、得福、祈富、保健、得稳，又是祥物的功利追求。

例如，春联、红钱、门画、年画、祈雨文、扫晴文等，都可归属于具有改造功能的祥物之列。年画中的“摇钱树”（图 0－46）以元宝、铜钱为主题图，以日进斗金、富贵满堂、大有堂等为题词，表现了发家致富的强烈愿望。

图 0－46　摇钱树（山东潍县年画）

祥物的教化功能在于，以某些祥物、祥图为媒介，传递伦理的、道德的观念，并通过其礼俗中的应用，使所倡导的观念渐渐演化为一定社会的生活规范。人们因物施教，睹物知礼，从这些特定的祥物中默默感受伦理的与哲理的熏陶。

例如，孔庙、孔子像、儒学经籍、家训、祠堂、带有堂号的匾额和灯笼、孝子图、同偕到老图、“三礼猴”等，都具有教化的功能。所谓三礼猴，即三只猴子，一只捂耳、一只遮眼、一只挡嘴，表非礼不听、非礼不见、非礼不言，其教化的功能显而易见。此外，“二十四孝图”，除见于诗书，也见于石雕栏板及门窗木刻，实已成为常用的吉祥图案，其中，“卖身葬父”（图 0－47）的董永、“卧冰求鲤”的王祥、“刻木为亲”的丁兰、“鹿乳奉亲”（图 0－48）的周剡子等，均为世人所熟知，它们在应用中无不传达着孝道，对社会起着教化的作用。

祥物的满足功能在于，它能带来愉悦，激发审美情感，并为俗民社会增添生活的情趣。满足功能的发挥使祥物更具积极的意义，同时它表明，作为民间文化中最宝贵的领域，祥物始终是与悲观绝缘的，祥物是入世的、乐生的。

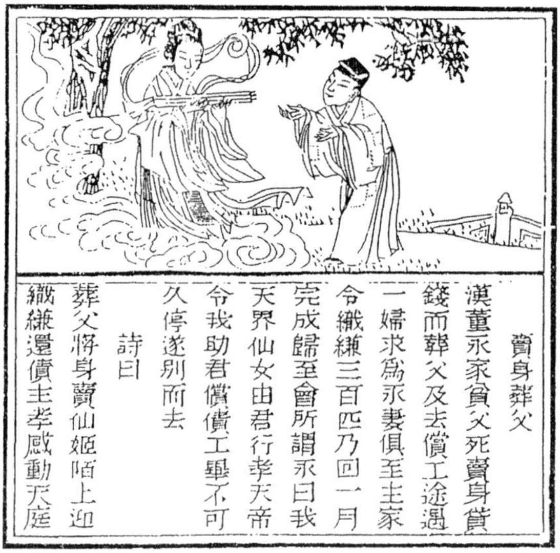

图 0 - 47　二十四孝图 · 卖身葬父

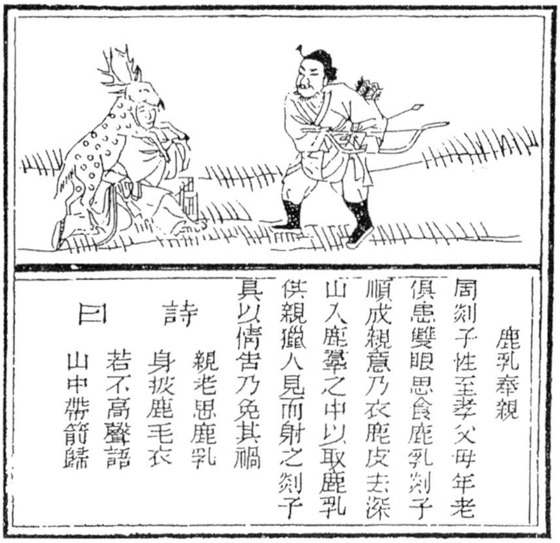

图 0 - 48　二十四孝图 · 鹿乳奉亲

在民俗版画和民间剪纸中，就有不少祥图主要在发挥满足的功用。年画中的老鼠嫁女图、十二生肖图，剪纸中的“鼠上灯台”（小老鼠，上灯台）（图 0 - 49）、“猫蝶老鼠”（耄耋有子）（图 0 - 50）等，均以动物寓言式的构图唤起人们满足的情感。其中，十二生肖图有的刻绘成小儿各骑一兽，手执兵器的打斗架势，更具有赏玩的意味(图 0－51)；而以象形文字绘制的十二生肖吉祥火柴贴花，也颇能让人鉴赏把玩一番(图 0－52)。

图 0－49　小老鼠，上灯台(民间剪纸)

图 0－50　耄耋有子(南京张吉根剪纸)

图 0－51　十二生肖图(陕西神木年画)

祥物的功能并非人们刻意的追求，而是心理需要的一种自然表达，它始终贴合着民间的生活，既质朴多趣，又神秘睿智。

图 0-52　十二生肖火柴贴花(长沙火柴贴花)

五、基本特征

祥物作为嘉庆祥瑞的民俗物品，为民间生活增添了斑斓的色彩和欢悦的气氛。祥物在生成、应用与传习的过程中，呈现出自己的本质与规律，除了客观具有的信仰因素，其基本上保持着一般俗物的特征。这些特征可概括为：社群性、传演性、功利性和象征性等。

社群性

所谓社群性，即祥物为一定俗民社会所共有，它不是个人的尤物，也不是某个小家庭、小团体的创造，它在一定地区、一定族群中作为风俗的符号，被普遍认同，并易于识解。社群性是祥物产生的前提，并由社群性而决定了祥物的地方性和民族性。

在中国北方有腊月里到冰河上采“腊八人”的风俗，并以“腊八人”为预兆来年人畜兴旺、五谷丰登的祥物。一般在腊月初七的下午或腊月初八的上午，人们带着斧头、绳子等工具，来到冰冻的河面上，选择晶莹剔透、2～5 寸厚的冰层，如果冰层面有类似粮食形状的斑点则更好。选好冰层后，人们在冰上画出一个人的形状，用斧子沿着人形轮廓线往下凿，凿下后再在其面部凿出五官，“腊八人”就做成了。人们把“腊八人”背回家，放在大门旁，并在房舍、草垛、柴堆、粪堆及田园地边摆放一些拣来的冰块，也统称“腊八人”。他们相信，“腊八人”会带来六畜兴旺、人寿年丰的好运。①

“腊八人”作为中国北方的岁时性祥物具有突出的地方性特征，显示出社群性的驱动。

在湘西苗族婚俗中，新娘要在新郎家散客后的第一天上午，由一位儿女齐全、品行良好的妇女带到村头寨口的井边去挑水，叫作挑“金水”。当地人认为，挑水是表示新娘从外边为夫家挑来金钱财宝，从此会使夫家发财兴旺。挑水时，不能让水泼出去，这样就招不了财，甚至还会败家，因此新娘一般只在每个桶里装两三瓢水，而且小心翼翼地不泼一滴，以讨吉兆。②

“挑金水”风俗中的“金水”，实际上是一种具有民族特色的婚用祥物，其民族性与地方性仍然建筑在社群性的基础之上。

传演性

所谓传演性，即祥物是一传承性文化现象，它所隐含的文化意义具有越时长效的功能，并伴随着人们的惯习性行为而合成某种文化模式。祥物在传承过程中会因时空的转化、主体需要的更新发生形态与意义的演变，正是这种自然传演的特征构成了祥物存在的基础，并由传演性决定了祥物的惯习性。

莲花作为圣洁的象征，在埃及、印度、中国等国度都曾是具有宗教内涵的文化意蕴，也是一种传统的吉祥图饰。由于佛教传入中土，自汉以来，在寺庙、佛像、法具、石窟、宝塔、经幢等方面，到处见有莲花的纹饰，莲花似乎成了佛教专用的饰物。诸如安放佛像的须弥座、石窟、寺庙内的天花藻井等，都以莲花为主要图饰。除了写实的莲花图，佛寺中亦出现多种图案化的莲纹（图 0－53），以烘托宗教的气氛。不过，莲花在中国也是俗用的祥物，唐代的覆盆式柱础有莲花形，南朝屋檐瓦当纹亦多莲花，表百年好合的“和合二仙”手中执

① 参见叶明鉴：《中国护身符》，花城出版社，1993 年，页 69。
② 同上，页 117～118。

图 0-53　云冈石窟中的莲花图案

荷，民间年画、民间剪纸中的“鱼穿莲花”（图 0-54）、“莲生贵子”等题材也见有莲花。

莲花作为中国的祥物，经历了由圣而俗的转化，它逐步褪去了圣洁的色调，而增添了喜庆的气氛。传演性的特征使莲花越过了寺庙的院墙，获得了更大的传习空间，从而找到了自己得以存在的深厚基础。

图 0-54　鱼穿莲花（民间剪纸）

功利性

所谓功利性，即祥物不是可有可无的赘物，也不是一种无谓的装饰，作为心理与情感的寄托，它是主体内在需要的无声表达，也是其生活追求的有形展示。功利性即目标性，祥物因其寄寓的目标而存在，也因这一目标的消亡而绝灭。

因此,祥物的功利性是祥物消长的主要动因,决定了祥物盛衰转化的节拍与力度。

在江浙地区,旧时店堂铺面多用一扇扇狭长的木板门,嵌在上下门槛槽中,早卸晚装。为避免搞错弄乱,记住门板的排列顺序,人们习惯于在门板上贴上用红纸裁成的小长方条儿,上面写着带数字的吉祥语词。这小红纸条儿就叫作顺序条儿,成为一种特殊的商用祥物。顺序条儿上有如下语词:一品当朝、二龙戏珠、三元及第、四季如意、五福临门、六畜兴旺、七子团圆、八仙过海、九世同堂、十全十美等。[1] 可见,顺序条儿不仅有排序的作用,更为意取吉祥,故而长传民间,至今为人习用。

"猴"因与"侯"谐音,被植入升官的追求与祝颂中,故老猴背小猴的构图寄寓了"辈辈封侯"的祥瑞意义(图 0-55)。在南京郊县发现的一块明代石雕上,

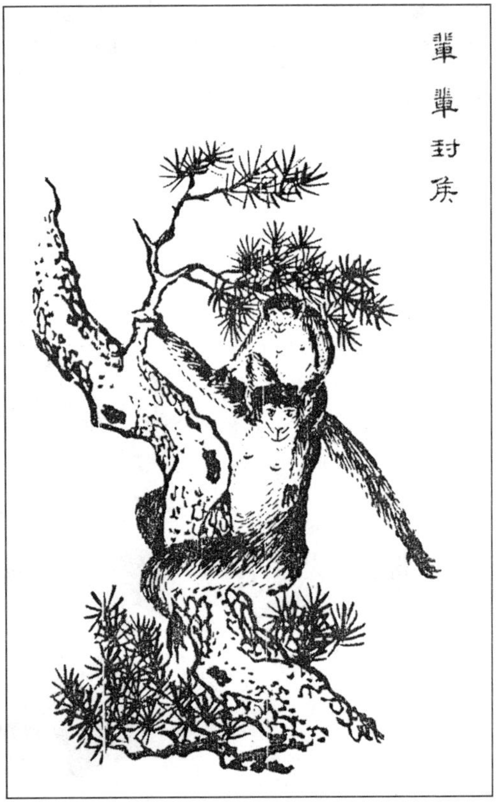

图 0-55 辈辈封侯

① 参见叶大兵等编:《中国风俗辞典》,上海辞书出版社,1990 年,页 534。

有猴子、喜鹊、蜜蜂、莲蓬、鹿等同图的雕凿，它以动态的、组合的方式，表达了“喜报连科，封侯得禄”的主题(图0-56)。这些祥物祥图都具有仕途腾达的目标性，由于现代人们的价值取向的变易，升官不再是最普遍的追求，因此以猴点题的“升官图”已逐步从现实生活中隐去。这一变化显示了祥物功利性的特征：因功利之求而存用，也因功利之失而消歇。

图0-56 喜报连科，封侯得禄(明代石雕)

象征性

所谓象征性，即祥物与所表达的吉庆意义之间并没有直接的、实验的联系，它仅仅作为一种符号，唤起人们的心理感受与文化联想，从而得到抚慰与鼓励。祥物的象征性是祥物表现的基本方式，由于它出于人的创造，依存于一定的生活情境，靠享用者的审美与感受去识解，因此，它表现为艺术与生活的统一。实际上，象征性就是艺术性，祥物因这一特征而在本质上带有艺术与美学的性质。

浙西农村在插秧第一天必备一些象征丰收的吉祥食物，例如：笋子，以示稻秧像竹笋一样快长；鸡蛋，以示有“彩头”；粽子和年糕，以示“粒粒种，年年高”。有的户主还绕秧田走一圈，并拔秧一把带回家，扔在自家墙上，谓之“秧苗认得家门，丰收由此入门。”①上述食品和秧苗都是象征丰收的农用祥物。

景颇族青年谈婚论嫁的祥物是芭蕉叶、树根、大蒜、火柴、辣椒等物，他们用芭蕉叶包裹上述信物，扎上线绳，送给相爱的女子。各物均有其特定的象征意义：树根意为“想念”；大蒜表示要姑娘考虑两人的事；辣椒表示炽烈的爱；火柴表达男方态度的坚决；叶子代表有好多话要说。② 这是近乎游戏的婚用象征性祥物。

大虾在中国祥图中是顺达的象征，并有“弯弯顺”之称(图0-57)。在日本的新年图画中，大虾也作为祥物与鱼、竹枝同图，意表“长寿”。虾因弓身弯背，

① 参见叶大兵等编：《中国风俗辞典》，上海辞书出版社，1990年，页506。
② 参见全国民俗学少数民族民间文学讲习班：《少数民族民俗资料》中册，页301。

象征着弯腰驼背的高寿者,成为新岁祝愿的祥物(图 0－58)。不论是中国的“顺达”,还是日本的“长寿”,虾的象征意义总是通过联想而确认的,又由于它们与特定的节日和风俗相联系,因此虾的象征带上了文化与艺术的成分。

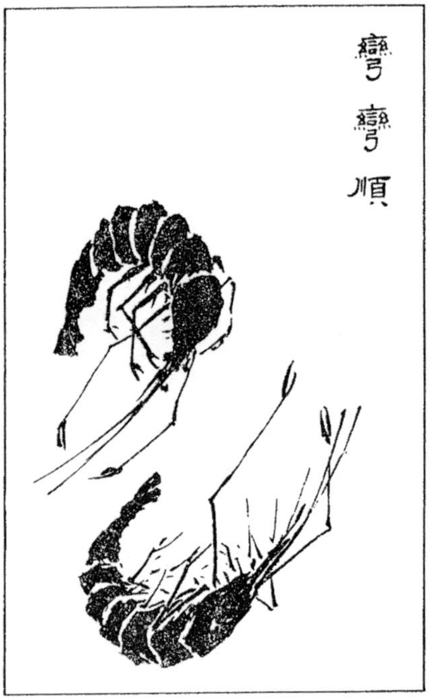

图 0－57　弯弯顺

图 0－58　日本年画(宫城县)

象征性是祥物的最基本的特征之一,并由此展现出人类的创造智慧、生活情趣和对艺术的执著而朴素的追求。

一 岁时祥物

岁时祥物是周而复始、循环往复、常备常用的祥物支系，它以期日性、时间性为应用的前提，与民间的生产、生活息息相关，成为一时一地民情风俗的独特标志和艺术概括。岁时祥物遍及全年，森罗万象，林林总总，难以尽述。且选取新年祥物、四时祥物数类，以略展中国岁时祥物的概貌。

第一节 新年祥物

新年祥物以辞旧迎新、招祥纳福、贺岁祈年为追求，凝聚着人们对未来幸福的期待与祝愿。新年祥物与新年镇物有一定的交叉关系，纳吉与除凶本相关相联，迎取祥瑞和辟除凶殃都为了助生长乐，因此，某些新年祥物兼备着双重身份。新年祥物的启用从岁除开始，从其功用看，它至少包含有辞岁祥物、祈福祥物、贺岁祥物三个基本支系。

一、辞岁祥物

辞岁祥物多在除夕见用，它点画着辞旧更新的特殊时令，渲染着迎新的喜庆气氛。辞岁祥物以各类寓意明确的节物，包括饰物、器物、食物等，寄托着人们的理想与情怀，让这些人工的寻常物品带上了神秘而欢快的色调，从而使"过年"这一民间的盛大节日变得五彩斑斓，令人神往。

春 联

春联本为古桃符板遗制，它经历了由镇物而祥物的自然转化。自西蜀孟昶在桃符上题写了"新年纳余庆，嘉节号长春"的联句之后，春联多为吉语祥词，用以烘托新年的喜庆气氛。由于后世春联选用红纸书就，又有“万年红”的美称。

有说，春联之制自明初始。陈云瞻《簪云楼杂话》云：

明太祖始帝都金陵，除夕前，忽传旨公卿士庶家，门上须加春联一副。

传说，“帝微行出观，以为笑乐。偶见一家独无，询知为阉豕苗者，未倩人耳。帝为大书曰：‘双手劈开生死路，一刀割断是非根。’”①传说还讲，明太祖朱元璋为驸马梅殷春写过“人家尘俗不到处，阁下恩荣第一家”联，并为中山王徐达写有“破虏平蛮，功贯古今人第一；出将入相，才兼文武世无双”等春联。②

传说虽非信史，但可能透露出这样一个文化信息：正是朝廷的倡导，春联在明初的都城首先普及开来，并逐渐传遍远乡近村。不过，春联与南朝时写“宜春”贴门楣的风俗也有关联。清蒋士铨《春联》诗云：

制仿宜春贴，排门吉语多。
丰年资颂祷，民气验康和。

这种同宜春的联系还留迹于古今的“报春条”和“横额联”中，如千金百顺、宜春迪吉、一财二喜、家声世泽、长发其祥、四海同春、五谷丰登、人寿年丰、风调雨顺、国泰民安、光前裕后、嘉节长春、瑞气临门、旭日东升、喜庆有余、福寿满堂、红梅迎春等。这些横额联与刻纸“红钱”结合的形式，至今在一些乡村的年货摊上仍能见到(图 1－1)。

图 1－1　售横额联的地摊(江苏靖江)

① 潘宗鼎：《金陵岁时记》。
② 同上。

当然,春联主要是成对贴用的,有时它与报春条一并贴挂,以增加纳吉迎祥的力度。例如,在苏北一户农家的门上,除贴有"华屋常悬仁寿镜,高堂盛开吉庆花"的春联外,还加贴了"开门大吉"的报春小条,另配上五枚红钱,真可谓门室生辉了(图 1-2)。

春联作为辞岁迎年的祥物,一般在除夕的午后贴出,人家的大门、后门、房门、厨房门、书房门、仓库门,甚至猪圈、牛棚、鸡窝、厕所等处亦见贴用。例如,就传统春联而言,大门上见有这样的联句:

大门外风清月朗　高堂上百子千孙

向阳门第春常在　积善人家庆有余

物华天宝　人杰地灵

天恩春浩荡　文治日光华

后门上则贴用:

前程远大　后步宽宏

光前已振家声久　裕后还留世泽长

图 1-2　春联与报春条并贴的农户(江苏建湖)

房门上的春联则有老人、小夫妻、孩童的区分。老人用:

福如东海长流水　寿比南山不老松

小夫妻用:

喜见红梅多结子　笑看绿竹又生枝

鱼水千年合　芝兰百世荣

孩童用：

呼儿早起勤劳动　教子迟眠苦读书

百年燕翼性修德　万里鹏程在读书

此外，书房多贴用：

灯火夜深书有味　墨花晨湛字生光

养成大拙方为巧　学到如愚始为奇

厨房用：

一人巧作千人食　五味调和百味香

粒米皆从辛苦得　寸薪岂是等闲来

仓库用：

田中无虚种　仓内有余粮

圈门用：

槽头多兴旺　六畜永平安

猪胖牛壮　肥多粮多

从上述春联实例可见，吉祥语词是春联的基调，也是春联得以传习的根本。作为岁时祥物的春联，不仅成为民间辞岁迎年的信号与象征，更以诗的语言倾吐着人们盼望春天、迎取祥瑞的心声。正因为如此，春联仍流传于广大城乡，成为最富魅力的节物之一。

年　画

贴年画是中国的年俗传统，富有浓郁的艺术气息。年画一般用木版套色印制，大红大绿，鲜艳夺目，由民家在岁除前从画店购回，贴挂于居室、厅堂之内，以使满室生辉，春光融融。

年画系从神像画之类演化而来。宋孟元老《东京梦华录》中有“近岁节，市井皆印卖门神、钟馗、桃板、板符及财门钝驴、回头鹿马、天行贴子”之载，其中似无世俗的题材。不过，南宋已有“岁朝图”，金代则有“四美图”（图 1－3），后世所谓的“年画”已见端倪。至明、清时期，年画已盛行全国，出现了天津杨柳青、苏州桃花坞、山东潍县、河北武强、陕西凤翔、四川绵竹、广东佛山、河南朱仙镇等著名的年画产地。

年画的题材丰富多彩，除保留一部分神仙画外，还有戏曲故事、小说场景、仕女图、婴戏图、寓言故事、生产图景、吉祥图案等，既贴近民间生活，尤其是农家生活，又有着吉祥的寓意。

图 1－3　四美图

图 1－4　过新年（山东潍县年画）

民家贴用年画，主要是为了辞岁迎年，因此也就有直接表现过新年的题材(图1-4)。此外，推车进宝(图1-5)、三星高照(图1-6)、莲生贵子(图1-7)、孝顺图、庄稼忙等，也广为传用。

图1-5 推车进宝(河北武强年画)

就功能而言，年画有辞岁迎年、教化儿童、欣赏娱乐、装点居室、劝农重时等多种作用。有诗曰：

依旧胡芦样，春从画里归。
手无寒具碍，心与卧游违。
赚得儿童喜，能生蓬荜辉。
耕桑图最好，仿佛一家肥。①

① 清李光庭：《乡言解颐》，卷4“物部上”。

图 1-6　三星高照(福建漳州年画)

图 1-7　莲生贵子(山东潍县年画)

该诗道出了农家对年画的需求。

作为祥物的年画，其吉祥意义往往十分突出。例如，按数字定名，就有“一团和气，二人同心，三星高照，四时吉庆，五谷丰登，六合同春，七子夺梅，八龙之骏，九锡天赐，十成年景”；“一本万利，福寿双全，喜报三元，四时安乐，平升五福，六路大顺，魁斗七星，君子八爱，天保九如，十全富贵”和“一品联封，和合二圣，三羊开泰，四季平安，五子夺魁，六国封相，七子八婿，八仙上寿，九子十成，十美观鱼”等。①

即使某些表现生活场景的年画，也具有吉祥的内涵，诸如“男十忙”、“女十忙”、“岁朝图”、“访贤图”等。其中，“岁朝图”以表现家族饮宴、主宾相贺为主。乾隆皇帝曾为南宋的“岁朝图”题诗一首（图1－8），其诗曰：

> 岁朝宜吉语，喜看岁朝图。
> 六百年余画，三朝景正符。
> 门庭粹宾客，几案列樽壶。
> 和乐盈宁象，万家俱似无。

图1－8　乾隆题诗

从乾隆的题诗看，见“岁朝图”同闻“吉语”一样，都是令人欣喜的祥瑞之事。

其实，年画不论题材如何，作为辞岁迎年、招祥纳瑞的节物，既是人们节日情结的寄托，又是专注生活的审美理想的表达，因此，它在人们心目中就是一种因时而现的吉物。

“鼠嫁娘图”

“鼠嫁娘”又称“老鼠嫁女”，是年画中构思奇特，寓意幽深，画面生动，情趣盎然的一类。它以动物寓言式的风格，成为岁除民俗的又一象征。

在民间，多有除夕或新年“嫁鼠娘”的风俗。

民国十一年《杭州府志》引《江乡节物诗题注》曰：“杭俗以‘除夕’为鼠娶

① 参见王树村：《中国民间画诀》，上海人民美术出版社，1982年，页92。

妇，必置饭床下以饲之，而插花其上，曰鼠饭。”①

民国潘宗鼎《金陵岁时记》载：“俗于除夕取花果食物，置卧房门楣上，谓之‘嫁鼠’。”

清道光二十三年《武进阳湖合志》载：（元旦）“至晚不燃灯即卧，云老鼠嫁女。小儿女乃以米团插花置鼠穴旁，云送嫁。”

“鼠嫁娘图”在除夕的贴挂正是“嫁鼠”风俗的艺术表达。其构图有两种基本样式，一是刻绘老鼠吹吹打打的花轿迎亲队列（图 1－9），或鼠娘与鼠郎拜花堂的仪礼场景（图 1－10）；二是老鼠迎亲的队伍前，有只大猫正虎视眈眈，准备捕食（图 1－11），或一只大花猫已冲入鼠群，连咬带抓，一下子扑倒几只的突袭情状（图 1－12）。

图 1－9　鼠嫁娘（安徽临泉年画）

这种以讽刺、夸张、调笑为手法的寓言式题材，除烘托辞岁迎年的欢快气氛，还有其深层的、象征的文化意义，即迎年与灭鼠。这两重意义奇妙地纠结在一起，从不同的方面展示了“鼠嫁娘”的祥物性质。

中国在汉前已形成以十二生肖与地支相配，用以计年岁的传统，其配置关系为：子鼠、丑牛、寅虎、卯兔、辰龙、巳蛇、午马、未羊、申猴、酉鸡、戌狗、亥猪。鼠因与“子”相配，所以鼠又有“子神”的别称。古人以单数为阳，双数为阴，故对十二地支也作了阴阳的划分。一、三、五、七、九、十一为“阳”，即子、寅、辰、午、申、戌为“阳”；二、四、六、八、十、十二为“阴”，即丑、卯、巳、未、酉、亥为

① 丁世良等：《中国地方志民俗资料汇编·华东卷》（中），书目文献出版社，1995 年，页 591。

图 1－10　老鼠娶亲拜花堂(河北武强年画)

图 1－11　鼠嫁娘(湖南郡阳年画)

“阴”。由于地支在下，古人便取地上动物的足爪，以阴阳论分之。鼠、虎、龙、猴、狗皆五指，而马为单蹄，其数皆为“阳”；牛、羊、猪皆四爪，鸡四趾，兔两唇，蛇两舌，均为双数，故为“阴”。其中，鼠最为奇特，它具有阴阳相连之象。明郎瑛在《七修类稿》中解释“子”、“鼠”相配之故曰：

> 子虽属阳，上四刻乃昨夜为阴，下四刻今日之阳。鼠前足四爪象阴，后足五爪象阳，故也。

由于子时是从昨日到今日，从阴时到阳时，而鼠前后爪有偶奇之分，因此老鼠

图 1－12　鼠嫁娘(四川绵竹年画)

成了时辰的物化象征，并定为计时之首。又由于子时正值深夜，故郎瑛又说："子为阴极，幽潜隐晦，以鼠配之，鼠藏迹也。"他认为，鼠的习性也正好与子时的"隐晦"相通。

除夕本是"阴极"之夜，而新旧之年又"更岁交子"，因此，"鼠嫁娘图"便是旧年与新年交接的象征，迎新"鼠"，就是迎新"子"，也就是迎新年。所以"鼠嫁娘"的贴用，乃具有除阴得阳的祥瑞意义。

不过，老鼠毕竟是糟蹋粮食的害虫，因此鼠嫁娘图的贴挂又有送鼠出门、灭绝鼠患的功利追求。旧时，苏州人在叫卖桃花坞老鼠娶亲年画时有这样的唱段：

年三十夜里闹嘈嘈，
老鼠做亲真热闹。
格(这)只老鼠真灵巧，
扛旗打伞摇勒摇。

格(这)只老鼠真苦恼,
马桶夜壶挑仔一大套;
绣花被头两三条,
红漆条箱金线描;
这边还有瓷花瓶,
鸡毛掸帚插仔牢。
格(这)只老鼠真正娇,
坐勒轿子里厢眯眯笑;
头上盖起红头巾,
身上穿起花棉袄。
吹吹打打去成亲,
亲戚朋友跟仔匆匆少。
旁边还有花黄猫,
一塔刮子吃精光。①

上述歌谣的最末一句,无疑具有点题的意义。除灭鼠害,自然是为了丰足,即使从这一层意思说,鼠嫁娘图也是地道的岁除祥物。

门　画

门画,系贴挂于大门和房门之上的民俗版画,作为门神和年画的中介,它具有镇辟与祈福的双重功用。

门画在民间被视作吉物,于岁除时换用,其品种有大门与房门的区别,在身份考虑上亦有年老者与年少者的不同。据潘宗鼎《金陵岁时记》载:

金陵人家,大门之有门神者,不多概见,唯后门贴钟馗。内室各门亦不一,其制年老者用“推车进宝”、“四季平安”,少年则“麒麟送子”、“五子夺盔”、“冠带流传”等图。单扉则贴一圆形和合,名曰“一团和气”,亦有摹财神、仙官形像者,意取吉祥而已。

潘宗鼎所记述的是清末民初南京人家常用的几种门画,及其因人而用、因门而用的习俗。

① 转引自张道一、廉晓春:《美在民间》,北京工艺美术出版社,1987年,页358。

从各地的情况看，贴在大门上用作辞岁祈福的“文门神”，为数不少。诸如：“加冠进爵”、“双喜临门”（图 1－13）、“招财进宝”、“如意状元”（图 1－14），等等。此外，还有一类从鸡符化出的门画，它以雄鸡图与摇钱树并合，以表除夜大吉、招财进宝之意（图 1－15）。

图 1－13　双喜临门（北京门画）

图 1－14　如意状元（四川绵竹年画）

图 1－15　招财大吉（陕西神木门画）

图 1－16　三星在户（朱仙镇门画）

就房门的门画内容来看，老年人的房门上除贴“推车进宝”、“四季平安”外，还有“三星在户”（图 1－16）、“堆金积玉”、“平安富贵”等题材。未婚少年门上除贴“五子夺盔（魁）”（图 1－17）、“冠带流传”外，还见有“五子登科”（图 1－18）、“马上做官”（图 1－19）等画幅。至于“麒麟送子”（图 1－20），一般贴于小夫妻的房门上，以祈天赐麟儿。

门画同春联往往一并在除夕黄昏前点出，贴上门画的门板，又称“财门”，

图 1－17　五子夺魁(山东潍坊门画)

图 1－18　五子登科(朱仙镇门画)

图 1－19　马上做官(山东潍坊门画)

图 1－20　麒麟送子(桃花坞门画)

成为人们又一件神秘的祥物。在江苏盐城地区，有除夕夜让矮个头的男孩儿爬板门乞长高的风俗。男孩儿一边爬着贴上春联、门画的板门，一边口中念道：

板门爷，板门娘，
我要和你一样长，
你长高了没得用，

我长高了做新郎!

由于门画、春联等辞岁祥物的贴出,寻常的板门便带上了神秘的气息,于是人们通过巫术的手段去接触和感应,以求心遂愿成。可见,门画给俗民们增添了生活的情趣和热望。

窗 花

窗花一般在除夕和其他重要节庆贴于窗纸或玻璃之上,用以装饰居室和门户,点画节日的景象。窗花同墙围花、顶棚花、灶头花、灯笼花、挂笺、枕头花、衣袖花、肚兜花等一样,同为剪纸的家族。

窗花,这种以剪纸图案贴户牖的新年风俗与南朝翦彩贴屏风的“人日”风俗,当有关系。梁代宗檩《荆楚岁时记》载:

> 正月七日为人日,以七种菜为羹,翦彩为人,或镂金薄为人,以贴屏风。

南朝时以人形剪纸为用,而后世窗花则包罗着神仙、人物、花草、动物、器具、财货、文字等多种题材。

从常见的窗花图案看,有“八仙过海”、“嫦娥奔月”、“老鼠嫁女”、“鱼跳龙门”、“松竹梅兰”、“瓜瓞绵绵”(图1-21)、“福禄寿”、“聚宝盆”(图1-22)、“招财进宝”(图1-23)、“连年有余”、“和气招财”、“肥猪进宝”(图1-24)等。此外,还有祥物叠加的窗花形式,例如将“金玉满堂”、“二龙戏珠”、“招财纳福”等集于一纸(图1-25)。

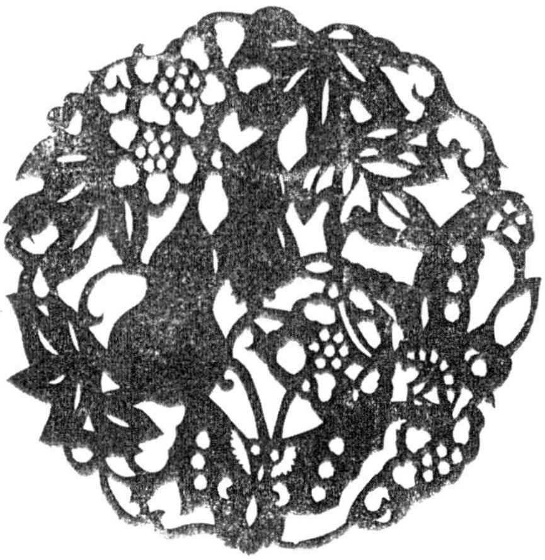

图1-21 瓜瓞绵绵(剪纸)

窗花多作为辞岁迎年的节物在除夕贴用,但剪窗花的民俗活动却一年到头,时时可见。在江苏邳州流传着《剪窗花》的歌谣,妇女们往往一边剪着窗花,一边唱道:

图 1－22　聚宝盆(剪纸)

图 1－23　招财进宝(剪纸)

图 1－24　肥猪进宝(剪纸)

图 1－25　祥物叠加的窗花

正月里，剪彩灯，彩灯高挂堂屋中，
病魔鬼怪全照跑，全家老小都安宁。

二月里，剪条龙，放在门前小河中，
风调雨顺太平世，保你五谷能丰登。

三月里，剪桃花，送给小姑头上插，
和睦相处过日子，婆婆面前说好话。

四月里，剪条狗，放在你家大门口，
看家像把大铜锁，小偷小摸绕道走。

五月里，剪苇叶，包碗粽子孝公婆，
吃俺粽子能长寿，二老活到一百多。

六月里，剪荷花，压在奴的枕头下，
莲蓬壳里籽粒多，观音送子到俺家。

七月里，剪喜鹊，剪的喜鹊多又多，
牛郎织女能见面，夫妻恩爱过生活。

八月里，剪桂花，花插院中香万家，
婶子大娘点头笑，一齐来把俺家夸。

九月里，剪只鸡，鸡能生蛋蛋生鸡，
卖鸡买布送哥嫂，哥嫂夸奴好弟媳。

十月里，是鬼节，剪条老牛把水喝，
喝尽奈河脏污水，阴间老祖都快活。

十一月，剪雪花，剪了雪花撒万家，
瑞雪先报丰收信，明年定收好庄稼。

十二月，剪窗花，剪对喜鹊叫喳喳，
剪对鲤鱼跳龙门，剪对仙鹤送爹妈。
剪挂鞭炮小叔放，剪朵梅花小姑插。

金银元宝剪一筐，每人剪句吉利话，
剪对红灯照屋亮，辞旧迎新乐哈哈。[①]

歌谣把剪窗花与岁时风俗相联系，可见剪窗花是当地妇女日常生活的一项重要内容。不过，她们的剪窗花包含剪纸的全部领域。我们从十二月剪纸的题材看，“喜上眉梢”、“鱼跳龙门”、“仙鹤增寿”、“爆竹迎年”、“金银元宝”、“吉祥颂语”、“红灯高挂”等均带有辞岁贺春的成分，揭示了窗花的祥物身份。

红　钱

红钱，又称“喜钱”、“挂笺”、“门笺”、“门彩”、“门吊子”、“挂落”、“挂钱”等，它于除夕点挂在门楣、窗棂或厅室檩条之上，作为新岁节物，具有辞岁迎年、辟阴得阳的双重功效。

红钱既是镇物[②]，又是祥物。它因用红纸剪刻而成，且以钱纹作为主要背饰，而有“红钱”之称。红钱由背饰、题额、主题图三部分构成，其背饰因钱纹的点缀而保留着镇辟的作用，而题额、主题图则因吉祥语词和吉祥图案的并用而显露着祥物的身份。

红钱常见的题额有“满园春色”、“五福临门”、“大地皆春”（图 1－26）、“四季如春”、“万福来朝”、“新春如意”、“喜鹊登梅”、“万年青”、“人寿年丰”、“开门进财”、“合家欢乐”（图 1－27）、“年年有余”、“迎春接福”、“万事如意”、“鱼跳龙门”、“龙凤呈祥”等。

红钱的主题图由神仙、动物、花草、器物、文字、图案等所构成。有的主题图与题额相映成趣，有的则相连成义。例如，题额仅一字，为“有”字，主题图为金鱼一尾，下缀钱纹，在除夕贴挂，以表“年年有余”（图 1－28）。此外，以文字叠加、偏旁互用的吉语也见之于红钱，取代主题图上常见的实物类祥物，出现“黄金万金”、“招财进宝”之类的纳吉红钱（图 1－29）。

红钱除用于门户、梁檩，也见于灶龛、神龛，有招神邀祖、纳吉迎祥的意旨。日本在新年时亦有在梁檩、神龛前贴挂剪纸的风俗，其形态有类红钱，但大多用白纸剪成，亦有衬垫红纸者。其图案多以宝船（图 1－30）、仙鹤、旭日等构成，并有“迎春”之类的点题文字作为题额（图 1－31）。

---

① 引自《中国歌谣集成·江苏卷》，中国 ISBN 中心，1998 年，页 403～404。
② 详见陶思炎：《中国镇物》，台北东大图书公司，1998 年，页 63～65。

图 1－26　大地皆春(红钱)

图 1－27　合家欢乐(红钱)

图 1－28　年年有余(红钱)

图 1－29　招财进宝(红钱)

图 1-30　宝船(日本剪纸)

图 1-31　迎春(日本剪纸)

红钱同年画、窗花等一样，是颇富艺术情趣的辞岁节物，在现代的民间应用中主要展示着祥物的性质。

欢喜团

除夜，各地有烧炭墼、烧松盆、点元宝火、放撑门炭等辞岁风俗。上述各物均与炽火、暖热相联系，故被民间视作新年祥物。

经锤击曝干的巨炭墼，又被吴人称作“欢喜团”。清吴縠人《新年杂咏序》云：

> 欢喜团，杵炭屑而范之，上下合成，圆而有扁势，炭墼之巨族也。除夕取以埋炉，置寝室中，谓之欢喜过年。

清袁景澜《吴郡岁华纪丽》卷 1 曰：“捣乌薪屑，用铁范锤击曝干，为巨炭墼。……今吴人名之曰欢喜团。岁朝取以实围炉中炽火，焰则腾腾上，令满室生春，煦然有兴旺暖热意。自元旦届元宵止焉。”

可见，令满室生春的“欢喜团”是除夕和岁朝的用物，其功用除了取暖，显然更为了“欢喜过年”。

吴榖人写有《欢喜团》一诗描述其带来的“欢喜”情状：

开炉重得彩，余喜复余欢。
火色明通夕，春光聚一团。
几人先附热，举室不知寒。
笑指青红意，还将儿女看。

除了“欢喜团”能在除夜带来欢喜，撑门炭、松盆、元宝火等，也与之相类相关。

撑门炭，即除夕人家放于门旁的长炭，又名“炭将军”。在杭州，人们则以甘蔗树于门侧，替代长炭，谓“取渐入佳境之意”。[①] 而松盆，亦有相暖热、迎新祥之意。

如果说吴地以“欢喜团”辞岁的话，那么，苏北农村则以焚柴、烧“元宝火”作为来年发财致富的象征。“元宝火”不仅留有除夕祭天、接神、驱邪、求福的涵义，还寄托着脱贫致富、招财发家的热望。所以说，“欢喜团”及其相关的燃火之物都作为祥物丰富着各地的岁除风俗，并能唤起人们对新春幸福的期盼。

年夜饭

除夕的年夜饭，又叫“守岁酒”、“分岁筵”、“合家欢”，俗称“团圆饭”、“全家福”，是中国人家最丰盛的一顿晚餐。一切在外经商、做工、求学的人都会赶回家乡，在年夜饭上与家人团聚，把酒谈笑，辞岁迎年。

吃年夜饭前，各家已贴好春联、门神、红钱等门饰，有井的人家则祭祀井泉童子，并用木盖封井，在一串闭门炮仗放过之后，便关上大门。开饭前，先以酒菜祭祀先祖的灵牌或遗像，祭毕则全家坐定，开始了一年一度的年夜饭。

年夜饭是团圆饭，也是吉祥饭，故喜气洋洋，席间充溢着欢歌笑语。在江苏无锡地区，家中前辈在除夜开饭饮酒前要唱“团圆饭”的歌谣，其歌曰：

一幅和合挂堂前，两边花灯红艳艳，有肉（福）有鱼（余）有米（喜）酒，喜果、瓜子、甘蔗、荸荠满台面。

团团圆圆吃团圆饭，欢欢喜喜过欢喜年，吃了团圆常团圆，过了喜年接喜年！[②]

① 见清袁景澜：《吴郡岁华纪丽》，卷12。
② 引自朱海容：《古吴春秋》（下），新疆青少年出版社，1994年，页60～61。

为了点画年夜饭的吉祥意义，有些地方做除夕的饭菜要用芝麻秸作炊薪，因芝麻开花节节高，用以象征来年步步登高，吉祥如意。①

在南京人家的年夜饭上有一道点题的菜——"十景菜"。"十景菜"选取素菜十种或十种以上，炒熟后混合在一起，以作为"团圆"的象征。关于"十景菜"的选料，《金陵岁时记》载曰：

> 金陵人家，以酱姜瓜、萌萝卜、金针菜、木耳、冬笋、白芹、酱油干、百页、面筋十色，细切成丝，以油炒之，谓之"十景"。又有所谓"安乐菜"者，干马齿苋也；"如意菜"者，黄豆芽也，取义吉祥尔。

可见，"十景菜"不仅是爽口美味的一道菜，更具有祥物的意义。

岁除之夜人家往往要烧满满一大锅米饭，锅巴被小心翼翼地烤黄并整体取下，供放于前堂，俗呼"元宝锅巴"，以讨钱多粮多的吉利。

年夜饭及其菜肴、酒果在除夕这特定的时节，不同于寻常的食物，都转易为祥物的系列。

钟　鼓

撞钟击鼓也是辞岁迎年的一种方式，钟、鼓作为响器，是发声的祥物，具有幽深的文化内涵。

不过，击鼓辞岁是民间的传统，而撞钟迎年则糅合着佛教文化的因素。

中古时期有晨昏鸣鼓以报时警众之制，古诗中见有"长夜默坐数更鼓"之句。除夕击鼓本有数时计刻、除阴接阳的寓意。旧时镇江一带的乡民在除夜聚集场头，通宵击鼓，并以击破鼓面为来年丰穰之兆。其实，岁除击鼓建筑在鼓如春雷的信仰之上，潜含着借取雷霆扫除阴气的盼求。古人"天以震雷鼓群动"、"腰鼓百面如春雷"的诗文②，正揭示了这一辞岁祥物的存在基础。

鼓作为乐器，亦用于军事、娱乐等方面，汉画像中的击鼓图，有以乌鹊、巨树相配，大鼓空悬树干者，它以宇宙树的模拟，表明鼓作天震之声(图1－32)。

撞钟迎年似乎是宗教风俗，主要由佛寺主持。佛教初传中土即与丧葬悼亡风俗相结合，于是有临终撞钟增正念、驱烦恼、发善心、震地狱、解苦厄之类的说法。

---

① 参见蒋中健：《民间礼俗》，北方文艺出版社，1993年，页21。

② 见宋祝穆：《古今事文类聚》，卷23"乐器部"，上海古籍出版社，1992年。

《俱舍论》曰："为临终令生善念中死，打钟鸣磬，引生善心故。"

《佛祖统记》曰："又戒维那曰：人命将终，闻钟磬声，增其正念，惟长惟久，气尽为期。"

《唐高僧传·智兴传》曰："亡者通梦其妻曰：不幸病死，生于地狱，赖蒙禅定寺僧智兴鸣钟，响震地狱。同受苦者，一时解脱。"

图 1－32　击鼓图(山东沂南汉画像石)

岁末也是岁终，它同"人命将终"能建立起相关的联想：除夕为旧岁终亡、阴气盛极之夜，如人之将死。因此，撞钟除用于人的临终，也用于"岁的临终"。

其实，在佛教传入之前，早有撞钟奏乐活动。《诗经·周南·关雎》中有"窈窕淑女，钟鼓乐之"之句，汉画像石中亦常见撞钟的刻画(图 1－33)。

图 1－33　撞钟图(山东沂南汉画像石)

钟的文化意义何在？《白虎通·五行》中有一句揭秘之语：

钟者，动也。言阳气于黄泉之下动，养万物也。

催动阳气，助生万物，是钟文化的底蕴，也是被佛教移植的动因。

唐代诗人李白在《化成寺大钟铭》一文中曾将鼓、钟相提并论，他说：

噫！天以震雷，鼓群动；佛以鸣钟，警大梦。而能发挥沉潜，开觉茫蠢，则钟之取象。其义博哉！夫扬音大千，所以清真心，警俗虑，协响广乐；所以达元气，彰大声，铭勋皇宫；所以旌丰功、昭茂德，莫不配美金鼎钟……①

李白所历数的钟的功用，莫不在其“扬音”之大而引发的动感和除“沉潜”、开“茫蠢”的浩荡阳气。

中国传统铜钟的纽环均铸为蒲牢之形，以求其钟“大鸣吼”。薛综注《周礼》“发鲸鱼，铿华钟”曰：

海中有鱼，名鲸。海岛又有大兽，名蒲牢。蒲牢畏鲸鱼，击蒲牢辄大鸣吼。凡钟，欲令声大，故作蒲牢于上，以所击之者为鲸鱼。②

中土佛寺的佛钟也有蒲牢之作（图 1－34），蒲牢为传说中的龙九子之一，可见它从形到义都根植于中国文化的沃土。至于佛寺除夜撞钟 108 下，是取“9”与“12”之积，即把“老阳”之数与十二地支相配，以表来年月月充满阳气，全年大

图 1－34　佛钟上的蒲牢

① 见宋祝穆：《古今事文类聚》，卷 23“乐器部”，上海古籍出版社，1992 年。
② 同上。

吉大利。这样，即使在行为上，或在数字的神秘观念上，它也都与中国文化难舍难分。

钟、鼓作为辞岁祥物流传至今，近二十年来，中国大陆各地为满足日本游客而举办除夕撞钟活动，从苏州寒山寺开始，逐步波及常州天宁寺、镇江金山寺、南京栖霞寺、扬州大明寺等地，使这一辞岁祥物显得格外突出。

守岁物

守岁、送岁是除夕的一项风俗活动，人们借取一些象征的物品表达纳吉迎祥的愿望。诸如守岁绳、守岁烛、压岁果、“送岁”纸马、饺子、“洪福齐天”等，均在守岁的主题下寄托着吉祥的意义。

江南农民旧时守岁有搓稻草绳的习俗，称之为“守岁绳”，并流传着“守岁绳，来年顺”的谣谚。这当与稻禾崇拜相关，并留有结绳迎神的信仰踪迹。

除夕之夜，家家红烛高烧，迎接晨光，谓之“守岁烛”。古人有“生花报喜”之说，把烛花视作祥瑞之象。有诗云：“烛花频送喜，儿女笑哄堂”、“纱笼椽烛焰如幢，火齐呈花喜一双”，均把守岁烛视作吉物。

在吴地，长者于除夕夜在小儿枕畔悄悄放下橘子、荔枝等果实，称作“压岁果”，让小儿大年初一睡醒后食之，作为新年的吉兆。吴曼云《压岁果盘》诗云：

闽荔干红邓橘黄，
深宵酒醒试偷尝。
听郎枕畔朦胧语，
新岁还君大吉祥。①

这“压岁果”显然也是辞岁的祥物。

除夕夜祭神有陈纸马、烧纸钱的风俗，在云南弥渡县则把“送岁”纸马与黄钱、香火以及打扫出的草渣之类一齐在大门外烧掉，以示除秽亲神，迎取吉祥。“送岁”纸马上印有新旧两位岁神，上有“送岁”二字表明其功用，两旁则印有“新官上任招财帛，旧官请出福禄来”的联句，昭示出他们的吉神身份(图1-35)。

① 见清袁景澜：《吴郡岁华纪丽》，卷12。

图 1－35　送岁纸马(云南弥渡县)

饺子作为守岁食品,既有镇物的性质①,又有祥物的意义。饺子所隐含的从混沌到有形、从无绪到有绪的辩证而乐观的时空观,形似元宝、音同“交子”的招财进宝寓意,以及饺中藏彩卜吉的守岁游戏,都使之成为辞岁的祥物。

至于南京人家的守岁食品“洪福齐天”,更以其名称而成为不争的祥物。所谓洪福齐天,系四种食品的吉祥称呼,据《金陵岁时记》载:

> 守岁时,取红枣、福建莲子、荸荠、天生野菱,煮食之,谓之“洪福齐天”。

即:红枣按谐音取“洪”字,福建莲子取“福”字,荸荠取“齐”字,天生野菱取“天”字,合称之,则成“洪福齐天”。

可见,守岁物中除有辟阴的镇物,亦不乏多彩多趣的祥物系列。

二、祈福祥物

祈福祥物是在岁除和新年期间被广泛习用的又一类祥物,它们除带有明

① 详见陶思炎:《中国镇物》,台北东大图书公司,1998 年版,页 106～133。

确的岁时印记，还具有突出的祈福求利的倾向。此类祥物，或文字，或图画，或食物，或用物，也都能在特定的民俗氛围中产生物情交融、平中见奇的应用效果。祈福是新年风俗的一大主题，而这一主题往往寄寓在物化的象征中。

“福”字

过年贴“福”字，是大江南北习见的新年风俗。“福”字一般写在斗方红纸上，贴于门户、照壁、家具、粮柜(图1-36)等地方，以表达新年祈福的愿望。每逢春节将临，乡村的年货集市上，“福”字斗方常同纸马、春联一并出售(图1-37)，被农民视作祈福的祥物。

图1-36　贴福字的农家粮柜

图1-37　售福字、纸马、春联的小摊

新年用的“福”字，除斗方外，还有剪纸类“福”字，字形中套有艺术图案，构成“福”、“鹿”(禄)、“寿星”(寿)相连的构图(图1-38)。此外，“福”字还见于红钱之中，成为人们新年祈盼的主题(图1-39)。

“福”字是新年节物，也是四时常备的家用祥物，在旧式宅院的外墙上、照壁上、堂屋里、天花板上都可见到砖雕的或金粉书就的“福”字(图1-40)。

图1-38　配有禄寿的福字(剪纸)

图 1-39　福字红钱

图 1-40　砖雕福字

“福”字同春联一样，既是生活愿望的率直表达，也烘托着新年祥瑞喜庆的气氛。一些地方喜欢把“福”字倒贴，让孩童说“福倒(到)了”，以讨得口彩。“福”字作为迎年的祥物，不仅见于门户、墙壁、粮柜，在猪圈、树干、鸡窝、小船、大型农具上亦可见到，成为最习见的新年节物之一。

喜　神

元旦各地有走喜神方、迎喜神的风俗，吴地以祖先为喜神，称展先像为“拜喜神”。据清袁景澜《吴郡岁华纪丽》卷 1 载：

> 吴俗岁朝，比户悬祖先画像，具香灯、茶果、粉丸、糍糕，兼以糖馓，家长肃衣冠，率妻拿以次拜。上元夜始祭而卷藏之，谓之拜喜神。其像有合三五世为一幅者，名曰“代图”，亦曰“神姿”。

祖先在中国人的心目中就是神灵，它比一切宗教的尊神更贴近民间生活，被视作赐福佑护的恩主。岁朝悬先像，除了感念祖德、慎终追远之外，也盼求祖先为后世带来吉庆和福佑。

祖先像一般挂于堂壁，亦有的供于祠堂(图1-41)，不论是家祭或族祭，祖先都被视作“喜神”，相信能降喜赐福。

图1-41 悬于祠堂内的祖先像(皖南黟县)

年 糕

年糕，又称作“年年糕”，是意取“年年高升”的新年祥物。新年做年糕、食年糕的风俗不晚于宋代，当初叫作“黏黏糕”，按谐音理解，便成了“年年高”的吉祥名称。

至明清时期，年糕的形制、名称、用途越来越多。据清顾铁卿《清嘉录》卷12载：

> 黍粉和糖为糕，曰“年糕”。有黄白之别。大径尺而形方，俗称“方头糕”。为元宝式者，曰“糕元宝”。黄白磊砢，俱以备年夜祀神，岁朝供先，及馈贻亲朋之需。其赏赍仆婢者，则形狭而长，俗称“条头糕”。稍阔者，曰“条半糕”。富家或雇糕工至家磨粉自蒸，若就简之家，皆买诸市。春前一二十日，糕肆门市如云。

“黍粉”即黄米粉，此外，更多的是用糯米粉做年糕，正如《吴郡岁华纪丽》卷12所云：“抟糯米粉和以蔗霜为糕。”

年糕历来被视作年中吉物，李福《年糕》诗云：

> 珍重题糕字，风光又一年。

为储春糗饵，预听磨盘旋。
筛细堆檐雪，蒸浮袅灶烟。
吉祥同粽熟，摩按胜粢坚。
甘许糖调蔗，香应稻识莲。
……

可见，年糕不仅是甜香上品，而且是吉祥之物。

到近代，年糕品种因地而异，各有特色。例如，江浙有水磨年糕、油年糕、桂花年糕，北京有小枣年糕，河南有枣馍糕，山东有枣糕，福建有芋艿年糕，上海有定胜糕、八仙对糕，扬州有蜂糖糕，台湾有红龟糕等，不一而足。

民间做年糕一般在腊月中旬就要开始了，舂好了的米粉按糯米和粳米7∶3的比例拌和起来，除了用于蒸年糕，也用作做年团。在太湖地区，每到新年当主妇端出年糕、年团时，会唱着这样的歌谣：

蒸糕师傅手段巧，做成金锭金元宝。
吃了年糕赚钞票，脚踏楼梯步步高。
团子做得滴溜圆，粳糯相拌合成团。
青白甜咸多色馅，和和合合结团圆。①

在那里，做年糕时要由祖母或母亲做一条三寸左右盘身翘头瞪眼（眼珠用两粒小黑豆做成）的神虫，俗谓"米蛇"，蒸后放在粮仓米囤内，信能使粮食不蛀，米粮不完。在镇江地区丹徒县，至今农家仍把年糕做成寿桃形和神虫样（图1-42），以兆人寿年丰。

福建疍民每逢春节有沿门乞讨年糕，以占一年渔汛好坏的风俗。清石方洛《且瓯歌》云：

登门直入非卤莽，乞循年例糕分饷。
分得多时兴怀畅，今年定卜水租旺；
分得少些心怏怏，今年只怕鱼空网。

在疍民的年俗中，显然年糕也是重要的渔丰年足的祥物。

① 引自朱海容：《古吴春秋》（下），新疆青少年出版社，1994年，页63～64。

图 1－42　做成寿桃和神虫的年糕(江苏丹徒县上党镇)

地　画

除夕农家有用石灰画地的风俗，一般在自家的门外或院内空地上画出仓廪、元宝等图形，并写上“年”、“福”、“寿”、“五谷丰登”、“万年余粮”等吉祥语词，有的还在地画旁配上“脚踏楼梯步步高，五谷兴旺岁岁熟”一类的联句，以祈新岁丰稔。

地画是农家祈福的祥物，具有鲜明的农耕文化的色调。在古人的记录中，祈年地画又称作“画米囤”。袁景澜《吴郡岁华纪丽》卷 12 载：

> 农家除夕，闭门守岁时，兢以石灰画圈于地，圈中大书吉语，以祈丰稔；又画米囤、元宝于场，以祈年谷；画弓、矢、戈、矛之形，以禳灾辟祟，总谓之“画米囤”。

可见，地画除了禳镇的功用，主要在于祈福。

地画用柴心细帚蘸石灰画成，清许青浮有《画米囤》之诗，叙述了画地的过程与祈盼：

> 爆竹声中分岁罢，呼儿净扫空庭下。
> 柴心细帚石灰浓，长绳倒拽周遭画。
> 画得团团米囤圆，满庭小圈复大圈。
> 圈中致祝无穷事，第一先画有年字。

尽教禾黍多穰穰，
千斯仓与万斯箱。
明年米囤大且长，
塞破屋子堆上场。

图 1-43　祈年地画

粮食丰收，“塞破屋子”，是地画祈盼的目标。

在大江南北均有祈年地画，其中，在苏北的地画上有仓廪、鱼、元宝、梯子、推耙、叉子、扫帚等农具，中央书有“福”字（图 1-43），展示了这一地画作为祈福祥物的特征。

万年粮

万年粮，又叫“宿岁饭”、“年饭”，在江淮地区则称作“隔年陈”。它既指除夕所淘之米或所煮之饭，又包括年前制作的各种糕点、面食，诸如年糕、馒头、包子、饺子、汤圆、炒米等，也包括除夕年饭后完整烤成的大锅巴，南京俗称“元宝锅巴”，江淮人称之为“粮食囤子”。“万年饭”意取岁岁余粮，美满丰足。

这一风俗在南朝时期已十分兴盛，据梁代宗懔《荆楚岁时记》载：

岁暮家家具肴蔌诣宿岁之位，以迎新年。相聚酣饮，留宿岁饭至新年十二日则弃之街衢，以为去故纳新也。

至清代苏南地区淘米箩中还置红橘、乌菱、荸荠等物，以突出其祥物的身份。据袁景澜载：

除夕人家淘白米，盛竹箩中，置红橘、乌菱、荸荠诸果及糕元宝，并插松柏枝于上，陈列内室，至新年蒸食之，取有余粮之意，名“万年粮”。又储宿岁之饭，留待新年食之，名为“年饭”。或施诸街衢丐者，以为去故取新也。[①]

① 见清袁景澜：《吴郡岁华纪丽》，卷 12。

万年粮不仅取“有余粮”之意，同时可兆“去故取新”的迎春之瑞。

由于万年粮、隔年陈的风俗源远流长，亦留下不少记述这一风俗的诗词。清闵玉井的《年饭》诗云：

风俗隔年陈，中堂位置新。
但教炊似玉，不使甑生尘。
苍翠标松正，青红饤果匀。
家家欣鼓腹，留此待开春。

从该诗可见，“年饭”不仅是“鼓腹”丰乐之征，而且也是迎春祈福的祥物。

灰　堆

灰堆，即粪堆，自南朝以来，大江南北均有“打灰堆”的新年风俗。打灰堆，又称“令如愿”，俗呼“捶粪”。人们在正旦将铜钱串绑扎在竹竿或木棍之上，到田中捶打灰堆，边打边呼“如愿”或其他咒祝之辞，以讨吉祈福。这一风俗的记载最初见于梁代的《荆楚岁时记》：

（正月一日）以钱贯系杖脚，回以投粪扫上，云令如愿。

此俗的由来与一则神异传说相关。据宋高承《事物纪原·捶粪》载：

《录异传》曰：“区明遇彭泽青洪君，君有婢，名如愿。君使随明。明意有所愿，如愿辄使得之。成富人后不复爱如愿。正月岁朝鸡初鸣，呼之不即起，欲捶之，愿走粪上，乃故岁扫除所聚者，由此逃去。明谓在积壤中，以杖捶粪使出，知不可得，因曰：‘汝我富，不复捶汝也。’”今人元日鸡鸣时，辄往积壤间捶之，云使人富。

打灰堆是为了祈富，故杖脚以钱贯系。不过，也有系偶人者，用以引出如愿。据《古今事文类聚》载：

有商人过清湖，见清湖君。君问所须。有人教云，但乞如愿。君许之。果得一婢，如愿即其名也。商有所求，悉能致之。后因正旦如愿晚起，商人挞之，走入粪壤中不见。今人正旦以细绳系偶人投粪扫中，云令如愿。①

显然，有关婢女如愿的传说是打灰堆这一风俗的基础。

隋代北人于正月十五日夜打粪堆，旁有人“以答假痛”，他们用应和的巫术方式以盼呼得“如愿”。至宋代，又有除夜打灰堆祈如愿的。宋诗人范成大写有《打灰堆词》，记录了吴地乡民的祈拜与祝辞：

除夜将阑晓星烂，粪扫堆头打如愿。
杖敲灰起飞扑篱，不嫌灰涴新节衣。
老媪当前再三祝：只要我家长富足，
轻舟作商重船归，大牸引犊鸡哺儿，
野茧可缫麦两岐，短衲换着长衫衣。
当年婢子挽不住，有耳犹能闻我语，
但如我愿不汝呼，一任汝归彭蠡湖！

农妇之求不过牛鸡满圈，丝麦双成，食足衣丰，这是用幻想的方式表达现实的追求，以岁时性的行为满足兴农富家的祈盼。

灰堆作为这一风俗的核心，是如愿的凭依，也是祈富的对象，故曾被农家视作祥物去亲近、去诉求。

新　水

正月里头一次挑回家的水，称作“新水”。壮族妇女们在正月初一会穿上新衣新鞋，竞相到河边挑水，她们边走边拖象征牛、马、猪、羊、狗、猫的石头，并模仿其叫声，以祈六畜兴旺。汲回的新水，加上红糖、竹叶、葱花、生姜煮沸后，全家人都得喝，俗信喝了会使人聪明伶俐。②

在汉族地区，有些地方把正月里的新水称作“财水”。一般在接财神之后，人们纷纷到河、塘、井里去抢着汲水，谓之“抢财神水”。亦有请水店在黎明时分送水到家。送水人挑着水担，手抱一束柴禾，进院便大呼：“进财进水！”主人家连声应和：“接财水，接财水！”据说，这样就能使财源如水流进家门。主家在正月初五后才付财水钱，一般除付水钱外，还另加酒钱，以表达讨得吉利后的

① 见宋祝穆：《古今事文类聚》，卷6“天时部·元旦”。
② 参见郑传寅等编：《中国民俗辞典》，湖北辞书出版社，1987年，页264。

欢悦。①

新水不论是令六畜兴旺，还是令人聪明伶俐，或进财发家，总是一种因时令而神秘的祥物，给百姓们带来希望和吉兆。

镜

镜作为祈福祥物，主要在新年里用以响卜，又称"镜听"。所谓镜听，即以铜镜为卜具，占者抱镜出门，听市人之言，以卜新岁吉凶。

镜听起于何时已难推断，至少在唐代已相当流行。唐诗人王建的《镜听词》，记述了当时民间凭镜卜问的情状：

重重摩娑嫁时镜，夫婿远行凭镜听。
回身不遣别人知，人意丁咛镜神圣。
怀中收拾双锦带，恐畏街头见惊怪。
嗟嗟嚓嚓下堂阶，独自灶前来跪拜。
出门愿不闻悲哀，郎在任郎回未回。
月明地上人过尽，好语多同皆道来。
卷帷上床喜不定，与郎裁衣失翻正。
可中三日得相见，重绣镜囊磨镜面。

这是少妇思念远行的郎君，苦盼他早日归来，用镜听的卜法，希望讨得其夫早归的吉兆。

宋陈元靓在《岁时广记》卷 7 中解释了响卜拜灶之因，并记录了卜具、卜法、咒语及忌避。《岁时广记》假托《鬼谷子》载曰：

鬼谷子响卜法：灶者，五祀之首也，凶吉之柄，悉归所主。凡有疑虑，俟夜稍静，扫洒爨室，涤釜注水令满，以木杓一个顿灶上，燃灯二盏，一置灶腹，一置灶上，安镜一面于灶门边，炷香镜前，叩齿咒曰："维年月日，某官敢爇信香昭告于司命灶君之神：窃闻福既有基，咎岂无征？事先之兆，唯神是司。以今某伏为某事，中心营营，罔知攸措，敞于神，静夜移薪息爨，涤釜注泉，求趋响卜之途，恭俟指迷之柄，情之所属，神实鉴之。某不胜听命之至。"祷毕，以手拨锅水，令左右旋，执杓视之曰："四纵五横，天地

① 参见蒋中健：《民间礼俗》，"岁时礼俗·春节"，北方文艺出版社，1993 年。

分明，神杓所指，祸福攸分。”祝毕，以杓置水之上，任自旋自定。随杓柄所指之处，抱镜出门徐去，不得回顾。密听旁人言语，才闻第一句，即是响卜。急归，置镜床上，细推其意，自合所祷，便见吉凶。事应后方得言之，香灯亦未得撤去。其或杓柄指处，无路可行，则是所占有阻，别日再占。凡秽亵不诚之语，则不可占，恐速祸也。元旦宜占一岁之休咎。

上述引文记述了唐宋间民间镜听风俗的全过程，这种响卜既与灶神信仰有关，又带有浓郁的巫风气息。

响卜之俗一直传习至清末，或在除夜，或在元旦，或在元夕之后。《无锡金匮县志》卷30载：

除夕，所事皆毕后，沃水于釜，以木瓢旋之，视瓢柄所指，潜走其方，听人语，谓之“响卜”。

响卜的卜断一般有两种方法，一是听语释义，二是听音辨调。元伊世珍《琅嬛记》上引《贾子说林》述及又一种镜听之俗及听语释义的卜断实例：

镜听咒曰：“并光类俪，终逢协吉。”先觅一古镜，锦囊盛之，独向灶神，勿令人见。双手捧镜，诵咒七遍，出听人言，以定吉凶。又闭目信足，走七步开眼照镜，随其所照，以合人言，无不验也。昔有女子，卜一行人，闻人言曰：“树边两人，照见簪珥，数之得五。”因悟曰：“树边两人，非‘来’字乎？五数，五日必来也。”至期果至。此法唯宜于妇女。

此法以穿凿附会的方式引申出贴合心愿的吉祥意义。至于“诵咒七遍”、“闭目信足”、“走七步”、“勿令人见”的定规，主要是为这一活动涂上神秘的色彩。

唐韩鄂在农书《四时纂要》“春令”卷1中记写了听音定调以测年成的“响卜”风俗：

听都邑人民之声：声宫则岁美，商则有兵，征则旱，羽则水，角则岁凶。

这种卜断的依据是：发“宫”音时，舌居中，属土，故“岁美”；发“商”音时，口张开，属金，金可打制兵器，故为兵灾之象；发“征”音，舌拄齿，属火，故旱；发“羽”音，唇撮聚，属水，故兆水；发“角”音时，舌缩却，属木，木星为岁星，而凶星太岁与之反向而行，因属木使人联想到太岁星，故被视作凶年之兆。

可见，镜听在卜断上是以主观的附会编造人世间的虚假联系。由于《抱朴子》中有“用明镜九寸自照，有所思存，七日则见神仙，知千里外事也”之说①，故先人俗信能凭镜知远，预知未来，祈获吉兆。镜既是镇物，又是祥物，在镜听、响卜之俗中，主要是作为祥物使用。

纸　马

在中国民间，除夕、元旦也是集中祀神祈福的日子，并形成“年夜祀神，岁朝供先”的传统。

除夕祀神要设天地桌或纸马架，陈供各路神祇的纸马，一并祭祀。所供纸马林林总总，包括“天地之神”、“天地三界十方万灵”、“三十六神”（图1-44）、“三官大帝”、“井泉童子”、“禁忌六神”（图1-45）、“招财和合利市”、“牛王马王”、“紫微大帝”（图1-46）、“增福财神”、“本命星君”（图1-47）、“土地正神”等，以祈诸神赐福，新年人寿年丰、财源广进、和合美满。

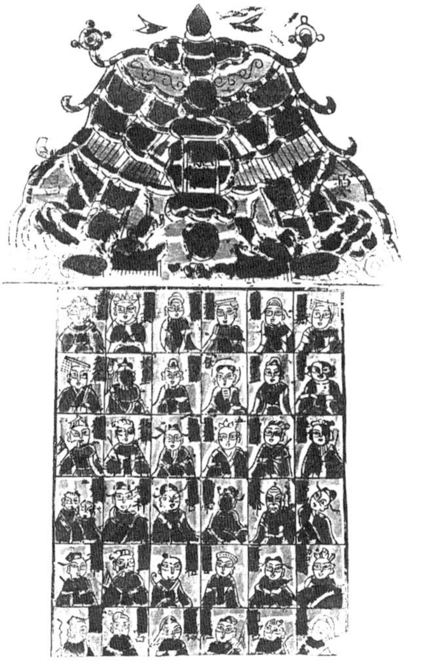

图1-44　三十六神（民间纸马）

图1-45　禁忌六神（民间纸马）

① 转引自唐欧阳询：《艺文类聚》，卷7。

图 1-46　紫微大帝(民间纸马)

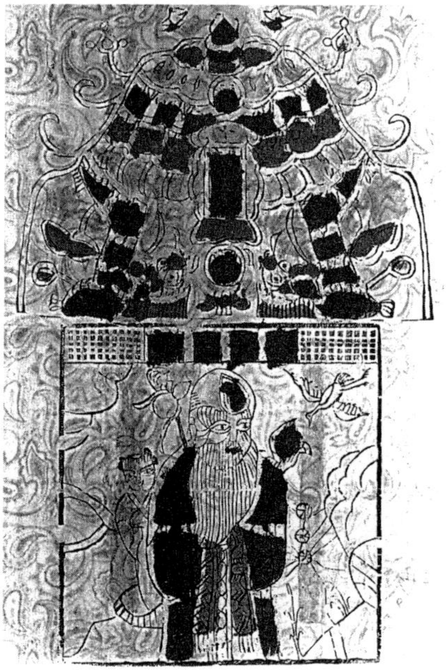

图 1-47　本命星君(民间纸马)

图 1-48　大年神(日本纸马)

作为木版印出的神像画，纸马是祭祀的对象，也是祈福的凭依，本具有祥物的性质。①

日本在新年也有陈供纸马的风俗，不过其名称不作“纸马”，而称为“神像”。日本的新年神像由神社印售，其神包括“大年神”(图1-48)、“岁大神”(图 1-49)、“大国主神”(图 1-50)、“事代主神”(图 1-51)、“山神”、“八幡神”、“灶神”、“谷神”(图 1-52)等。日本人家把从神社请回的神像贴在家中的神龛前或屋梁上，以祈五谷丰稔、家内安全、牛马兴旺、新年开运，同样是被当作新年的祈福祥物。

① 详见陶思炎：《中国纸马》，台北东大图书公司，1996 年。

图 1-49　岁大神(日本纸马)

图 1-50　大国主神(日本纸马)

图 1-51　事代主神(日本纸马)

图 1-52　谷神(日本纸马)

三、贺岁祥物

贺岁祥物是新年祥物的又一个支系，它与辞岁祥物、祈福祥物相类，都在新年期间见用，但更具欢腾、喜庆、祝福的意味。贺岁祥物也大多为寻常之物，灯盏、茶果、食品、贴子等，都被倾注庆贺祈拜的情感，使之从普通用物而演成寓意明确的祥物。

龙灯、马灯

龙灯、马灯作为闹春贺岁的祥物，因生动的造型、优美的舞步、欢腾的气氛而深受欢迎，长盛不衰。

龙灯、马灯与汉代祭祀东方苍龙的“农祥星”（又名“天田星”）及“鱼龙曼衍”之戏当有联系，但在长期的传承中逐步岁时化、舞蹈化，信仰观念与娱乐追求融合到一起，使年俗更见丰富。以土偶龙、木偶龙祈雨的仪式汉前已有，但正月里舞龙的记载，则最早见于《隋书·音乐志》中的“长七八丈”、“以绳系两柱”、让两女对舞的“黄龙变”。

图 1-53　舞龙灯(民间剪纸)

龙灯一般用竹篾做架，糊以彩纸，或围以布帛而成，龙身分为多节，每节缚有长杆，供舞者握持（图 1-53）。龙灯不仅是成人的玩物，而且也有妇女或儿童的参与，组成女子舞龙队和儿童舞龙队。龙灯舞据说有一百零八阵，各地自有不同的阵式与套路，包括翻、滚、腾、转、游、盘、穿、缠、跳、跃、戏、摆等基本动作，除了图案造型，亦有文字阵法，甚至能盘出“龙”字的图样(图 1-54)。

“新年人，龙灯出。”自古龙灯就是贺岁闹春的重要标志。有一首描述扬州灯节的《江南好》曰：“扬州好，灯节庆元宵。绛蜡满堂家宴集，金龙逐队市声嚣，花鼓又高跷。”词中的“金龙”，正是指龙灯。龙灯有的“蜿蜒玲珑八十节，节节有灯分五色”，十分壮观。

在江南，新年还有“马灯夜会”活动。马灯也是用竹篾扎成，围以布帘，套上马头。每匹“马”由一人或两人表演，他们往往披袍戴冠、面涂粉彩，扮作戏曲人物或传奇故事。马灯按角色分成“红马”、“黄马”、“白马”等，伴有响亮的

图 1－54 “龙”字造型的龙灯舞

锣鼓，新年时在场头、村中奔跑表演（图 1－55）。清袁景澜的《马灯》诗云：

图 1－55 跳马灯（江苏溧阳社渚镇）

……

幡开鬣怒火城围，一珠红滚不离首。
骊黄骝骆阵马多，后者赤汗前青骡。
筱骖遗制明吐腹，足以人代劳奔波。

杂装花爨真游戏，涂抹丹铅搬古事。
衣香鬓影绝堪怜，妆成闹扫添春意。
……

当今在无锡、句容、溧阳、高淳等地仍有“跳马灯”的年俗，保留着黑骡“将军”开道的传统，并扮作古装，搬演古事。至于马灯的功用，正如《马灯》诗所言，是为了“添春意”。

龙灯能带来“风调雨顺”、“五谷丰登”，马灯则能带来欢欣和“春意”，故为人们所喜爱。

花　灯

花灯，又称“华灯”，是新年中最富特色的年物之一。它既是孩童们提游的玩具，又可装饰门户、居室，还能照明引路。在新春前后各地均有大小不一的“灯市”，放灯的期日大多按“十三上灯，十八落灯”的南宋旧制，唯南京沿袭“初八上灯，十六落灯”的明朝传统。在南京，正月初八、十三、十五三日被称作“灯节”。

灯市历来是新年中最热闹的场所，各类灯盏争奇斗艳，美不胜收，其用料、造型可谓“五花八门”。据《正德江宁县志》载：

上元作灯市（灯有楮、练、纱、帛、鱼鱿、羊皮、料丝诸品，又有街途串游者，曰“滚灯”、曰“槊灯”，商谜者曰“弹壁灯”），架松棚于通衢（棚中奏乐，上下四旁缀以华灯，灿若白昼），箫鼓声闻，灯火迷望……

明嘉靖六十卷本《姑苏志》载：

上元作灯市，采松竹叶结绷于通衢，下缀华灯。灯有楮、练、罗、帛、琉璃、鱼鱿、麦丝、竹缕诸品，皆彩绘，刻饰人物、故事，或为花果、虫鱼、动植之像。其悬剪纸人马于旁，以火运之，曰“走马灯”，藏谜者曰“弹壁灯”。宋时有万眼罗、琉璃球，尤妙天下。……十三日试灯，十八日收灯。

《金陵岁时记》载：

府县学前、评事街，皆灯市也。洪扬未乱以前盛称料丝，予不及见，惟明角之制，有三星、八仙、聚宝盆、皮球、西瓜、草虫、金鱼之类，楼船则以碎玻璃为之，他如绢制之灯，花、鸟、虫、鱼，亦复维妙维肖，壁灯中有人物各种，惟走马灯最极灵巧。

民国五年十八卷本《郑县志》载：

自城十字街至西关迤逦至车站，谓之“灯市”。出售各色华灯：人物有老子、美人、钟馗捉鬼、刘海戏蟾之属；花草有栀子、葡萄、杨梅、柿、橘之属；禽虫有鹤鹿、鱼虾、虎豹、龙马之属。其奇巧则有琉璃球、云母屏、水晶帘、万眼罗、玻璃瓶之属；其豪华则有丝鱼舫、丝珠明角、镂画羊皮、流苏宝带之类。品目繁多，难以枚举。

灯市之盛不仅见之于地方志的记述，也见之于诗词、歌谣。明王应遴《灯市》诗云：

星球莲矩半空悬，火喷梨花罩酒筵。
莫道米珠薪桂地，谁人肯惜买灯钱。
跳索迷藏拽伴游，太平鼓打闹街头。
铜钱搜出爷娘袖，要买花灯滚地球。

该诗写出了华灯高悬，家家买灯的盛况。

在民间歌谣中亦不乏对花灯及灯市的歌咏。由王玉娣采集的一首流传于武进魏村乡的《唱花灯》，历数了当地灯市上的一些有趣的灯盏：

正月十五看花灯，大街小巷闹盈盈，
盏盏花灯有名堂，一一听我唱分明。

第一盏是走马灯，徐庶走马荐孔明，
三顾茅庐请卧龙，诸葛出山扶刘君。

第二盏是麒麟灯，麒麟背驮小后生，
赐福送子善良家，魁星笔点状元生。

第三盏是老虎灯，景阳冈老虎害煞人，

过路百姓难行走，武松除害传英名。

第四盏是兔子灯，月宫捣药脚不停，
为解嫦娥偷药愁，捣药图报后羿神。

第五盏是老鼠灯，五鼠大闹东京城，
锦毛鼠盗宝祸根起，平事全靠黑包拯。

第六盏是八角灯，八锤大闹朱仙镇，
金兵大败逃命归，贼心不死搬救兵。

第七盏是鲤鱼灯，跃跃欲试跳龙门，
蔡伯喈将龙门跳，抛下五娘苦伶仃。

第八盏是富贵灯，苏州唐寅有名声，
愿作书僮卖华府，只为秋香一个人。

第九盏是猢狲灯，悟空大闹南天门，
东海借得如意棒，保护唐僧去取经。

第十盏是蛤蟆灯，三脚蛤蟆有精灵，
刘海井边戏金蟾，仙人也有凡人情。①

在无锡则有“一颗明珠灯”、“二龙戏珠灯”、“三凤飞舞灯”、“四季鲜花灯”、“五谷丰收灯”、“六畜兴旺灯”、“七巧匠人灯”、“八仙过海灯”、“九九连环灯”、“十面大战灯”。

在南京夫子庙灯市上，至今犹见兔子灯（图 1-56）、蛤蟆灯、狮子灯、荷花灯、双球灯、花篮灯，及以十二生肖为造型的猪灯（图 1-57）、羊灯等数十种。

人们视花灯为吉星，有“红灯在你家门前过，庄户人家五谷丰登；‘老寿

① 引自《武进县民间文学集》，南京大学出版社，1900 年，页 570。

图 1－56　兔子灯

图 1－57　猪灯

星'看得增福寿,'小官人'看得养儿孙,养下男来高官做,养下女来做夫人"之说,[①]显然,花灯在民间早已被当作庆贺祝福的年中祥物。

面　灯

新年点灯是中国年俗中最突出的事象之一,除了门前高挂的写有自家堂号的红灯及孩子们喜爱的各式花灯,各地还有"散灯"或点"发灯"的习俗。

所谓散灯,即除夜在自家门前、堂中、房里、米囤边、大床下、家堂前、院子中等处放上灯盏,各有"祖家灯"、"堂前灯"、"天地灯"之谓,以作发家添丁之征。

农家往往和面粉做灯,一来做"散灯"之用,二来给孩童们把玩。面灯的形状,有的取家中的日常用具,像勺子灯、碗灯、酒杯灯等;有的取十二生肖形,捏成狗灯、羊灯、鸡灯、龙灯、鼠灯等。勺、碗、杯中可盛装燃油,而生肖则在其背上或头上捏出凹坎,里面放缠着棉絮的火柴杆和植物油。在鲁南,狗灯由孩子们放在大门口,鸡灯放在鸡窝前,勺子灯放在厨房里,满地都放着面灯。其中狗灯往往被调皮的孩子拿走,主家不会生气,因当地有"拿狗灯,不算偷"之说。[②] 在苏南,面灯点着火后,再用红绿纸包糊起来,给孩童提着走出户外,与提花灯的儿童们一道戏耍。

面灯是蒸制的,既可玩耍,又可食用。在江淮地区每到腊月二十八、二十九就开始蒸包子,同时蒸面灯,各家还要做一条面龙,放在仓中,称作"仓龙",以表风调雨顺、仓满粮多。

① 引自《常州歌谣谚语集》,中国民间文艺出版社,1989 年,页 22。
② 参见李修臣:《面灯》,《扬子晚报》,1991 年 1 月 26 日。

面灯同花灯一样，是星辰的模拟，具有贺岁祈年的意旨。

接福箱

明清时期，一些人家在门上贴个红纸袋，上书自己姓名，以承接别人拜年的名刺，称之为“门簿”，又叫作“接福箱”。

正月初一相互贺年，是古已有之的交际风俗。除登门拜年，还有投刺致贺的传统。贺年的名刺一般以红笺制成，上书致贺者的姓名，故又称作“名纸”。传说，最早的贺年名纸是北宋文人秦观制作的，其文为：

观　敬贺
子允学士尊兄
正旦　高邮秦观手状①

名纸在官场、文人中十分流行，主人多不亲往，派遣仆人上门投送，因投入“接福袋”中便走，故名纸又称作“飞帖”。明文徵明《拜年诗》记下了当时士人投刺致贺的情状：

不求见面唯通谒，名纸朝来满敝庐。
我亦随人投数纸，世情嫌简不嫌虚。

“不求见面”，表关系并不亲密，而名纸竟满“敝庐”，可见风俗之盛，并令人不能不随俗行之。

虽说“亲者登堂，疏者投刺”，但毕竟“终年相隔一相见”，红帖带来的是祝贺与友情，故人们称之为“接福”。这“接福箱”是社会交际的纽结，自然也成了嘉庆之物。

欢喜团

欢喜团作为江南人家的贺年食品，传说起源于刘备招亲之时。欢喜团的制作有两种方式，其一用糯米粉和糖搓成，其二用模具将炒米和饴糖压成鸭蛋形或乒乓球形。前者为贺年待客的食品，后者让小儿把玩啃食。

欢喜团曾作为江南最富特色的年物之一，据潘宗鼎《金陵岁时记》载：

① 引自郭伯南等著：《华夏风物探源》，上海三联书店，1991年，页45。

糯米舂白，蒸孵后晒干，和饴糖，用竹阁漏二，搓成圆形，俗名“欢喜团”。客至必设。幼时吾姐宗文告予曰，此物仿于刘备赘亲东吴时，未知何考。惟《谐铎》载《江南好》词：“江南好，最好是新年，福寿酥并鸡骨断，欢喜团泡马蹄糕，油炸大元宵。”

可见，欢喜团同“福寿酥”（酥糖）、“鸡骨断”（寸金糖）、“马蹄糕”（年糕之一种）、“大元宵”曾构成旧时江南新年的标志。

至于欢喜团的用途与意义，袁崧生《戢影琐记》新年竹枝词《咏欢喜团》云：

贺年客至肃衣冠，茗瀹清泉荐果盘，
更捧一瓯如雪白，为言欢喜又团圞。

欢喜团作为贺年待客的年食，显然是为了获取“欢喜”、“团圞”的吉祥意义。

茶　泡

民间素有待客奉茶的交际风俗，新岁贺年，茶更不可或缺。人们在新年里用橄榄、金橘、枣子之类泡茶，俗称“元宝茶”；用茶水煮鸡蛋献客，俗称“元宝蛋”，以作招财进宝之贺。

在苏南等地有贺岁三道茶的风俗：一道糖茶，意表“甜甜蜜蜜”；二道元宝茶，以示“恭喜发财”；三道茶叶茶，以祝“长青长生”。

旧时南京则以盐渍白芹，杂以松子仁、胡桃仁、荸荠点茶，谓之“茶泡”。每当贺岁的客人上门，则用茶泡与欢喜团、果盒等同献，果盒中用山楂糕镂成双喜字及福寿字，以点画喜庆嘉瑞的主题。果盘有多层的、分格的，一般中间放一个大橘子，称作“福橘”，其他格内放糖果、黑枣、花生、瓜子等。客人若抓花生，便说“长生不老”；抓了瓜子，则说“瓜瓞绵绵”；抓了黑枣，就说“早生贵子”；抓了糖块，便说“甜甜蜜蜜”；抓了橘子，则呼“走大局”。广东人也有新年互赠柑橘的习俗，取大橘的谐音“大吉”之意。

茶泡不仅别有风味，亦含祥瑞的祝愿。有竹枝词《咏茶泡》云：

芹芽风味重江城，点入茶汤色更清，
一嚼余香生齿颊，配将佳果祝长生。[1]

---

① 引自潘宗鼎：《金陵岁时记》，“茶泡”。

茶泡联系着“长生”的祝福，也无疑是贺岁的祥物。

纸凤凰、纸麒麟

纸凤凰、纸麒麟是苏南、苏中等地区乡间唱春贺岁的道具。若用纸凤凰，叫作“唱凤凰”；若用纸麒麟，则叫作“唱麒麟”。

唱凤凰、唱麒麟的风俗在扬中县、靖江县等地十分盛行，一个乡往往就有二三十个演唱班子。一个班子通常由四个人组成：一个打鼓的、一个敲锣的、两个敲钹的。他们带着纸凤凰或纸麒麟走村串户，到处说唱(图 1－58)。

图 1－58　唱凤凰(江苏扬中县)

“凤凰词”或“麒麟词”一般为四句，一二四句押韵，其韵有“满欢韵”、“金清韵”、“香长韵”等十八个半韵，内容涉及天文、地理、历史、风俗、时事等，亦有见物起兴的即兴演唱。此外，他们还演唱传统的民间歌谣，如《十把扇子》、《十盏花灯》、《十张台子》、《十房媳妇》等。

唱凤凰所用的纸凤凰和唱麒麟所用的纸麒麟，均用竹篾扎成，再糊上花纸。每到一户，纸凤凰或纸麒麟就安放门前，演唱者成半圆形散开，一通锣鼓过后，他们就唱道：

响当当，响当当，小小凤凰到府上，
一到府上来拜年，二到府上来探望。①

每唱一段便是一通锣鼓，气氛热烈。

① 参见马青松：《细说唱凤凰》，《靖江报》，“周末特刊”，第 82 期。

在乡民眼中，纸凤凰、纸麒麟是送春报喜的祥瑞之物，多笑脸相迎，拿出年糕、果子相款待，或给赏钱红包。若唱春人或其他人碰倒了纸麒麟，主人则会认作倒运之兆而不悦，这时“唱凤凰”人要机灵，用“小小凤凰打个滚，凤凰不落无宝地”之类的吉语去圆场。

纸凤凰、纸麒麟至今仍在乡野传承，反映了贺岁风俗的持久和人们对吉祥、幸福的期盼。

第二节　四时祥物

四时祥物是按月令或季节而出现的祥物体系，具有突出的岁时性的特征，它因时而用，循环往复，成为地方的或民族的传统。所谓四时，指春、夏、秋、冬四季。古人把每时又分为孟、仲、季三个月份，即正月至三月为春（孟春、仲春、季春），四月至六月为夏（孟夏、仲夏、季夏），七月至九月为秋（孟秋、仲秋、季秋），十月至腊月为冬（孟冬、仲冬、季冬）。四时祥物包括春日祥物、夏日祥物、秋日祥物、冬日祥物四个基本的支系。

一、春日祥物

春日祥物，从理论上说，应包括新年祥物，一般带有喜庆、祈福的色调。从其构成看，有食物、有玩物、有动植物，亦有装饰物，应用在生产、生活、游乐等层面上。春日祥物点缀着烂漫春光，使民间生活更其多姿多彩。

春　饼

立春日“咬春”、“吃春饼”是旧时的民间风俗，至今犹有遗痕。北方人的“咬春”，就是啃萝卜，而江南人的“咬春”则为“啖春饼”。所谓春饼，系用面粉裹肉脍及蔬菜而做成的薄饼，既用以“尝春”，又作为馈赠之礼，还能用作供品。清顾铁卿《清嘉录》卷1曰：

> 春前一月，市上已插标，供买春饼，居人相馈贶。卖者自署其标曰“应时春饼”。

袁景澜《吴郡岁华纪丽》卷1载：

新春市人卖春饼，居人相馈遗。饼薄形圆，裹肉脍及野菜熟之，以佐春盘，邻里珍为上供。

这种裹蔬菜、肉脍的薄饼在近代又称作"春卷"。据《北平风俗类征·岁时》载：

如遇立春，……富家食春饼，备酱熏及炉烧盐腌各肉，并各色炒菜，如菠菜、韭菜、豆芽菜、干粉、鸡蛋等，而以面粉烙薄饼卷而食之。

这种方式有点像当今用薄饼裹北京烤鸭的吃法。

春饼由来已久，其名称的出现不晚于唐代。《四时宝镜》中有"立春日，春饼、生菜，号春盘"之载。春饼不只是民间的食品，在清代已成为官场的赏赐之物。清代有竹枝词道：

土牛彩仗迓燕郊，京兆诸生舁入朝。
此日百官齐赐饼，早春恩眷出宫椒。

春饼除了是"尝春"的美食，还成了劝农重时的象征，故更具祥瑞的意义。

七菜羹

人日做七菜羹是南朝以来的民俗传统。据梁代的《荆楚岁时记》载："正月七日为人日，以七种菜为羹。"人们在这一天，要用七种菜熬粥，或烧七样菜吃，又叫作"七宝羹"，日本人则谓之"七草粥"。

七菜羹由哪七样菜构成，各地略有不同，但都须用韭菜、芥菜等蔬菜，并以此表达长命百岁的愿望。在客家人中，"七样菜"中除选配蔬菜，也有鱼、肉等荤菜。例如，他们多选用芹菜、青蒜、大葱、芥菜、韭菜、芫荽以及鱼、肉等。这些菜各有涵义：芹菜表勤劳能干，青蒜表会划善算，大葱表聪明敏捷，芥菜表计多谋深，韭菜表幸福久远，芫荽表善结人缘，肉鱼表富足有余。

东邻日本在平安朝时代开始形成在正月子日外出野游的风俗，叫"子日野外春游"，并在春游中采回野生花草熬汤饮用，后逐步形成在正月七日做七草粥的风俗，到江户时代，"七草节"已成为日本的重要节日。日本人做七草粥的选料是：芹菜、荠菜、鼠曲草、繁缕、宝盖草、蔓草、油菜七种野菜，俗信吃了七草粥能祛病长生。

七菜羹和七草粥本为一事，都是早春祈祝无病长生的瑞物，人们希望凭此唤起寒冬里“沉睡”的躯体，使之同春草一般茁壮而矫健。

彩　胜

彩胜，又称“华胜”、“春胜”，汉代已有华胜之制。《后汉书・舆服志》载：“太皇太后、皇太后入庙服……簪以玳瑁为擿，长一尺，端为华胜。”汉代刘熙《释名・释首饰》曰：

> 华胜：华，像草木之华也；胜，言人形容正等，一人著之则胜，蔽发前为饰也。

在南朝时已形成人日剪春胜的传统。据宗懔《荆楚岁时记》载：

> 正月七日为人日，……翦彩为人，或镂金薄为人，以贴屏风，亦戴之头鬓，又造华胜以相遗。

“春胜”在唐代于立春日启用，既是亲戚间的问遗之物，又是官场的赏赐之品，开始了俗，礼的并用与交融。《熙朝乐事》载：

> 立春日，妇女各以春幡、春胜、镂金簇彩为燕蝶之属，问遗亲戚，缀之钗头。唐制：立春日，郎官以上赐春罗胜，宰相、亲王赐金银幡胜入贺，带归私第。民间剪彩为春幡簪首。

宋代亦在春日赐金银幡胜，《东京梦华录》、《梦粱录》、《武林旧事》等均有载述。

彩胜多用乌金纸剪成飞蛾、蛱蝶、草虫之形，并杂缀于花朵中。彩胜一般为妇女的头上饰品，贺方回有词曰：“巧剪合欢罗胜子，钗头春意翩翩。”彩胜使春天里的女子风华艳绝。清尤侗的《彩胜》诗曰：

> 剪出隋宫五彩微，玉人头上斗芳菲。
> 真珠好嵌芙蓉蒂，轻粉能妆蛱蝶衣。
> 妖燕只从廉外闹，狂蜂数向鬓边飞。
> 春深怕有花神妒，细与东风辨是非。

彩胜不仅点画出春天的气息，也使妇女们更其娇美，而且还有同心、定胜的取义，这无疑使它被视作春日的祥物。

撑腰糕

二月二日江南人家有食撑腰糕的春日风俗。所谓撑腰糕，即以隔年糕入油煎食，俗传能免腰痛。蔡云《吴歈》云：

> 二月二日春正饶，撑腰相劝啖花糕。
> 支持柴米凭身健，莫惜终年筋骨劳。

撑腰糕被当作了强身健体的岁时性食品。其所用之糕本为“年糕”，徐士鋐的竹枝词用略带调侃的笔触写下了撑腰糕与“吴娘”间的关联：

> 片切年糕作短条，碧油煎出嫩黄娇，
> 年年撑得风难摆，怪道吴娘少细腰。①

粗壮结实的身腰符合农民们的审美追求，成为健康与劳动力的象征。

二月二日是土地神诞日，乡间祭田公、田婆，有击社鼓、打社火(图1-59)、做社饭、饮社酒的“春社”活动，在有的地方则煎糕祭土。吴曼云《江乡节物词》小序云：“杭俗，二日煎糕炒豆，以祀土地。”可见，撑腰糕是祭祀土地，祈盼年成的凭物。

图 1-59 打社火(民俗舞蹈)

① 引自清顾铁卿：《清嘉录》，卷 2。

二月二日还是民间所说的“龙抬头”的日子。俗传，这天小龙看母，兴云作雨，天地交泰，表示春回大地、农事初兴。这天的一切食品都与“龙”相关，例如，摊煎饼叫作“摊龙皮”，煮汤圆叫作“煮龙蛋”，蒸包子叫作“蒸龙头”，水饼称作“龙耳”，春饼称作“龙鳞饼”，米饭称作“龙子”，面条称作“龙须面”，等等。

撑腰糕虽没有打上“龙”的印记，但在二月二切片煎食，与“龙鳞饼”当有联系。龙鳞饼的名称出自《燕京岁时记》①，系北方人的面食制品，而南方人食米饭、米糕，故有煎糕之俗。因此，“撑腰糕”亦潜含着龙文化的因素，寄托着农事追求。

护花幡

二月十二日为“花朝”，又称作“花节”，又叫作“百花生日”。自唐以来，民间有做朱幡护花的传统，后来又演戏用彩条、红带或红纸悬于花果树枝的风俗，被称作“赏红”。清张春华《沪城岁事衢歌》云：

春到花朝碧染丛，枝梢剪彩袅东风。
蒸霞五色飞晴坞，画阁开樽助赏红。

二月中旬正是大地回暖，百花陆续开放之时，按二十四番花信风之说，小寒以后有梅花、山茶、水仙，大寒之后有瑞香、兰花、山礬，立春之后有迎春、樱桃、望春，雨水之后有菜花、杏花、李花，惊蛰之后有桃花、棠棣、蔷薇，春风之后有海棠、梨花、木兰，清明之后有桐花、麦花、柳花，谷雨之后有牡丹、酴醾、楝花等。② “花朝”在“惊蛰”与“春分”之间，正值百花争放之时，因此，在花盆或花坛上插彩幡（图1-60）或挂红布，具有迎取春光、祝贺“花朝”的取义。

古人往往把“花朝”与“月夕”相提并论，曾以二月半为“花朝”，八月半为“秋夕”，后各地在期日上略有变化，但“花朝”都定在二月中。宋制，守土官于二月十五花朝日出郊劝农。洛阳风俗，则以二月二日，而吴俗以二月十二日为“百花生日”。这天人们赏红游乐，妇女们有“扑蝶会”，花农们争往花神庙陈牲献乐，并以是日晴和占百果之成熟，小儿蓄顶发，女童则穿耳朵。由于“花朝节”祝花长寿，庆日如年，故充溢着喜庆和欢乐，而“护花幡”作为“花朝节”的标

① 清富察敦崇：《燕京岁时记》：“二月二日，古之中和节也。今人呼为‘龙抬头’。是日食饼者，谓之‘龙鳞饼’……”

② 参见顾承甫：《沪上岁时风俗》，华东师范大学出版社，1989年，页42。

图 1－60　护花幡

志，自然就带上了祥瑞的气息。

春　牛

立春日鞭春牛是农事性祈禳风俗，春牛由土或纸制成，既有送寒驱病的镇物性质，又有示农宜田、预兆丰稔的祥瑞意义。

宋陈元靓《岁时广记》卷 8 载：

> 《国朝会要》：令立春前五日，都邑并造土牛耕夫犁具于大门外之东，是日黎明，有司为坛以祭先农，官吏各具彩仗，环击牛者三，所以示劝耕之意。……《本草》云：春牛角上土置户上，令人宜田。

打春前，人们争摸春牛以占新岁利市，并有“手摸春牛脚，赚得钱财著”的谚语。鞭春时，春牛被击碎，牛土被众人攘夺，以争吉利。为弥补多数农民抢不到春牛土的缺憾，江南人则抓住这一商机，制作小春牛出售。据《吴郡岁华纪丽》卷 1 载：

> 立春日侵晨，郡守率僚佐，以彩仗鞭春牛碎土，谓之打春。农民兢以麻麦米豆掷春牛。街市以花装栏，置小春牛于中，及春胜春幡出卖。里胥以春球馈贻贵家宅舍，预兆丰稔。百姓买芒神、春牛亭子置堂中，云宜田事。

农民们不仅买小春牛置于自宅堂中，而且以麻麦米豆掷春牛，都是期望以巫术感应的方式获得作物的丰收。

东坡《祭春牛文》曰："三阳既至，庶草将兴，爰出土牛，以戒农事。"由于春属木，而木数三，故有"三阳"之说。《汉书·翼奉传》载："木数三，寅在东方，木位之始，故曰三阳。"其实，民间打春不只是用土牛，有的地方则出纸牛。在东北地区，各村寨用秫秸、彩纸扎制春牛，立春日拂晓前由一长者带队，男子抬春牛，妇女用绸缎结成春花戴在头上，小孩们拿着各式风筝，结队走向田野。日出后，由长者执春鞭，鞭打春牛，并口念颂词道：

一打风调雨顺，
二打地肥土暄，
三打三阳开泰，
四打四季平安，
五打五谷丰登，
六打六合同春。

鞭毕，抬春牛沿地垄慢慢前移，走一段后，将它放在地上，然后拿镐头向正南"农祥星"方位奋臂刨土，以示该年农事活动已经开始。随后，将春牛就地焚化。①

春牛往往有芒神相伴。所谓"芒神"，即春神句芒。在制作时，它的身高、服色、鞭长、结子、年龄、形象、配置方位等，旧时均有讲究。《金陵岁时记》引《月令广义》曰：

芒神身高三尺六寸，按一年三百六十日。芒神服色，以立春日支相克为衣色、为系腰色：亥子日黄衣青系腰，寅卯日白衣红系腰，已午日黑衣黄系腰，辰戌、丑未日青衣白系腰。手执鞭用柳枝，长二尺四寸，按二十四节气，上用结子，以立春四孟用麻，四仲用苎，四季用丝，俱以五彩染色。其身有老少之分，寅申、已亥年老像，子午、卯酉年壮像，辰戌、丑未孩童像。其立分左右，六支阳年在右边立；阴年在左边立。

如此繁缛的规定，已带有礼制的色彩。

近代以来，"打春"习俗渐趋消亡，土牛、纸牛已不复制作，但版印"春牛图"却广传民间。在苏州桃花坞的"春牛图"上，配有芒神、官人（图1-61），留有

① 参见郑传寅等编：《中国民俗辞典》，湖北辞书出版社，1987年，页230～231。

“打春”的遗意；在山东潍县的“春牛图”上，则见有硕大的元宝，以表迎春招财（图1－62）；陕西西安有春牛、蝙蝠、松枝同图的“新春大吉图”（图1－63）；在河北省的“春牛图”上，配有吃春饼的场景，牛背上有“平安富贵”的象征装饰，并加有如下吉语：“今日打了春，年成保十分。庄家（稼）收的（得）好，买卖变黄金。坐（做）官当一品，富贵万万年。”（图1－64）

图1－61　春牛图（桃花坞年画）

图1－62　春牛图（山东潍县年画）

图1－63　春牛图（陕西西安年画）

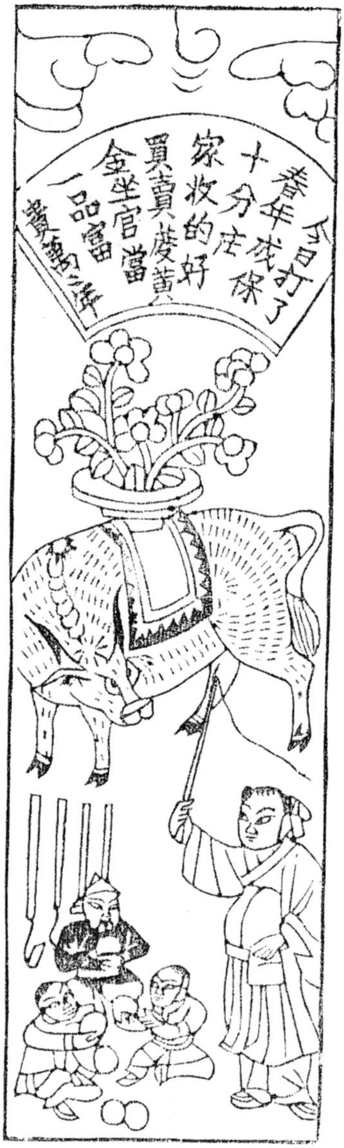

图1－64　春牛图（河北民间年画）

透过“春牛图”上所配的吉语、祥物及欢快、喜庆的气氛，不难看出“春牛”作为祥物的身份。农民俗信，春牛能顺阳气、宜田蚕、得利市，带来一年的福运。

二、夏日祥物

农历四月至六月为夏，天气由暖而热，但民俗的、宗教的活动却未因炎热而消歇，季节性的祥物仍时有所见。它们或食物，或用物，或玩物，或应时之物，丰富着人们的夏日生活，并带来美好的祈愿与快乐。

浴佛水、结缘豆

四月初八日，传说是佛祖释迦牟尼的诞日，各寺庙举行浴佛斋会，并以“浴佛水”和“结缘豆”相遗。孟元老《东京梦华录》卷 8 载：

> 四月八日，佛生日，十大禅院各有浴佛斋会，煎香药糖水相遗，名曰“浴佛水”。

这浴佛水除为“香药糖水”，还浸泡过小佛像。据宋周密《武林旧事》卷 3 载：

> 四月八日为佛诞日，诸寺院各有浴佛会，僧尼辈竞以小盆贮铜像，浸以糖水，覆以花棚，铙钹交迎，遍往邸第富室，以小杓浇灌，以求施利。

文中的“铜像”，当为佛祖释氏之像，糖水浸浴后亦成圣物，故“覆以花棚，铙钹交迎”。实际上，在宗教民俗中，浴佛水已被视作祥物，故富室才愿施利。

结缘豆是另一与佛祖圣诞相关的宗教民俗物品。据明刘侗《帝京景物略》卷 2 载：

> 四月八日舍豆儿，曰“结缘”。十八日亦舍。先是拈豆念佛，一豆佛号一声，有念佛至万者。至日熟豆，人遍舍之，其人亦一念佛，啖一豆也。凡妇不见容于夫姑婉若者，婢妾摈于主及姥者，则自咎曰：“身前世不舍豆儿，不结得人缘也。”

豆子成了“人缘”、“缘分”的象征。这豆多为“盐豆”，舍豆之处往往悬旌旗为标志。清潘荣陛《帝京岁时纪胜》曰：

八日为浴佛会。街衢寺院搭苫棚座，施茶水、盐豆，以黄布帛为悬旌，书曰："普结良缘。"

此外，清张远《隩志》也提及结缘豆的制法与舍法：

京师僧俗念佛号者，辄以豆识其数，至四月八日佛诞生之辰，煮豆，微撒以盐，邀人于路，请食之，以为结缘也。

舍豆结缘属宗教民俗事象，一方面与佛祖的生辰、佛号相关联，另一方面也经历着由圣而俗的转化，贴合着国人重相聚、重交往的人伦情感。舍结缘豆是人际交往的手段，也是沟通社会的努力，结缘豆给人们带来的是信任和亲善，和美和友情。

驻色酒

驻色酒是古代妇女夏日养颜美容的饮料，它用李汁制成，并建筑在对李子的神秘信仰上。

元池《说林》曰：

立夏日，俗尚啖李。时人语曰："立夏得食李，能令颜色美。"故是日妇女作李会，取李汁和酒饮之，谓之"驻色酒"。①

驻色酒用的是李实之汁，它成为"李会"的基础与目标。其实，李花也曾被古人视作"驻色"之物。《本草》曰：

李根治疮，服其花，令人好颜色。②

这"好颜色"，就是"驻色"，也就是青春常在。

为何李子、李花能有驻色之说呢？无可讳言，乃出于李的神话、传说与信仰。

《春秋运斗枢》曰："玉衡星散为李。"这是说，李子本为天上的星辰所化。

---

① 见清汪灏等：《广群芳谱》，卷4。

② 转引自唐徐坚等：《初学记》，卷28。

此外，李子传说为西王母所有，《黄帝内传》有“王母遗帝上清玉文之李”之载。西王母最珍视的是“黄中李”，胜过那能使人长生不老的蟠桃。《集真记》载：

> 西天母居龙月城，城中产黄中李，花开则三影，结实则九影，花实上皆有“黄中”二字。王母惜之，过于蟠桃。①

“黄中李”与“蟠桃”的相提并论，透露出李也是能延年益寿的仙果。

李在神仙传说中亦常常被提及。《神仙传》曰：“老子之母适至李树下，而生老子，生而能言，指李树曰：‘以此为我姓。’”这是道家始祖老子姓李之由。《搜神记》称，南海君“昔临庐山共食白李，忆之未久，已三千岁，日月易得”。李成了仙人食物，长寿的标志。《汉武内传》则载，李少君对汉武帝说，“钟山之李大如瓶”，食后“遂生奇光”。李成了奇妙的仙药。

其实，李在唐代已有“嘉庆子”的别称，②而“嘉庆”就是吉祥，故李早就被人们视作祥物。可见，“驻色酒”用李汁调制，同李的仙话传说及延年观念密切相关，是这一信仰的习俗化。

合欢扇

扇子是人们在夏日不可或缺之物，民间有“立了夏，把扇架”之说。扇子，原为羽毛制成的，汉扬雄《方言》曰：“自关而东谓之箑，自关而西谓之扇。”“箑”用竹制作，在函谷关以东流行，而“扇”之名则称于函谷关以西地区。后来，各种质料的扇风工具都称之为“扇”，不过因材料不同，亦各有其名，诸如羽毛扇、纸团扇、竹扇、席扇、折纸扇、纨扇、罗扇、纱扇、蒲扇、麦秆扇等。

汉代的团扇是从偏扇发展而来的，由手中旋转变为上下扇动。团扇又称作“合欢扇”、“同心扇”，它用细绢做成圆形，一根扇柄当中对分，两两相连，故有“合欢”、“同心”之名。合欢扇尤为女子所钟爱，既解暑热，又能遮羞，还可寄托怨情。东汉班婕妤的《扇诗》曰：

> 新裂齐纨素，鲜洁如霜雪。
> 裁成合欢扇，团团似明月。
> 出入君怀袖，动摇微风发。

---

① 见清汪灏等：《广群芳谱》，卷55。
② 名出唐韦述：《两京记》，见宋祝穆《古今事文类聚》，卷25。

常恐秋节至，凉飙夺炎热。
弃捐箧笥中，恩情中道绝。

班婕妤（图 1－65）因赵飞燕（图 1－66）入宫而失宠于汉成帝，故以扇自比，悲叹“恩情中道绝”。梁代江淹写有《班婕妤》一诗道：

图 1－65　班婕妤

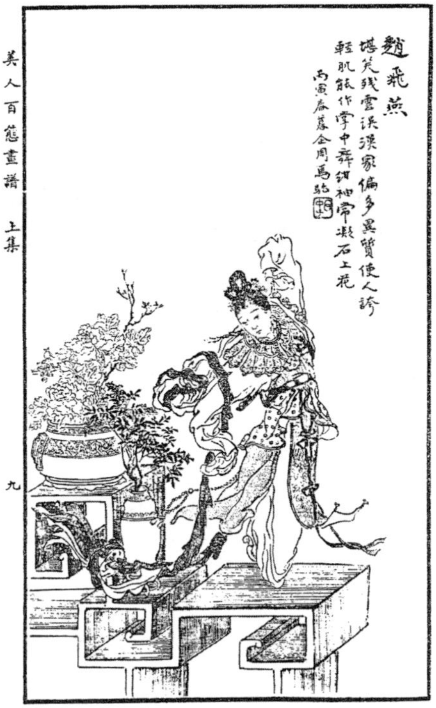

图 1－66　赵飞燕

纨扇如圆月，出自机中素。
画作秦王女，乘鸾向烟雾。
彩色世所重，虽新不代故。
切愁凉风至，吹我玉阶树。
君子恩未毕，零落在中路。

江淹似以小诗对班婕妤之类的怨妇们作出怜惜与规劝。

合欢扇有提醒夫妇、情人相欢相忆的作用。晋王献之《桃叶团扇歌》曰：

七宝画团扇，灿烂明月光。
与郎却暄暑，相忆莫相忘。

“相忆莫相忘”的情感在后世“三面扇”及日本纸扇上变成了春宫画。据宋周密《癸辛杂识》载：

倭人聚扇用倭纸为之，雕木为骨，金银花为饰，并有作不肖之画于其上者。

“不肖之画”当是“合欢”的写真式表现。

当然，扇上亦有游戏的成分，如梁简文帝纱扇上的铭文为“回文”(图 1－67)，供人把玩取乐。

合欢扇的基调是两情莫忘，相欢相忆的启示使之增添了祥瑞的意义。

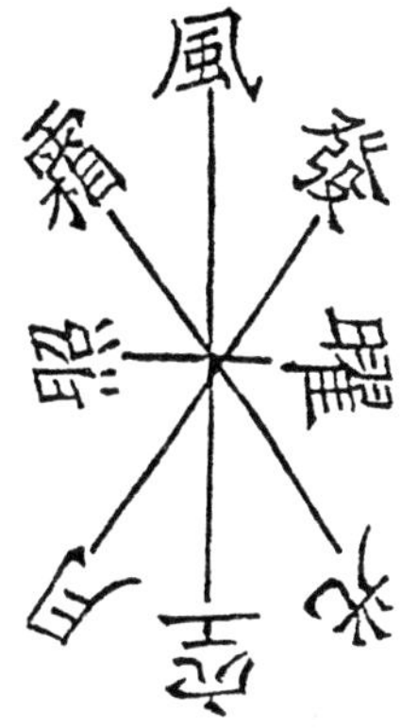
图 1－67　梁简文帝纱扇铭文

乌　饭

乌饭，又叫“黑饭”、“乌米饭”、“乌米糕”、“青精饭”、“阿弥饭”等。四月八日吃乌饭，是大江南北广为流布的民间风俗，在江苏、浙江、安徽、江西、福建及其他省份均可见之，在江南一带尤为突出。

乌饭清香可口，俗传能强筋骨，益气力，固精驻颜，被古人视作“仙家服食”。《金陵岁时记》载：

《本草纲目》：乌饭乃仙家服食之法。唐陆龟蒙《道室书事》有“乌饭新炊茶腥香，道家斋日以为常”之句，而释家乃于四月八日造以供佛。吾乡每届是日，沿途争卖，以当点心。

道家称乌饭为“青精饭”，选用杨桐叶、细冬青染色。谢去咎《事类合璧》曰：

道家采杨桐叶、细冬青染饭，色青有光，名曰“青精饭”。

此外,《遵生八笺》亦曰:

用杨桐叶并冬青叶,遇寒食采其叶染饭,色青而有光,食之资阳气,道家谓之"青精干食饭"。今俗以夹麦青草捣汁和糯米作青粉团,乌桕叶染乌饭作糕,是此遗意。

佛家对乌饭则有"阿弥饭"之称,并传来自西域。《清嘉录》卷4曰:

又考《神隐》,西域有神,名曰佛,佛生日以黑黍饭、不落角祀之。中国奉教者,率相效仿。今之乌米饭,疑即黑黍饭。

图1-68 目莲救母(民间纸马)

"不落角"据说是元语,为一种麦食。[①] 乌饭本为祭品,后又成为僧家的赠物,并说与目连救母的传说相关(图1-68)。目连因母被打入地狱,每日给母送饭,以让母食人间烟火,永保阳气。然而,饭每次都让守地狱的小鬼吃掉了,于是目莲将饭染黑,小鬼不知何物竟不敢食,其母终得还阳。

不过,民间吃乌饭已渐无宗教的色彩,成为一种岁时风俗。人们还用天南烛、乌桐叶做饭,将茎叶捣烂滤汁泡糯米,有的要经过"九浸九蒸九晒",使乌饭碧如坚珠,形美而味甘。民间还有生女时用乌饭酿酒的习俗,该酒长期藏于地下,待女儿长大出嫁时再取而饮之,酒色黑而味香。

乌饭自古被俗民们视作祥物,信能资阳气、宣孝谛、驻颜色,甚至在杜甫赠

① 参见殷登国:《岁时佳节记趣》,广西人民出版社,1987年,页67。

李白的诗中还见有“岂无青精饭，使我颜色好”之句，可见，它历来为人们所看重。

龙　船

龙船，是民间夏日水上活动的有趣事象，它以观赏性、竞技性和游乐性而创造出祥和、喜庆的气氛(图1-69)。

图1-69　龙船(木雕)

龙船的出游往往是期日固定的岁时风俗，并形成一定的“市”或“节”。在扬州，五月有龙船市。据清李斗《扬州画舫录》卷11载：

> 龙船，自五月朔至十八日为一市。先于四月晦日演试，谓之“下水”；至十八日牵船上岸，谓之“送圣”。船长十余丈，前为龙首，中为龙腹，后为龙尾，各占一色；四角枋柱，扬旌拽旗。篙师执长钩，谓之“跕头”。舵为刀式，执之者为之“拿尾”。尾长丈许，牵彩绳令小儿水嬉，谓之“掉梢”。有“独占鳌头”、“红孩儿拜观音”、“指日高升”、“杨妃春睡”诸戏。两旁桨折十六，前为头折，顺流而折，谓之“打招”。……金鼓振之，与水声相激。上供太子，不知何神……小船载乳鸭，往来画舫间，游人鬻之掷水中，龙船执戈兢斗，谓之“抢标”。又有以土瓶实钱果为标者，以猪胞实钱果使浮水面为标者，舟中人飞身泅水抢之……“送圣”后奉太子于画舫中礼拜，祈祷收灾降福，举国若狂。

扬州龙船市的活动及龙船的规模已描述得颇为细致，且提示龙船的功用在于“收灾降福”、“举国若狂”。

在广东，从五月初一至五月二十日有“龙船景”之俗。龙船景，又称“趁景”，即各乡龙船邀集一起，轮流到各乡巡游，且在指定水域表演技巧，鸣炮助兴。趁景期间，各村门楼披红挂绿，沿江两岸彩旗飞扬，家家户户包粽蒸糕，迎接客人。凡外村嫁来的妇女，看到本村的龙船来时，就要和丈夫、小孩一起，带着鞭炮、糖果、饼食，划着小艇去慰问娘家的亲友，叫作“犒标”。接受犒标越多，那条龙船就越光彩。① 在这里，龙船不仅是游乐的对象，而且成了社区交往、亲情寄托的媒介。

黔东南和湘西的苗族人，每年在夏历五月十六日以后，等全寨薅完秧，要过历时三天的“龙船节”。他们的龙船由一只母船和两只子船捆扎而成，叫做“子母船”，子船、母船皆为独木镂空而成。龙头约长两公尺，用水柳木雕刻，装有一对一公尺多长的龙角。因龙头着色不一，分为青龙、赤龙、黄龙。龙船在那里不是用于竞赛，而是载人串寨子、访亲友。龙船出发前，歌师唱吉祥歌，祝愿龙船平安。船上活动由全寨推选出的德高望重的老人主持，他坐于龙颈处击鼓发令。船每过一寨便放铁炮，岸上人则放鞭炮“接龙”。亲友们向船上人敬米酒两杯，并把鹅鸭、彩绸等挂在龙头上。各家酿米酒，包粽粑，宴请宾朋。妇女、儿童有去龙船前“讨路边饭”之俗，俗信吃了龙船上的饭，便能消灾纳福。②

龙船不仅昼行，亦有夜游。清光绪五年《武进阳湖县志》载：

> 舟广一寻，长三寻，刻首尾以象龙，腹结彩为楼三重，列旗帜高五寻，下以习水者十六操楫，往来倏忽，金鼓喧震。夜悬灯数百，光烛水上。游者曰“看龙船”，乘舟而游者曰“游船”。

清阳湖人赵翼写有《水嬉看夜船灯火》之诗，其中有“今年添制夜龙船，十丈龙身万烛燃。映水顿成星宿海，腾云应上焰摩天”之句，可见一时之盛。

“夜龙船”后变为灯船，行船时日已不限于五月，曾为时人所热衷并夸耀。清查慎行《灯舫》诗有“不为水嬉夸盛世，万人连夕乐康衢”句，在他们眼中，灯船已成了物力滋丰、人民和乐的嘉庆象征。

三、秋日祥物

秋令时节，天高气爽，百果结实，五谷归仓，人们虽然忙碌，但心情轻松，于是

---

① 参见叶大兵等：《中国风俗辞典》，上海辞书出版社，1990年，页23。

② 参见郑传寅等：《中国民俗辞典》，湖北辞书出版社，1987年，页258～259。

节日过得丰足而欢快。秋季中有七夕节、中秋节、重阳节等重要岁时节日,人们大多以游戏性活动及相应的食物或玩物,给金秋涂上了喜庆、祥和的色调。

巧　果

巧果是七夕节的应时节物,又称作“笑靥儿”、“果实”,同巧针、香灯、瓜藕、摩睺罗等物一样,烘托着七夕节“乞巧”的主题。

巧果在宋代已成为七夕风俗中不可或缺之物。北宋孟元老《东京梦华录》卷8曰:

> 七月七夕,……又以油面糖蜜造为笑靥儿,谓之“果食花样”,奇巧百端,如捺香、方胜之类。

到南宋,巧果亦称“果食”。据周密《武林旧事》卷3载:“七夕节物,多尚果实、茜鸡。”此外,宋陈元靓《岁时广记》引《岁时杂记》曰:

> 京师人以糖面为果实,如僧食,但至七夕,有为人物之形者,以相饷遗。

这“人物”当为化生小儿摩睺罗,以作乞子之祝。

巧果之名大约出现于明代,它取代了“果实”之称,而进入民间的七夕风俗。明王鏊《姑苏志》中有“七夕,市上卖巧果”之载。到清代,吃巧果就叫作“乞巧”。顾铁卿《清嘉录》卷7载:

> 又九县志皆云,七夕以面和糖,油煎令脆食之,名“巧果”。盖以吃巧果,叫“乞巧”也。

潘荣陛《帝京岁时纪胜》“七夕”亦曰:“街市卖巧果,人家设宴,儿女对银河拜,咸为乞巧。”

巧果有不少样式,袁景澜云:

> 吴中旧俗,七夕,市上卖巧果,以面和糖,绾作苎结形,或剪作飞禽之式,油煮令脆,总名“巧果”。①

① 见清袁景澜:《吴郡岁华纪丽》,卷7。

在浙江南部，巧果成了用糯米粉拌以糖、猪肉、芝麻等而制成的长条形甜饼，形似指或舌，品种有“单巧”、“双巧”、“麻巧”等数种。这些巧果上还印有状元、魁星等人物花纹，以寄托乡民们的祈愿。①

在晋代，尚没有“果食”、“巧果”之类，但有七月七日食糜的风俗。晋周处《风土记》曰：“魏时人或问董勋云：‘七月七日为良日，饮食不同于古，何也？’勋云：‘七月黍熟，七日为阳数，故以糜为珍。’”巧果当为“糜”在后世的演进。

七月七日本是牛郎、织女鹊桥相会的日子(图 1－70)，王母娘娘划出的银河终隔不断他们的夫妻深情(图 1－71)，因此七月七日历来

图 1－70 织女图

图 1－71 王母划河与七七相会

① 参见叶大兵等：《中国风俗辞典》，上海辞书出版社，1990 年，页 35。

被视作“良日”。“七”为阳数，阳能接天，因此牛郎得以腾升天界。正是这些文化观念的楔入，使七夕俗物打上了祥瑞的印记。

蟋　蟀

蟋蟀，喜鸣善斗，自古是人们的秋兴玩物。除了用于博戏取乐，蟋蟀还有感时知秋、听鸣安眠、戏促女功、寄托相思等功能，故也具有祥物的性质。

蟋蟀在古代中国有各种别称，又叫促织、蛐蛐，还有蛩、蜻蛚、王孙、趣织、吟蛩、趋趋、蟋蟋、赚绩等。

早在两千多年以前，蟋蟀就作为物候受到注视，并成为中国第一部诗集——《诗经》中的比兴对象。《诗经・唐风・蟋蟀》云：

> 蟋蟀在堂，岁聿其莫。
> 今我不乐，日月其除。

蟋蟀作为秋时已至、岁月将暮的物象，引发了人们及时行乐的联感。直到晋代，蟋蟀仍作为岁时递迁的征候而受到吟咏，在卢谌《蟋蟀赋》中就有“候日月之代谢，知时运之斡迁”的歌叹。

在唐代，蟋蟀开始成为宫廷妃妾与市井庶民们游戏闲玩的宠物，甚至日夜相守不舍。五代王仁裕《开元天宝遗事》卷上载：

> 每至秋时，宫中妃妾辈，皆以小金笼捉蟋蟀闭于笼中，置之枕函畔，夜听其声。庶民之家皆效之也。

置之枕畔，可见宠爱有加，而“夜听其声”，除了赏玩，亦有安眠之效，故旧时妇女亦多畜养(图 1－72)。

斗蟋蟀之戏亦兴于唐代。宋陈櫄《负喧野录》曰：

> 斗蛩之戏，始于天宝间。长安富人刻象牙笼畜之，以万金付之一斗。

至宋宣和年间，斗蟋蟀已成为一项举国热衷的博戏。贾似道曾在襄阳危急时，竟“与群妾踞地斗蟋蟀”，被戏讥为“军国重事”。[1] 蒲松龄在《聊斋志异》中写

---

① 见《宋史・贾似道传》。

图 1－72　金井秋阑

有《促织》篇，揭露“宫中尚促织之戏”，皇帝向民间索贡蟋蟀之事，而在民间文学中，还有《济公斗蛐蛐》的传说。它们都是当时风俗的写照，反映了斗蟋蟀闲戏的兴盛。各地每到秋日，还组织“蟋蟀会”一类的聚斗活动（图 1－73）。

蟋蟀在汉代就有“促织”之名，《古诗十九首》中有“明月皎夜光，促织鸣东壁”句。因蟋蟀鸣声似纺绩，故名促织、促机、纺绩。南京人称蟋蟀为“趣织”，亦是同织事相关的古称。后汉宋均曰：“立秋女功急，故趣之。”此外，《太平御览》引《春秋说题辞》曰：

> 趣织之为言“趣织”也，织兴事遽，故趣织鸣，女作兼也。

自古有“促织鸣，懒妇惊”之说，表明蟋蟀在寒秋将至之前有劝促织事之效。明朱之藩《促织》诗云：“催得匹成输税早，贻人安枕不言功。”这是对蟋蟀的正面评价。

图 1－73　蟋蟀会

蟋蟀还是相思和遣愁的媒介。杜甫《促织》诗云：

促织甚微细，哀音何动人。
草根吟不稳，床下夜相亲。
久客得无泪，故妻难及晨。
悲丝与急管，感激异天真。

蟋蟀虽小，却能牵动诗人的离愁别绪。不过，蟋蟀的鸣声既撩相思，又可遣愁。杨廷秀《促织》诗有“一声能遣一人愁，终夕声声晓未休”句，[①]这样说来，一只小蟋蟀即能舒解天下旅人郁结的愁肠，给孤独者们送来温馨的抚慰。

法船、灯船

七月十五日中元节，俗称“鬼节”，佛寺做“盂兰盆会”。这是追祭先祖、超

① 见宋祝穆：《古今事文类聚》，卷 48“虫豸类”。

渡孤魂的节日。这天人们延僧做水陆道场，颂经施食，烧钱化纸，入夜则放河灯。

河灯，又叫“江灯”，要乘船到水中丢放。宋吴自牧《梦粱录》卷 4 载：

> 七月十五日，……后殿赐钱，差内侍往龙山放江灯万盏。

明代刘侗《帝京景物略》则称“河灯”：

> （七月）十五日诸寺建盂兰盆会，夜于水次放灯，曰“放河灯”。

由于河灯外观或底座做成莲瓣状，故又称作“荷灯”。

放河灯要乘船入水，这船又称作“法船”。在宜兴地区法船用四条，一条上放焰口，一条上僧尼念佛诵经，一条上烧锞锭，一条上放河灯。有的地区的“法船”是纸扎的，长数十尺，临河焚化，称作“慈航普度”。

法船与河灯相关，主要用于超度孤魂，以使人、鬼两安。中元乘法船的宗教风俗，在有的地区渐变为灯船，如苏州地区的周庄镇每年七、八月划灯船，就可能是中元风俗的嬗变。光绪八年六卷本《周庄镇志》载：

> 镇东北有村曰白家浜，于七八月间有划灯船之胜，然间十年乃一举也。划灯船者，以五色纸雕镂工细花样，作花篮灯高悬于船之左右，每船五、七十灯，船首尾以纸灯作为龙狮等形，前后树八角大伞灯各一，亦五色纸雕镂成者。伞之中为走马之戏，伞之上用纸作花果及凤、鹤、兔、鼠诸物，以线牵掣，飞走如生。中舱架一亭，作纸人长二三尺者数人，中空作灯，演成杂剧，亦以线索牵掣。如是七八船划行湖荡中，助以金鼓，往来如梭织，波光灯影，上下激射，必半月而罢。附近诸县及吾镇中皆一至。凡自远方来观者，舟楫舣附，水道为之阗咽焉。①

在周庄，宗教性活动变成了游乐性项目，灯船为当地增添了风俗景观和欢快气氛，为初凉的秋日涂绘出祥和的色调。

---

① 丁世良等：《中国地方志民俗资料汇编・华东卷》（中），书目文献出版社，1995 年，页 391。

中秋祥物

中秋时节，天高气爽，皓月圆亮，果饼飘香，到处有“人月双圆”的祝福和温馨祥和的节日气氛。

中秋节的嘉庆气氛，仍借助一系列应时祥物而营造出的，诸如：月宫纸、月宫人、子孙藕、和合莲、荷花瓣瓜、团圆酒、小摆设、塔香、塔灯、观音灯、月饼、芋艿、兔儿爷、月亮菜等。

《吴郡岁华纪丽》卷8载：

> 吴俗中秋，人家各设炉香灯烛，供养太阴，纸肆市月光纸，绘月轮桂殿，有兔杵而人立，捣药臼中，极工致。金碧璀璨，为缦亭彩幄，广寒清虚之府，谓之月宫纸。又以纸绢为神，具冠带，列素娥于饼上，谓之月宫人。取藕之生枝者，谓之子孙藕；莲之不空房者，谓之和合莲；瓜之大者，细镂如女墙，谓之荷花瓣瓜。……士女围饮，谓之团圆酒。……豪家门首，供列小摆设于几案。凡盘匜台桌，卤簿仪仗，博具乐器，一切人间应用之物，无不缩至径寸，精巧异常，盈千累百件，无不称之。

上述各物，或为俗信物品，或为应时食物，或为奇巧玩物，无不成为节中的祥物。

烧塔灯、烧塔香也是中秋的节俗。塔灯用瓦叠成浮屠，四围燃灯，或在瓦塔内聚柴点燃，使塔身烧得通红。而塔香系以线香编捆而成，层叠数级，外围饰以红绿纸花（图1-74）。塔香有插入香斗内的，又称作“斗香”。吴曼云《江乡节物词》有“心字烧残几寸灰，灵香上请月轮开”句，可见烧塔燃香本为祈月常圆。

图1-74 点塔香的乡镇人家

中秋节的食物也多有吉祥的涵义。月饼因形象团圆，取人月双圆之意。芋艿，谐音为“遇”，以表相逢团聚。在海州，女婿在八月十六要

图 1-75　嫦娥

到岳父家翻动赏月时吃剩的芋头皮和果壳，以兆夫妻恩爱，多生子女。[①] 妇女拜月，祭供嫦娥(图 1-75)，所用果品亦各有说法，如石榴谓之“开口笑”，柿子为“世代有子”，苹果称“平安之果”，香藕因丝丝相连表团圆和美、永不分离。

中秋月夜妇女有“摸秋”之俗，即到人家瓜田菜园去偷摘果蔬，以讨吉利。汉族妇女以偷得瓜回为得子之兆。湖南侗族称所偷之菜为“月亮菜”，摘回大瓜和鲜毛豆，象征小孩肥壮、康健。小伙子亦有偷月亮菜的，则是希望仙女赐予幸福和爱情。

北方儿童中秋有供玩兔儿爷的风俗。兔儿爷用陶、土、糖等制作，涂以粉彩，做成兔头人身之像，多披袍穿甲，坐狮骑虎(图 1-76)。清蒋士铨《兔儿爷》诗中有“居然人身兔斯首，士家工商无不有”、“持钱入市儿喧哗，担头争买兔儿爷”之句，可见一时之盛。传说兔、蟾在月中捣制仙药，它们自身当然也就是仙物了。因此，兔儿爷不仅是应时的儿童玩物，也是与中秋祭月主题相关的一种祥物。

图 1-76　兔儿爷

重阳糕

九月九日重阳节，民间有饮菊花酒、吃重阳糕、插茱萸、登高等习俗。重阳糕，古称“饵”、“蓬饵”、“饵饨”，后又有“花糕”、“骆驼糕”、“菊花糕”等名称。晋葛洪《西京杂志》卷 3 载：

① 参见刘兆元：《海州民俗志》，江苏文艺出版社，1991 年，页 137。

九月九日，佩茱萸，食蓬饵，饮菊花酒，令人长寿。

晋干宝曰："豆末屑米而蒸之，以枣豆之味，今饵餻也。"[①]《玉烛宝典》则曰：

食饵者，其时黍秫并收，以因黏米嘉味，触类尝新，遂成积习。[②]

从一开始，重阳食饵就有"尝新"、"长寿"的功用。

至于以"糕"替代"饵"、"餈"之类，宋邵博《邵氏闻见后录》卷19有所记述：

刘梦得作《九日》诗，欲用"糕"字，以五经中无之，辍不复为。宋子京以为不然。故子京《九日食糕》……遂为古今绝唱。"糗饵粉餈"，糕类也，出《周礼》。

重阳节所食之糕插有剪纸小旗的传统不晚于北宋，而重阳糕的定名则见之于南宋。孟元老《东京梦华录》载：

（重九）前一日，各以粉面蒸糕遗送，上插剪彩小旗，掺饤果实，如石榴子、栗子黄、银杏、松子肉之类。又以粉作狮子蛮王之状，置于糕上，谓之"狮蛮"。

如果说汴梁的重阳蒸糕为素食的话，宋代南方的菊糕则添进荤食。周密《武林旧事》载：

（重九）各以菊糕为馈，以糖肉秫面杂糅为之，上缕肉丝鸭饼，缀以榴颗，标以彩旗。又作蛮王狮子于上，又糜栗为屑，合以蜂蜜，印花脱饼，以为果饵。

至于重阳糕的名称，见之于南宋吴自牧的《梦粱录》：

日月梭飞，转盼重九。盖九为阳数，其日与月并应，故号曰"重

① 转引自唐徐坚等：《初学记》，卷4。
② 同上。

阳”。……此日都人店肆,以糖面蒸糕,上以猪羊肉、鸭子为丝簇饤,插小彩旗,名曰“重阳糕”。

重阳糕和重阳旗均有吉祥的涵义,有在糕上做二羊以寓“重阳”的,有把糕做成九层,以“九层糕”表“重阳糕”。至于重阳旗的图案,有令字、八仙过海、三国演义、刘海金蟾、竹林七贤、松鹤延年等,烘托着重阳糕喜瑞的主题。人们拔下糕上的小旗,或插门楣,或为儿童玩具,成为庆贺重阳的象征。

如果说重阳糕对大人取长寿的祝福,对小儿则为“百事皆高”的祝祷。宋金盈之《醉翁谈录》卷4曰:

重阳,以酒果糕等送诸女家,或遗亲识。其上插菊花,散石榴子、栗黄,或插小红旗长二三尺。……是日,天欲明时,以片糕搭儿头上,乳保祝祷之云:“百事皆高。”

此外,重阳糕还有预告岁时寒暖的作用,民间有谣谚说:“吃了重阳糕,夏衣就打包。”它提醒人们在冷节已届,风雨满城之际,及早料理寒衣,迎接冬令的到来。

四、冬日祥物

冬令时节,阳消阴长,风寒袭人,又值农闲,故民间多以消寒取暖、滋阴补阳、敬神祭祖、尊护老者、备物迎春等为主要的风俗活动,其中不乏祥物的应用。诸如暖炉、木炭、袜履、腌菜、冬至糕、冬春米、消寒图、腊八穗、腊八冰、腊八丸子等,都在冬令风俗中具有祥物的意义。

暖　炉

十月朔是冬日的起始,中原地区有于是日开炉取暖的风俗,并有围炉饮酒的暖炉会。宋祝穆《古今事文类聚》引孟元老《东京梦华录》曰:

十月朔,有司进暖炉炭,民间皆置酒作暖炉会。

又引吕原明《岁时杂记》曰:

京人十月朔沃酒,乃炙脔肉于炉中,围坐饮啖,谓之“暖炉”。

在江南，天虽未大寒，仍有“炽炭”之俗。宋范成大《吴郡志》卷2载：“十月朔，再谒墓，且不贺朔，是日开炉，不问寒燠皆炽炭。”清袁景澜《吴郡岁华纪丽》卷10则称“贵家”开炉：

> 吴中贵家，新装暖阁，妇女重绣帘，浅斟缓酌，以应开炉之节。

范成大还写有《十月朔开炉》诗，记述了江南开炉的情状：

> 石湖今日开炉，纸窗雪白新糊。
> 童子烧红榾柮，老夫睡暖氍毹。
>
> 石湖今日开炉，四壁仍安画图。
> 万事篆烟曲几，百年毳衲团蒲。

十月朔，民间祭谒坟墓，烧棉裘楮衣，俗称“送寒衣”，亦有冬日保暖的意义。暖炉则以炭火增添居室内的阳气，以抵御寒冬的阴气。开炉日居家贴新窗纸、安新图画，俨然过年，可见是喜庆之日。暖炉以其实际的温暖和想象的辟阴功能使之成为冬日的祥物，并给民间生活带来欢悦、喜庆的气氛。

冬至吉食

冬至，又称“至日”、“长至”、“大冬”、“交冬”、“亚岁”、“冬节”、“贺冬节”、“一阳节”、“天长节”、“消寒节”等，它与正旦、端午、中秋同为一年四季中的四个大节，民间素有“冬至大如年”之说。

冬至的食物大多带有吉祥的寓意，寄托着人们的愿望。

旧时杭城有冬至全家大小分食包头鱼之俗，然鱼之头尾必留下勿食，用碗盛妥放米桶中，谓曰“吃剩有余”，意取经济宽裕，食物丰多。冬至日，市上有年糕出售，颜色或青或白，样式分为两种，或成元宝式，或成如意式，无论贫富，咸购食之，以纳吉迎祥。此外，杭城还有吃“冬至肉”之俗。所谓冬至肉，系用猪肉和酱烧制而成，俗传吃了冬至肉，能使人身体强健。[①]

“冬至团”是南方的节物，又称作“冬至丸”，民间用以祭祀祖先、相互馈遗和祝儿增岁。冬至团用新糯米磨粉做成，以糖、肉、菜、果、豆沙、萝卜丝等为

---

① 参见胡朴安：《中华全国风俗志》下册，河北人民出版社，1986年，页226～227。

馅，因形圆，圆为“天”，天兆“阳”，故取“达阳气”之意。

冬至家宴的菜肴往往有吉祥的别称，诸如：蛋饺称“元宝”，肉圆称“团圆”，粉丝称“金链条”，鸡称“扑扑腾”，鱼称“吃有余”，黄豆芽称“如意菜”，青菜称“安乐菜”，等等。

东汉蔡邕《独断》中有“冬至阳气起，君道长，故贺”的载述，人们对“阳气”的追求，派生出“添岁”、“祈年”之类的愿望，这类愿望也常以食物来作象征的表达。《彰化县志》载：

> 冬至前一夕，小儿将米圆塑为犬、豕等物，谓之“添岁”。冬至，昔时曾为岁首，作此物，盖取一年中六畜兴旺，百果丰登之义，是祈年之谓，非添岁之意也。

其实，这塑为犬、豕的米圆本具有多重的内涵，既为添岁，又为接阳；既祝儿健如犬豕，又祈畜旺年有秋。正是这些乐生入世的追求使寻常食物成了吉祥食品。

腌　菜

大江南北都有初冬腌菜以备漫长冬日食用的风俗。所腌之菜主要为白菜、雪里红、芥菜头等，其中最为常用者为白菜。

白菜，又名“白菘”、“菘菜”，其品种众多，并有青叶、黄叶之别，又各称“青菜”、“黄芽菜”。菘菜历来被人视作超越荤腥佳肴的美味食品。苏轼有诗道：

> 白菘类羔豚，冒土出蹯掌，
> 谁能视火候，小灶当自养。

范成大则有“味如蜜藕更肥醲，朱门肉食无风味”句，均说菘菜味美无比，胜过肉食、熊掌。

用菘菜所制的腌菜，又称“盐菜”，并有“春不老”的美名。据《清嘉录》卷10载：

> 比户盐藏菘菜放缸瓮，为御冬之旨蓄。皆去其心，呼为“藏菜”，亦曰“盐菜”。有经水滴而淡者，名曰“水菜”；或以所去之菜心，刳菔蘡为条，两者各寸断，盐拌酒渍入瓶，倒埋灰窖，过冬不坏，俗名“春不老”。

民间腌菜的方法很多，据清汪灏《广群芳谱》卷14载：

> 腌菜法：白菜拣肥者，去心洗净，一百斤用盐五斤。一层菜，一层盐，石压两日可用。
>
> 又：白菜一百斤，晒干抖搜去土，先用盐二斤。腌三四日，就卤内洗净，每柯窝起纯用盐三斤，入坛内，可长久。
>
> 又法：白菜削去根及黄老叶，洗净控干，每菜十斤，盐十两。用甘草数茎，放在洁净瓮盛，将盐撒入菜丫内，排顿瓮中。入莳萝少许，以手实捺，至半瓮，再入甘草数茎，候满瓮，用石压定。三日后将菜倒过，拗出卤水，于干净器内另放，忌生水，却将卤水浇菜内。候七日，依前法再倒，用新汲水渰浸，仍用砖石压之。其菜味美香脆。若至春间食不尽者，于沸汤淖过晒干收贮。夏间将菜温水浸过，压水尽出，香油匀拌，以磁碗盛顿，饭上蒸之，其味尤佳美。

菘菜属十字花科，味甘温无毒，有“利肠胃，除胸烦，解酒渴，利大小便，和中止嗽”等药用功效。菘菜易长，高产而耐寒，是自古以来最常见的蔬食。梁代陶弘景有“菜中有菘，最为常食”之说，民间尚有“三天不吃青，肚里冒火星”的谣谚，均视菘菜为不可或缺。

用菘菜制成的腌菜，除具有菘菜固有的美味特色，还能过冬入夏，长期食用。有诗云：

> 吴盐匀洒密加封，瓮底春回菜甲松；
> 碎翦冰条付残齿，贫家一样过肥冬。①

腌菜能使万千贫家亦过上“肥冬”，被人们视作祥物也就不足为奇了。

腊八祥物

腊月初八日又称“腊八”、“腊八节”，本是祭祀自然与祖先的节日，周有“大蜡”，汉有“腊祭”，其风俗信仰源远流长。腊八节物多与丰稔追求、除虫灭害、添丁生子等相关，显示出祥物的或镇物的性质。其中，腊八粥、馀饭、腊八穗、腊八冰、腊八丸等，合成了腊八祥物的系列。

① 引自清顾铁卿：《清嘉录》，卷10。

腊八粥因用糯米、大米、小米、红枣、红豆、黄豆、花生、白果、松子、芝麻、瓜子、杏仁、菱角、栗子、蔬菜、果核等制成，成为富足有余的象征，并预兆来年的丰稔。

馀饭是不同于腊八粥的干食，且不用纷繁的配料，但仍有特定的吉祥意义。据乾隆四十八年《府谷县志》载，所谓馀饭系用黍米和枣肉制成，俗信早食能兆来年早收。

腊八穗是陕西米脂地区的腊八风物，它由妇女用谷秆编成装有红枣的穗子，用以挂在小孩们的肩上，具有纳吉、祈年的双重取意。

腊八冰为腊八凌晨取回的冰块。在甘肃省，人们将腊八冰散置于田亩、户牖、树身等处，以兆来年润泽。在山西河曲县，农家以粥汤沃冰，并置之粪堆上，以盼水多肥足，来年有秋。在青海河湟地区，腊八冰又称"圣冰"，除献给神佛，放置田间房边，还给病人和家禽吃，俗信病人吃冰能康复，鸡鸭吃冰多产蛋。在甘肃河西地区，则有田中埋冰的习俗，以祈五谷丰登。

腊八丸系在腊八日用兔脑和面粉制成，成为求顺产的产妇药物。民国十七年陕西《怀远县志》载：

> （腊八日）剥兔脑和白面为丸，名"腊八丸"，临产催生最验。

它虽带巫药性质，但以兔子多生易养为诱因，追求神人相亲、催生顺产的功利。

可见，腊八祥物用之于生产和生活，其吉祥内涵为腊八这一冬令时节带上了几许喜人的暖意。

消寒图

冬至日起，进入数九寒冬，民间有消寒的风俗，除数唱《九九歌》，亦有"消寒图"的涂绘。"消寒图"又称"九九消寒图"或"九九消寒诗图"，其形制亦颇多样。

其一，涂梅消寒。明刘侗《帝京景物略》卷 2 载：

> 冬至之日，画素梅一枝，为瓣八十有一，日染一瓣，瓣尽而九九出，则春深矣，曰"九九消寒图"。

另，潘荣陛《帝京岁时纪胜》载：

至日数九，画素梅一枝，为瓣八十有一，日染一瓣，瓣尽而九九毕，则春深矣，曰“九九消寒之图”。傍一联曰：“试看图中梅黑黑，自然门外草青青。”

以涂梅消寒迎春，颇富雅趣。

其二，涂圈消寒。据民国二十年《天津志略》载：

士大夫率于是日作“消寒图”。图以一纸绘九格，格绘九圈，九九凡八十一圈。自冬至日起，日涂一圈。其涂法为：上阴下晴，左雾右风，中黑为雪。圈涂尽，则九九毕。

此法不仅数九消寒，且对各日气象加以实录，本出于对农事的关心。

其三，诗图消寒。据《明宫吏》载：

冬至节，司礼监刷印“九九消寒诗图”，每九诗四句，自“一九初寒才是冬”起，至“日月星辰不住忙”止。

“消寒诗图”有数九九、记岁时的功能。

其四，文字消寒。此法即选九画的文字九个，印成双钩空白字，进九后每日描实一笔，计八十一日描完。此类文字有“亭前垂柳重待春风”等，亦自有情趣。

涂梅消寒除用笔墨，亦用胭脂，后者成了妇人们的游戏。据杨允孚《滦京杂咏》诗注云：

冬至后，贴梅花一枝于窗间，佳人晓妆，以胭脂图一圈，八十一圈既足，变作杏花，即暖回矣，谓之“九九消寒图”。

其诗云：

试数窗间九九图，余寒消尽暖回初。
梅花点遍无余白，看到今朝是杏林。

人们视“消寒图”能助人消寒，迎得暖春，带来愉悦和希望，故成为冬日的祥物。

二 建筑祥物

建筑祥物是在土木工程和宅室装饰中启用的祥物体系，借以寄托工程顺利、起居平安、发财兴旺、鸿运顺达等愿望。它以祭品、工具、器用、构件、配物、吉文、符图等形式，透过建筑活动或建筑实物传达其吉祥的意义。土木兴作在民间生活中历来是一项较为重大的礼俗，为求吉宅早成、长安长乐，人们创造出纷繁复杂的建筑祥物，并以其艺术与信仰的气息无声地装点着自己的生活。

第一节 土木祥物

建筑文化包括建筑活动、建筑成果和建筑精神三个基本的层次，而土木祥物作为建筑活动的伴物、建筑成果的部分和建筑精神的体现，打破了建筑文化的简单分层，成为内涵丰富的物类。土木祥物主要附丽于建筑过程和建筑构件，构成了建筑祥物体系中的一个重要支系。

一、建房祥物

建房祥物系在房屋建筑活动中加以应用的工具、法具或道具，它配合一定的仪式，在工程的不同阶段分别发挥其祈吉的功能。它们在动土、上梁、砌灶、敬神等环节，各有所用，神秘的气氛和欢快的场面往往能奇妙地统合不分，给主家带来信心与希望。

宝　瓶

土木工程是从破土开始的。在江苏，一般先由主家在宅基四角锄地三下，然后由泥瓦匠接手开挖地槽。在界址的四角要用大锹挖出深坑，坑内由主家撒入茶叶、稻米、谷粒，再打下木桩，覆上泥土。

在青海省河湟地区，破土仪典上要埋下“宝瓶”。所谓宝瓶，系一大口瓷瓶，内装谷粮、八宝、发面、海龙、海马、地胆及其他中药，盖上红布，用红绳束扎。俗信，下了宝瓶，则阳宅旺，阴宅稳，家道兴，子孙昌盛，福寿绵长。

在破土开沟中撒下茶米，作为下宝瓶的简化，则是各地多见的土木风俗。撒茶米时，往往由作头唱出以吉祥语词为主调的仪式歌谣，以对所用的建筑祥物加以烘托和渲染。在江苏大丰县万盈乡，当破土仪式进行到撒茶米时，便会听到这样的歌谣：

手拿金砖喜连连，一对凤凰临门前；
凤凰不落无宝地，贵人出在府里边。
前门走的真君子，后边又跟文武臣；
先撒茶叶后撒米，一对鲤鱼跳龙门。
茶叶撒东生贵子，米撒西边大学生；
大学生回家，头上戴金花，
××村里第一家。①

下宝瓶或茶米，具有多重的吉祥取意。

首先，它们是作为敬献地神的祭品，充当人神沟通的媒介，以使土木活动受到神祇的护佑。

其次，茶树不可移植，须用茶种，米谷作为种子隐含勃勃生机，因此茶米具有生根得阳的象征寓意。

再次，米谷之用含积粮防荒的祈愿。墨子曰：

一谷不收谓之馑，二谷不收谓之旱，三谷不收谓之凶，四谷不收谓之馈，五谷不收谓之饥馑，五谷不熟谓之大侵。

范子计然曰：

五谷者，万民之命，国之重宝也。是故无道之君及无道之民，皆不能

① 引自舒翔主编：《大丰歌谣》（资料本），1987年10月印，页46～47。

积其盛有余之时，以待其衰不足也。①

所以，在角坑中撒入茶米，或在宝瓶内放入谷粮，具有惜宝积粮的意味。

此外，宝瓶、茶米还被视作财气之兆。梦书曰：

禾稼为财，田之所出。梦见禾稼，言财气生。②

由于禾稼与“财气”的联系，建筑仪典中的道具——宝瓶、米谷，自然也成了“财气”的象征。

最后，宝瓶、米谷的设放还有积善积德的夸饰成分。《孝经援神契》曰：

德下至地，则嘉禾生。

宝瓶中的谷粮及直接撒入角坑中的茶米，都被视作“嘉禾”。《说文》曰：“禾，嘉谷也。”可见，“嘉谷”就是“嘉禾”，谷粮、米谷之类既可称作“禾”属，当然也就能与“德”相连相通了。所以，宝瓶、茶米作为建筑祥物，也隐含着对主家品德的褒美与祝愿。

上梁祥物

上梁是民间建筑礼俗中最隆重的一个环节，多选月圆或涨潮的日子施工，以取“合家团圆，钱财如潮”之意。人们多在凌晨时分动工，赶在日出前或木星落下前完成，最迟也得在日落前完工。上梁时不让妇女、儿童在场，工匠们均以行话交谈，如斧头叫“代富”，绳子叫“千金”，梯子叫“步步高”等，现场充满着神秘的气氛。

屋梁的选料亦含趋吉避凶的追求。在安徽淮北地区，农家脊檩喜用枣木，梁头喜用榆木，房门则喜用杏树，“枣”谐音“早”，“脊”谐音“积”，“榆”谐音“余”，“梁”谐音“粮”，“杏树”谐音“幸福”，串读则为“早积余粮幸福门”。

在西北地区，大梁、中檩选用椿木，椽子选用新松，以象征四季常春。忌用槐、柳、果、桑、枣等木。槐为木中之鬼，槐上房犹如鬼压身；柳木是坟前之树，易沾鬼气；花果木象征女流之辈，不能顶门立户；桑木谐音为“丧”，不吉；枣木

① 引自唐欧阳询：《艺文类聚》，卷85“百谷部”。
② 同上。

身不正直，多为乞丐用作讨饭棍，有破家之虞，故均不用。①

在上梁礼俗中，往往另有多种祥物选用，诸如糕粑、馒头、太平钩、太平钱、银梯、银灯、夫妻树、筷子、钱包、米粮等，以强化喜庆、祥瑞的气氛。

上梁礼俗中的接宝事象，即为祥物的应用。所谓接宝，即木匠从梁上用一根红绳子将扎成一个仙桃或包袱状的钱袋从梁上放下来，让主人或主妇双手捧接，以兆进宝得财。仪式中伴有点题的歌谣，在瓜州流传的“接宝歌”唱道：

东家接宝喜连连，多福多寿喜双全，
你今接了高梁宝，富贵荣华万万年。
老太太接宝笑嘤嘤，好比南海观世音，
观世音过到八百八，你活一千还有零。

东家接宝接得高，脱掉蓝衫换紫袍，
脱掉紫袍换蟒袍，金銮殿上走一遭。
夫人接宝笑呵呵，百褶罗裙顺地拖，
左拖三道生贵子，右拖三道子孙多。②

“接宝歌”有的与数十字、历史人物、十二月花名等联系起来，增添了赏玩娱乐的成分。在江南溧阳就流传着这样的接宝歌谣：

一添梅花梗子青，恭喜主家造花厅，
东边造的金银府，西边造的万年厅。
二添杏花十里红，主家富贵又兴隆，
福如东海长流水，寿比南山不老松。
三添梅花红喷喷，新建华厦出能人，
房房子孙多荣耀，家中又出财帛星。
再添蔷薇白如银，上梁巧遇紫微星，
门前改造新科府，八抬八轿出皇门。
五添石榴红堂堂，雕栋画梁多辉煌，

① 参见王森泉等：《黄土地民俗风情录》，山西人民出版社，1992年，页283。
② 引自《中国民间文学集成·邗江县卷》(资料本)，1991年印，页400。

招财进宝千万金，奇珍异宝堆满仓。
六添荷花结莲蕊，代代儿孙理朝政，
皇恩浩荡黎民福，主家龙凤伴祥云。
七添凤仙开凤顶，子孙代代天地顶，
高官进职拜君王，文武官员留芳名。
八添桂花飘芳香，夫唱妇随永世昌，
闺房乐趣无穷尽，子孙代代享荣光。
九添秋菊像黄金，主家添上聚宝盆，
五路财神齐驾到，宝山银山堆不尽。
十添芙蓉应小春，福禄寿喜齐进门，
金枝玉叶添富贵，威震江南第一名。
十一添水仙开得早，天上圣上重英豪，
祖上积德儿孙福，文武高官添荣耀。
十二添腊梅隔年香，凤产麟儿做栋梁，
探花榜眼登科举，独占鳌头美名扬！①

其他上梁祥物，亦各有内涵。“太平钩”，即从中梁“福”字穿入，钩嘴朝外的铁钩，钩上挂着两条鲤鱼，意取“鲤鱼跳龙门”。“太平钱”，即垫于梁下的古铜钱，或由木匠从梁上抛撒下来的古钱，多选“太平通宝”或铭文为“天下太平”的花钱（图 2－1）。“银灯”、“银梯”作为上梁中的道具，则因“银”、“人”谐音，以取“人丁兴旺”、“人人登高”之意。上梁日，还有用红线绑几根筷子，筷端系上五根红布条，吊于大梁上四十九天的风俗。有说，筷子象征妖邪之骨，红线为妖邪之筋，红布条为妖邪五脏，吊筷可驱除妖邪，保主家平安。“夫妻树”，即两根同生之树，浙南畲族人伐此木作屋梁，以兆夫妻恩爱，厮守终身。

图 2－1　天下太平钱

民间流传着“有钱难买雨浇梁”之谚，上梁日的雨水也被视作祥物。有诗云：

① 引自汪士忠编：《中国民间文学集成·溧阳县卷》（资料本），1989 年印，页 483～484。

燕雀一朝忙，新居贺上梁。
主人原豁达，君子莫偷藏。
斗拱刚符合，星临大吉祥。
更欣微雨洒，家室庆丰穰。①

微雨作为自然之物，虽不期而遇，也能奇妙地融入上梁祥物，反映出人们在土木活动中强烈的祈福心愿。

鲁班尺

在建筑施工中，制造和安装大门也是一个十分慎重的环节，需要相关的礼俗与工具，其中少不了鲁班尺的度量。

鲁班尺又称“门尺”、“门光尺”、“门公尺”、“八字尺”，相传为鲁班所造。《阳宅十书》曰：

> 海内相传门尺数种，屡经验试，惟此尺为真，长短协度，凶吉无差。盖昔公输子班，造极木作之圣，研穷造化之微，故创是尺。后人名为“鲁班尺”。

鲁班尺以官尺一尺二寸为准，均分为八寸，称作财、病、离、义、官、劫、害、吉，它们附会为北斗七星及其辅星，其中有吉星，也有凶星。用此尺度量，遇吉星则吉，遇凶星则凶。

鲁班尺的使用还要考虑“压白”问题。所谓压白，据宋陈元靓《事林广记》载：

> 《阴阳书》云：一白、二黑、三绿、四碧、五黄、六白、七赤、八白、九紫，皆星之名也。惟有白星最吉。用之法，不论丈尺，但以寸为准，一寸、六寸、八寸乃吉。纵合鲁般尺，更须巧算，参之以白，乃为大吉。俗呼之“压白”。其尺只用十寸一尺。

另，《乡言解颐》卷 4 引《协记辨方》云：

---

① 见清李光庭：《乡言解颐》，卷 4“物部上”。

门光星，大月从下逆数，小月从上顺数。逢“白”字大吉，“丫”字损畜，“人”字损人。

在用法上，做单扇门，“小者开二尺一寸，压一白，在‘义’上”；做双扇门，“用四尺三寸一分”，合“三绿一白”，在“吉”上；做大双扇门，“用广五尺六寸六分”，“两白”，又在“吉”上。①

与鲁班尺相类，还有玄女尺和丁兰尺。

玄女尺，即九天玄女之尺，又称“九天元女尺”。其尺亦有字用之法，以“田宅”、“长命”、“进益”、“六合”、“旺益”、“玄女”六星为吉，其余为凶。据清李斗《扬州画舫录》卷17载：

> 又古装门路用九天元女尺，其长九寸有奇。匠者绳墨，三白九紫，工作大用日时尺寸，上合天星，是为压白之法。

可见，玄女尺也是在装门中用以求吉的工具。

丁兰尺作为木工用尺，除建筑之用，主要用来定神龛、神主牌位的尺度。其尺长一尺二寸八分，分10大格，各有“丁”、“害”、“旺”、“苦”、“义”、“官”、“死”、“兴”、“失”、“财”诸字，各字所在大格下又分作4小格，每格亦各有文字相配，以表吉凶。（图2－2）

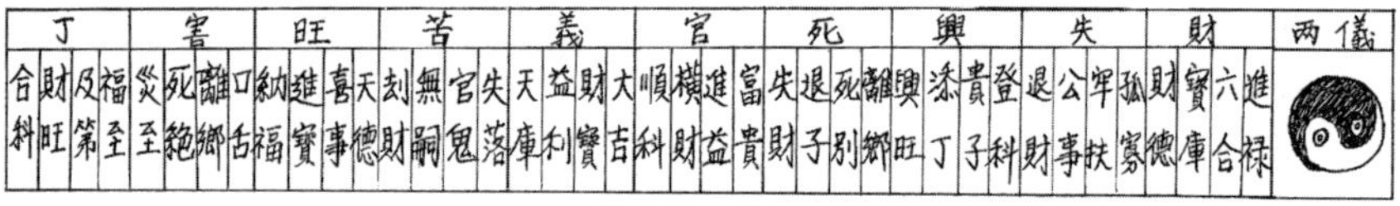

图2－2　丁兰尺

丁兰尺之名来自汉孝子丁兰。传说丁兰幼丧考妣，长而思报，刻父母像，日日事之如生。曹植《灵芝篇》载有丁兰之事：

> 丁兰少失母，自伤早孤茕，
> 刻木当严亲，朝夕致三牲。

丁兰“刻木为亲”（图2－3）的事迹成了旧时“二十四孝图”中的孝子典范。

---

① 见《鲁般营造正式》，参见吴裕成：《中国的门文化》，天津人民出版社，1998年。

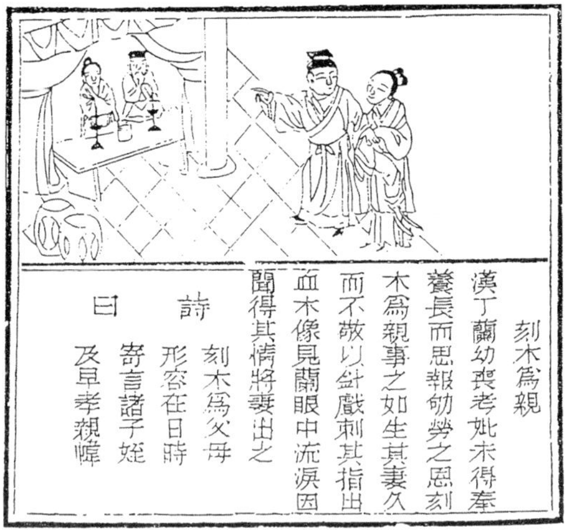

图 2-3 丁兰刻木为亲

丁兰尺同鲁班尺、玄女尺一样，都被民间视作祥物。

福字与安宅符

民间在建房中有贴“福”字和安宅符的风俗。

“福”字，取红纸斗方用墨笔书就，多贴在新上的大梁上。贴“福”字并非随意的行为，亦有庄重的仪典。现场设置白酒、豆腐、烧肉，房主夫妇恭敬地站在梁的北边，面朝南；两个木匠和两个瓦匠站在梁的南边，面朝北，木匠站上首，瓦匠站下首。主家将大红的“福”字递给瓦木匠，由木匠用糨糊粘斗方的上下角，而由瓦匠粘左右角，然后贴于大梁的中央，再洒酒放炮。①

在写福字、贴福字的礼俗中少不了相关的歌谣，并由这些歌谣而烘托出祥瑞的气氛。在苏中江都县流传的《贴福字》歌谣唱道：

恭喜主家砌华堂，写个福字来上梁。
笔砚红纸桌上放，挥毫先写示字旁：
一笔一点桃子样，二笔一横一撇长，
三笔一竖擎天柱，四笔一点挂中央。
上面一横似金梁，府上代代出栋梁；
中间口儿四角方，财源茂盛达三江；

① 参见蒋中健：《民间礼俗》，北方文艺出版社，1993 年，页 209。

最后写成田字底，年年丰收福无比。
相公福字写得好，寿比南山松不老。
我把福字贴起来，恭喜主家大发财。①

歌谣从福字的偏旁笔画入手，说出一串吉祥喜话。在苏北滨海县，还见有这样的“贴福字”歌：

福字生来喜洋洋，根生土长在苏杭。
先裁对子吉利条，后裁福字四角方。
寿星老儿磨黑墨，达官贵人笔力强：
大红纸上落一点，好比仙锤在府上；
横撇点竖神示旁，好比摇钱树一样；
一横生来长又长，主家今年造府堂；
口字写在田字上，甘罗十二为丞相；
田字写的四角方，太公八十遇文王。
我把福字贴起来，主家富贵万年长。
福字贴在正中央，金钱财宝囤满仓。②

图 2-4　安宅神树符

民间有“上有天堂，下有苏杭”的俗谚，故歌中的“苏杭”即指“天堂”。在这首贴福字歌中，苏杭、吉利条、寿星老儿、达官贵人、仙锤、摇钱树、府堂、丞相、太公、文王、富贵、万年、金钱财宝、囤满仓等，均为吉物吉人或吉言吉词，它们从不同的角度充实着“福”字的内涵，用叠加、反复的手法为这一仪式增添了喜气。

安宅符在建筑施工中和新房落成后亦有所用，作为道符的一种，它们的贴用往往有乡野道士的参与。开工有“开工大吉符”，安门有“安门符”，安宅有“神树符”(图 2－4)，除秽有“家宅净符”等，它们均从避祸的追求中透露出吉祥的意义。

① 引自《扬州歌谣谚语集》，中国民间文艺出版社，1989 年，页 111。
② 引自《中国民间文学集成·滨海县卷》(资料本)，1988 年印，页 406。

二、吉祥构件

吉祥构件是建筑物的组成部分或基本材料，它以其实际的功用或附加的意义而透露出纳吉迎祥的文化信息。砖瓦、石材、梁柱、花窗、栏板、裙板、柱础、瓦当、滴水、梁垫、雀替等，都能在其实用的基础上又寄托着人们的祥瑞追求。

砖　瓦

砖瓦是民居建筑必不可少的材料，砖以筑墙，瓦以盖顶，并因此而显现建筑物的质感和色调。

砖墙以坚固为主旨，历来被视作家室坚固的象征。清李渔《一家言·居室部》曰：

> 国之宜固者城池，城池固而国始固；家之宜坚者墙壁，墙壁坚而家室坚。

坚固的墙壁靠砖块的层层垒叠而成，而传统的民居往往以坚厚的砖墙传导出家道殷实、衣食丰足的气宇与风貌(图 2－5)。

图 2－5　墙体厚实的皖南民居

砖块不仅是砌筑的材料，也能成为独立的建筑构件。不少旧式民居的砖砌门洞，就以砖雕雀替作为开门迎祥的标志。例如，坐落在苏北兴化的郑板桥故居，其砖雕雀替以青松白鹿为纹饰，以意取进禄、长寿(图 2－6)。

经雕凿加工的画像砖不仅用于墓葬，也用于阳宅，但在题材上有所不同，

图 2－6　松鹿纹砖雕

主要以寿星(图 2－7)、财神、八仙、龙凤、喜鹊、白鹿、青牛、羊、马、鲤鱼、灵芝、青松、祥云及其他吉祥图案为主题，营造吉宅的气氛。

图 2－7　寿星砖雕

瓦件作为基本的建筑材料，也能成为吉祥的象征，尤其是瓦当、滴水，往往图文并举，或用以镇宅，或意取吉祥。就瓦当文看，延年益寿、千秋万岁、千秋长安、高安万世(图 2－8)、延寿万岁、与华无极、与天无极、常生无极、长生未央、长乐未央、延寿万岁常与天久长、百万石仓、有万喜、大富、富贵万岁、亿年无疆(图 2－9)、永受嘉福、永承大灵、万物咸成、流远屯美等，均为吉词吉语，自然使瓦当成为建筑祥物。

瓦当用以挡住瓦头，而滴水位于瓦沟檐口用以排泄雨水。瓦当、滴水的图文常常包含着镇凶与祈吉的双重指向。例如，瓦当用虎头纹以辟凶，滴水则以福寿纹纳吉(图 2－10)，概括出建筑的基本功利。

图 2-8　高安万世(瓦当)

图 2-9　亿年无疆(瓦当)

图 2-10　虎头瓦当与福寿纹滴水

柱·望柱头

柱,作为建筑中的重要构件,是组成梁架的基础,整个屋盖有赖于柱的支撑而矗立于世。自古以来,人们视屋盖为天盖,有"天似穹庐"之谓。柱植地而举撑屋盖,实为立地顶天的天柱象征。《楚辞·天问》中有"天极焉加?八柱何当"之问,东汉王逸注云:"言天有八山为柱。"《淮南子·地形训》曰:"天地之间,九州岛八柱。"这"八柱"为宇宙柱,它们除分开了天与地,而且在神话中成了众神上下的"天梯"。

天梯除以山代之,更以巨树为用。《淮南子·地形训》载:

建木在都广,众帝所自上下。日中无景,呼而无响,盖天地之中也。

房屋中的中柱也被人们视作天梯，并当成直上云天、登临星宫的通道。民间建房在立柱上梁时，常贴用的对联为：

上梁正逢黄道日　立柱巧遇紫微星

透露出人们缘柱登天的信仰与期盼。在彝族“玄通大书”中有柱崇拜的图幅，其柱立于屋脊，直薄苍穹，且作树状，点画出该柱作为宇宙树或天梯的象征性质(图 2－11)。在宫廷、庙宇的大柱上我们常见有飞龙缠绕的雕饰，显然，这“龙柱”就是登天之途的图演。

图 2－11　彝族的柱崇拜

图 2－12　石榴形柱头(明祖陵)

柱与天的联系使其成为建筑祥物。这一认识不仅反映在家柱上，而且也体现于石表、望柱等“柱”形建筑上。望柱虽不高耸云天，但柱头均以吉物为饰。其常见的祥物柱头有伏莲头、石榴头(图 2－12)、净瓶头、云气头、蟠龙头(图 2－13)、蹲狮头、卧鹿头(图 2－14)等，正是这些柱头使寻常的建筑构件融入吉祥文化之中。

花　窗

花窗有木制、砖石制、水泥制数种。木制花窗又称“木槅窗”，砖石花窗又称“漏窗”，它们均空透而带花头，不仅纤巧玲珑，而且其艺术构图多饱含着吉

图 2-13　蟠龙形柱头

图 2-14　卧鹿形柱头

祥的寓意。

旧时木槅窗扇以楠木、柏木为用，且花头式样繁多。清李斗《扬州画舫录》卷 17 载：

> 凡楠柏木槅扇，……花头有卧蚕、夔龙、流云、寿字、卐字、工字、岔角、云团、四合云、汉连环、玉玦、如意、方胜、叠落、蝴蝶、梅花、水仙、海棠、牡丹、石榴、香草、巧叶、西番莲、吉祥草诸式。

此外，木槅窗上尚有复合式的吉祥构图，如槅心为和合二仙，背饰为夔龙、秋菊，或喜鹊、梅花、竹、石（图 2-15），或一"福"字与四蝙蝠合成的"五福图"（图 2-16）等。

"窗棂以明透为先"，①花窗在满足采光、通气的实用功能下，再作出装饰性的处理，以美化居室，寄托情感。砖石气窗、漏窗同木槅窗一样，其构图基本为吉文吉物。常见的样式有：五福捧寿窗、钱纹窗（图 2-17）、卐字窗（图 2-18）、艺字窗（图 2-19）等。

① 语出清李渔：《一家言·居室部》。

图 2－15　喜鹊登梅木槅窗

图 2－16　门头气窗上的五福图

图 2－17　钱纹窗

图 2－18　赣南农家的卐字窗

图 2－19　艺字窗

花窗还有造景、借景的功能，同时在建筑美学上形成虚实对应，打破实木柱梁及板壁砖墙的滞重沉闷，从立面上让人产生疏透、轻巧的感觉（图2-20）。

花窗由于线条、图案、文字的吉祥寓意，使之成为人们喜爱的建筑祥物。

图2-20 花槅窗在视觉上的虚实对应

天香庙

天香庙是位于民居大门左侧墙上的一个纵长方形的小洞，其洞口上端略有修饰，或似楼阁檐口，或似元宝之形（图2-21）。逢年过节，各家在天香庙里点香敬祀天地神灵。

图2-21 民宅大门旁的天香庙

关于天香庙的来历，传说姜子牙把所有洞府都封了神位，又休了妻子，自己却无位可坐，无家可归，于是就云游各处，每到一处就寄居在天香庙里。俗信，谁家的天香庙被姜子牙住过，一切凶神恶鬼就永远不敢进他家的门，这家人就会平安、发财。也有传说讲，天香庙是供奉三官大帝的，或说是专供奉天地神灵的。总之，是吉神的所在。

每逢过年，家家要把“天香庙”装饰一新，两边贴上这样的对联：

一门清泰蒙神佑　四序安康托圣扶

或写上：

无物可酬两大德　虔诚惟进一炉香

庙洞内并无神像，后墙上竖贴一长条红纸，上面写着：“天地之位”或“三元大帝之位”。①

天香庙因有吉神的临附而成为家宅祥物。

木雕件

在建筑中有许多木制构件，它们经过雕凿而成为精湛的民艺物品。常见的木雕构件有梁雕、柱雕、梁头、梁垫、雀替（梁柱或枋柱结合处同平面的承重或纯装饰性的构件）、斜撑（梁柱间主要用于承重的较大的木构件，临街的外柱与梁头间的斜撑常见艺术化处理）、挂落、垂莲柱、门扇、裙板等。

木雕件的主题图案均为各类吉祥物品，或吉神吉仙，或祥禽灵兽，或吉草祥木，或金玉珍宝，或云气海水，或古器吉文，不一而足。

就木雕雀替说，有松竹梅“岁寒三友”图、和合二仙图（图 2－22）、鱼跳龙门

图 2－22　和合二仙（木雕雀替）

图 2－23　摩竭形雀替

① 参见刘兆元：《海州民俗志》，卷 15“住宅・盖天香庙”，江苏文艺出版社，1991 年。

图、摩竭图(图 2-23)等样式。

门扇裙板图式丰富,有八仙图、平安富贵图、连中三元图、宝瓶菊花图、琴棋书画图、博古花卉图、祥草如意图、夔龙凤图、游鱼图、福寿图等。

梁柱斜撑则多为吉神吉仙,特别是临街店铺的梁头木撑,常做成八仙人物、赐福天官与招财童子(图 2-24)、财官进宝(图 2-25)、利市仙官、夔龙等,使门户充满着祥瑞之气。

图 2-24　赐福天官与招财童子(梁柱斜撑)

图 2-25　财官进宝(梁柱斜撑)

木雕使构件轻巧而富装饰效果,更在外显的建筑成果上注入了建筑精神,使无声的建筑增添了传说与民俗的动态背景。

石雕件

中国建筑虽以土木材料为主,但也有以条石、块石、石板等制成的建筑构件,并经过精细的雕凿而成为建筑艺术又一独到的展示空间。

石雕件多以柱础、门当、须弥座、石柱、栏板、牌坊、门楼、台阶等形式为用,其雕凿的纹饰基本为各类吉物祥图。

石栏板置于庭院护栏上或台阶边栏上,其图案有八仙人物(图 2-26)、"二十四孝”、“鱼穿莲花”、“丹凤朝阳”、“指日高升”、“平升三级”、“福在眼前”、“海马送瑞”、“有财有寿”等。所谓有财有寿，即石栏板的中心图案为一硕大的古钱纹，其外沿为四株对称分布的万年青，万年青叶叶相连，又组成四个蟠桃的纹样(图 2－27)。钱纹为财宝的象征，而万年青为多年生草本植物，有长寿、长生的寓意，桃则为“仙木”，又称“五木之精”，西王母有“三千年一生实”的蟠桃，故让人联想到延年益寿。因此，这一栏板图案潜含着“有财有寿”的吉祥主题。

图 2－26　八仙人物(石栏板)

图 2－27　有财有寿(石栏板)

柱础石雕多为古镜纹、鼓形纹、莲花纹、犀牛望月、刘海戏金蟾、平安富贵、金玉满堂等。

牌坊石枋上的祥图有“鱼龙变化”、“仙鹤祥云”(图 2－28)等，而在须弥座上则见有方胜纹、如意草等吉祥图案(图 2－29)。

图 2－28　仙鹤祥云(石枋)

图 2－29　须弥座上的如意草刻纹

吉祥图的雕凿改变了石材的沉重感，使构件在固有的敦实的质感上显露出动跃的美感和生活的热望。

第二节　家 居 祥 物

家居祥物是指房舍居室的内外装饰及宅室配物中的各类祥物，它们或在土木建筑中加以设置，或新房落成后另作配设。它作为建筑成果或建筑活动的一部分而存在，并由此而表明它的存在价值和功能意义。

一、吉祥装饰

中国民居建筑历来追求实用、质朴，不求贵丽，最忌奢靡。《一家言・居室部》曰:“土木之事,最忌奢靡,匪特庶民之家,当从俭朴,即王公大人,亦当以此为尚。盖居室之制,贵精不贵丽,贵新奇大雅,不贵纤巧烂熳。”尽管如此,不等于不要装饰。人们往往根据自己的财力和心愿,通过脊饰、门饰、壁饰、顶饰等,用砌筑、彩绘、雕凿、糊贴等方式,用吉物祥图装饰居室,突出吉宅的祥瑞气氛。

脊　饰

中国建筑的屋脊总少不了象征的吉祥装饰,不论宫室官邸,还是民宅农舍,在正脊、戗脊、字碑等处常见有琉璃件、瓦件及砖砌、泥塑的祥物祥图。

就正脊而言,有鸱尾脊、蚩吻脊、龙吻脊、甘蔗脊、哺鸡脊、哺龙脊、纹头脊等多种。其中,鸱尾脊、蚩吻脊具有吞火除灾、安宁吉祥的取意;龙吻脊或双龙脊则表瑞气降临,双龙不仅是民居正脊的常用装饰(图 2-30),而且也见之于山脊(图 2-31)。此外,甘蔗脊,寓意为“节节高”,以兆家境日好;而哺鸡脊以鸡头造型,借“鸡”、“吉”谐音,以表纳吉迎祥(图 2-32)。至于纹头脊,则形式多样,且有“方纹头”与“圆纹头”之分。方纹头以回纹边兜通,以表天长地久、延绵不断,而圆纹头则为各种实物造型,分果子、灵草、云头数种。[①] 具体说,有石榴纹头、桃子纹头、佛手纹头、灵芝纹头、万年青纹头、云团纹头等,所用均为祥物。

图 2-30　民宅双龙脊饰

字碑即房屋正脊的正立面用砖雕或泥塑的方式所做出的吉祥图画,因庙宇常做“风调雨顺,国泰民安”而得名。字碑对民宅而言,实为“画碑”,其上祥

① 参见朱年:《古建筑屋脊装饰的民俗意蕴》,《苏州文博》,1996 年第 4 期。

图 2－31　山墙上的双龙脊饰

图 2－32　哺鸡脊

图的主题有：二龙戏珠、双狮盘球、丹凤朝阳、金鸡报晓、鱼跳龙门、五福临门、双喜临门等。

文字脊在民间亦有所用，如"凤凰"二字就见之于民宅之上（图 2－33）。古人视凤凰为"神鸟"，称其出于"东方君子之国，见则天下大安宁"。汉代画像石上有凤凰栖屋的图像，现代民间仍有"凤凰不落无宝地"之说，可见亦属吉祥脊饰。

图 2－33　文字脊

在宫廷、庙宇及贵家住宅的檐角，有仙人、小兽瓦件的排放。一般按等级，取奇数，即一、三、五、七、九不一，其中以九件为最高。这九件角饰被称作"瑞兽图"，其次序为：龙、凤、狮、天马、海马、狻猊、狎鱼、獬豸、斗牛（图2－34）。此外，戗脊上还有仙人或仙人骑鸡的小件，均有消灾迎祥的取意。台湾松山慈惠

图2－34　角脊瑞兽图

堂的檐角由三层祥兽依次相叠，最上层为龙脊，中间层为麟脊，其下层为凤脊（图 2－35），为建筑增添了吉祥的内涵。

脊饰还见之于封火墙头，有彩绘、刻凿、雕塑数种，构图以祥花瑞草为主，也有仙人神物、走兽飞禽，从外观上点画出吉宅的气势。

图2－35　台湾松山慈惠堂的角脊

壁　饰

居室内外的墙壁装饰主要用粉刷、油漆、彩绘、书写、糊裱、镶嵌、雕塑等手段加以完成，以满足人们的审美与祈吉的愿望。

拿彩绘来说，人们在外墙大门两旁、山墙、庭院四壁、内墙等处，在石灰底上绘花鸟、龙凤、麒麟及其他吉祥图

案，或写上福寿一类的文字。在广西罗城仫佬族自治县，壁画被称作“墙壁绘花”，在堂屋对面大门旁壁上画有牡丹花和芙蓉花，两边山墙上端绘龙凤麒麟，山墙下端离地面两公尺处分五层作画：第一层绘梅花，第二层画假砖，第三层画三千柳，第四层画格盘，第五层是万字格。仫佬人用色选红、黄、蓝、绿、黑五种，他们以壁花象征吉祥如意。①

彩绘作为壁饰的基本方法，其图样与用料十分丰富，清李斗在《扬州画舫录》卷17中曾作出如下的归纳：

> 花式以苏式彩画为上。苏式有聚锦、花锦、博古、云秋木、寿山福海、五福庆寿、福如东海、锦上添花、百蝠流云、年年如意、福缘善庆、福禄绵绵、群仙拜寿、花草方心、春光明媚、地搭锦袱、海墁天花聚会诸式。其余则西番草、三宝珠、三退晕、石碾玉、流云仙鹤、海墁葡萄、冰裂梅、百蝶梅、夔龙宋锦、昼意锦、垛鲜花卉、流云飞蝠、袱子喳笔草、拉木纹、寿字团、古色螭虎、活盒子、炉瓶三色、岁岁青、瓶灵芝、茶花团、宝石草、黄金龙、正面龙、升泽龙、圆光、六字正言、云鹤、宝仙、金莲水草、天花、鲜花、龙眼、宝珠、金井玉栏杆、万字、栀子花、十瓣莲花、柿子花、菱杵、宝祥花、金扇面、江洋海水诸式。

至于画作用料，《扬州画舫录》卷17另载：

> 用料则水胶、广胶、白矾、桐油、白面、土子面、夏布、苎布、白丝、丝棉、山西绢、潮脑、陀僧、牛尾、香油、白煎油、贴金油、砖灰、木明、鸡蛋、松香、硼砂、酸梅、栀子、黄丹、土黄、油黄、螆二青、干大碌、石大二三碌、净大碌、锅巴碌、松花石碌、朱砂、红标朱、黄标朱、川二朱、银朱片、红土、苏木、胭脂、红花、香墨、烟子、南烟子、土粉、定粉、水银、光明漆、点生漆、生熟黑漆、西生漆、黄严生漆、退光漆、笼罩漆、漆朱、连四退光漆、血漆、见方红黄金、鱼子金、红黄泥金诸料物。

从上述花式与用料的纷繁复杂，可见绘饰是居室装饰的重要手段，曾有过广泛的应用。

壁饰中的镶嵌法，主要指在墙体上镶砌画像砖、浮雕砖等构件，打破墙面

---

① 参见叶大兵等：《中国风俗辞典》，上海辞书出版社，1990年，页442。

单一的色调，使墙体成为祥物的载体。例如，南京朝天宫外墙上团龙砖的镶砌，点画出粉墙的祥瑞气氛(图 2－36)。

图 2－36　团龙砖(南京朝天宫)

对外墙用泥塑方式加以装饰亦有所见，其造型也以吉祥图案或吉神吉仙为主，诸如福禄寿三星、表鱼米丰足的大阿福等(图 2－37)。

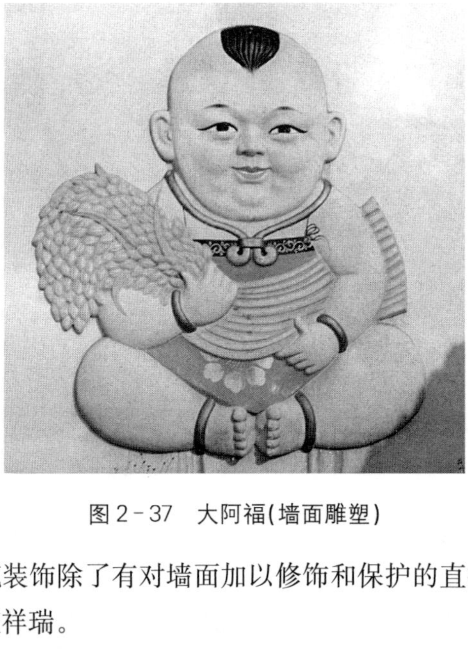

图 2－37　大阿福(墙面雕塑)

壁饰作为建筑装饰除了有对墙面加以修饰和保护的直接功利，显然，也为了迎取居室的嘉庆祥瑞。

灶　画

打灶是建筑风俗中的重要事象，有时间、空间、工匠、用料、布局、彩画、书写等讲究，颇为郑重。

打灶，又称“安灶”、“砌灶”、“砌新灶”、“支锅”等。旧时人家要选定吉日砌灶，按《玉匣记》的说法，正、二月的戌、丑日，三、四月的子、卯日，五、六月的寅、巳日，七、八月的辰、未日，九、十月的午、酉日，冬、腊月的申、亥日为“作灶吉日”。新灶的空间位置以坐东面西为吉，不可面东或向北。《百中经》里的《安灶诀》曰：

安灶面西子孙良，向南烧火无祸殃，
面东贫穷无吉利，务要推求仔细详。

由于大灶砌在居室的东面，故灶神有“东厨司命”之称。

人们对砌灶的工匠有所要求，不仅要手艺好，而且必须是夫妻双全的。同时，砌筑大灶的砖头多选新砖或老灶砖，不得用杂砖，更不能用粪坑砖。砌灶时，在灶下或埋入茶、米，或放入“和顺钱”，即北宋的“宣和通宝”或“政和通宝”与清代的“顺治通宝”各一枚合放。

灶有两眼灶、三眼灶，分别作菜锅、饭锅之用，另加一两只小汤镬以温水。在烟囱壁旁，一般砌有灶神的神龛，又叫“灶洞”，洞上有檐角起翘的顶盖，其内供奉灶王爷的纸马。

大灶砌成后，粉上白石灰，在灶壁上要加以彩画。灶画多为莲花红梅（图2－38）、鲤鱼跳龙门、万年青、山水花鸟、吉祥图案（图2－39）等。有的灶上还

图2－38　以莲花红梅为主题的灶画

配有点题的文字，诸如人财两旺、五谷丰登、如意吉祥、人寿年丰、蒸蒸日上、发家致富、丰衣足食、水星高照、吉庆有余等，这些题词与灶画强烈地烘托着吉祥的主题。

图2-39 以祥图为装饰的大灶

灶画绘好，打灶就基本完工了，一般这一工程要在一天之内结束，当天要做饭做菜，吃酒庆贺。新灶启用是一件喜事，点火后匠人便说“喜话”。在句容县葛村乡，有这样的新灶喜话：

新置锅灶亮堂堂，两只金锅坐中央，

外锅炒菜桂花香，里锅烧饭发发长。

新锅新盖新灶头，南山泉水北山禾，

王母娘娘来上灶，九天仙女把菜炒。①

在扬州，“支锅喜话”说道：

新锅支得亮堂堂，九天玄女下厨房。
水缸不脱长江水，仓里聚有万年粮。
办酒请来李太白，烧饭请来王母娘。
省柴省草饭菜香，太平无事幸福长。②

这一声声的喜话，一把把的柴禾，一闪闪的红光，照亮了灶壁上的彩画，照亮了主家的笑脸，使全屋充满了喜庆与欢悦。

① 引自熊纪虎主编：《句容的传说与歌谣》（资料本），1989年，页499。
② 引自钱传仓：《扬州民俗》（资料本），1993年，页90。

金　花

所谓金花，系用金纸或彩帛剪成的花朵与花叶，它们成串地贴在一根两尺多长的竹篾上，上梁时插于梁与柱的接合处，既作为建筑装饰，又作为居室祥物。

金花一般成对插用，因形似状元头上的金花，故成为喜庆、发迹的象征。建筑礼俗中的"插金花"是欢快热烈的，同样不乏渲染气氛、烘托主题的歌谣类"喜话"。流传在溧阳县的《插金花》喜话是这样说的：

一对金花两边摆，春夏秋冬四季开，
一年四季十二月，月月都有金花开。

一对金花两边黄，压稳楠木紫金梁，
好似凤凰落梁柱，千年荣华万年富。

一对金花压正中，文王子孙伴朝中，
金花开得四季红，富贵荣华满堂红。[①]

从"文王子孙伴朝中"句，可见金花隐含对主家子孙登科发迹的祝福。

建筑中有金花，也有"银花"，流传于扬州郊区的"喜话"说：

我挂红绸你插花，恭喜大家笑哈哈。
一片纱来一片绸，子子孙孙砌高楼；
一边红来一边青，家有白玉千万斤；
一边青来一边红，门里门外游金龙；
插金花，插银花，幸福花儿开万家。[②]

金花并非全用金纸，一般花朵用金，花叶用绿，以红为底色，鲜艳的色彩为吉宅增添了融融的暖意。

"插金花"的建筑风俗流布于大江南北，金花被人们视同瑞草，并有"左边一插灵芝草，右边一插凤凰草"之说。至于金花的功能价值，则透过"恭喜主家

① 引自汪士忠编：《中国民间文学集成·溧阳县卷》(资料本)，1989年印，页479。
② 引自吴雨编：《扬州歌谣谚语集》，中国民间文艺出版社，1989年，页109。

丁财两旺”、“万子万孙状元郎”一类的祝颂喜话显现出来，其中“发家”、“高升”是其应用的基调。

金花是建筑装饰，也是又一寓意明确的祥物。

洋船屋

建筑的吉祥装饰不仅见之于构件与建筑局部，也体现在建筑物的整体上；不仅有牛、羊一类的较原始的图腾装饰（图2－40），而且也有以现代文明的造物作蓝图，对宅室加以艺术化夸张的构筑。皖南黄田镇的“洋船屋”，就是一个典型的实例。

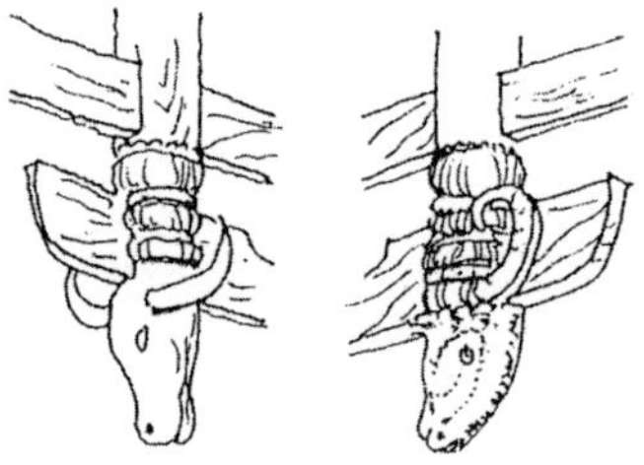

图2－40　彝族垂柱中的牛羊装饰

黄田镇距泾县城南38公里，洋船屋坐落于镇西黄田村，其主人是清代商人朱一乔。洋船屋建在黄兖山下，占地4000平方公尺，整个外形就像当年洋人造的大轮船，故名洋船屋。

洋船屋分船头、船舱、船尾三部分。尖尖的“船”头为长三角形花园，园内花草果木，四季常绿，景致幽雅。“船”舱为住宅，有堂屋、天井、大小厢房，墙上有古画对联，案桌上摆有大圆镜和青瓷瓶，寓意“平平静静，一帆风顺”。“船”尾是大院，院内卵石铺地，花纹奇巧。整条“船”的边缘以高墙包围，墙上爬满藤萝。从“船”头到“船”尾沿“船”身两侧还开筑了宽两公尺、深两公尺的河沟，名叫“凤眼河”。河上有座小石桥，被视作上“船”的跳板。

洋船屋的船头正对着黄兖山沟壑，沟里溪水长年不断，它被“船头”劈成两股，水流沿着船形围墙向下分流，到船尾处又汇合成一股。如果从山坡上远观洋船屋，溪流奔腾而下，宛如洋船破浪前进。①

洋船屋的选址近山临水，显然有风水的考虑，而整个宅院取船形构图，则又有通达三江、乘风满载、万里招财、商卖兴隆的追求。洋船屋是商用祥物向家宅祥物的转移，其船形的构筑，可视作对家宅的一种特殊的祈吉装饰。

门　楼

门楼是家宅的门头装饰，多用砖雕或彩绘的方式营造华屋吉室的气氛。

门楼系用砖瓦、石灰、水泥等材料，在门楣上方砌筑的一微微凸起的楼面，

① 参见马起来：《奇特的徽派建筑洋船屋》，《人民日报》（海外版），1997年12月9日。

因立面造型大多类似牌楼，故有“门楼”之称。

门楼以吉祥图案为雕饰、彩绘的主题，往往为多种吉祥物的叠加动用。例如，回字纹、富贵不断头、花草、象头等并用(图 2-41)，不仅使普通砖墙墙面变得华丽，更寄托着主家的吉祥心愿。

图 2-41　象头纹农家门楼

在门楼雕饰实例中，有龙首纹、麒麟纹、双狮纹、蝙蝠纹、象鼻纹、方胜纹、卐字纹、寿字纹、葫芦纹、瑞草纹、莲花纹等。彩绘门楼的图案则有二龙戏珠图、奔鹿图、山水图、牡丹图、海水纹、瑞草纹，以及象征性的元宝纹、凤羽纹(图 2-42)等。

图 2-42　凤羽纹农家门楼

门楼上除了吉祥图案，还见有吉祥额题，以表达主家的情致、祈望与理想。门楼上的题额往往置于门楼中央最显眼的部位，具有揭示吉祥主题的性质。这类门楼题额有：福寿、鸿禧、耕读、紫气东来、幸福之家、人财两旺、天通人和、安宅为仁、春和景明、枝茂叶盛、满园春色、旭日东升、龙凤呈祥、五福临门、三星在户、吉庆家堂、安康俊业、兴旺富贵、积德有庆等。在苏中靖江乡村，还见有“三听名家”的门楼，“三听”指“风声雨声读书声声声入耳”，其潜台词为“家事国事天下事事事关心”。主家选此题额，或有追仿明东林党人、抒发抱负的情怀(图 2－43)。

图 2－43　农户的“三听名家”门楼

门楼对家宅的入口在视觉上作出了提示与引导，具有功能的、美学的与心理的效果。门楼上的吉祥装饰是人们美好愿望的表达，人们在门楼下无数次的进进出出中，感受着生活的乐趣与充实。可以说，这整个门楼就是一件家用的祥物。

二、宅室配物

宅室配物不是建筑构件，它并非建筑成果的必需部分，而是借环境美化、居室装饰所体现的建筑活动与建筑精神。宅室配物包括花草树木、鱼虫鸣禽、楹联匾额、室内摆设、门户配饰、搬迁用物、家宅之神等，均以祥物的配置为宅室添加喜庆嘉瑞的成分。

花木庭树

中国民居建筑有配花木庭树的讲究，种梅、兰、竹、菊，称作“四君子”；栽松、竹、梅，为“岁寒三友”，配海棠、牡丹，叫作“玉堂富贵”。花木庭树的配置有风水、方位的宜忌。《相宅经纂》卷 4 曰：“东种桃柳，西种栀榆，南种梅枣，北种柰杏”；“中门有槐，富贵三世，宅后有榆，百鬼不近”；“宅东有杏，凶；宅北有李，宅西有桃，皆为淫邪”。

这类树种与方位的配置，不同地区有相悖之说。在甘肃省河西走廊一带有“前榆后槐”之俗。当地人称榆荚为“榆钱”，因与“余钱”谐音，故栽于大门外以祈发家；而槐树多子，与“怀子”谐音，多栽于宅院内以求多生儿子。在那里，有“前榆后槐，必定发财”的谣谚。在江苏省海州，则忌讳屋后栽槐，并有“前不栽桑，后不栽槐，头不顶杂，身不坐楝”的禁忌。当地人把门前栽桑称作“望门丧”，俗信会死未过门的女婿和儿媳妇；妇女怀孕叫“怀了”，“槐”、“怀”同音，宅后有槐树会使家中妇人生孩子后死亡；建房的桁条只能用杉、松、杨、柳、榆、椿等木材，其他材种皆为“杂木”，“杂”与“铡”谐音，用杂木为头上有铡刀；而“楝”与“链”谐音，镣铐有链，故忌用楝树做门槛。①

古人在阶庭树丹棘、合欢，以使人忘忧不忿。《古今注》载：

欲蠲人之忧，赠以丹棘；欲蠲人之忿，赠以青棠。

丹棘，一名“忘忧”；青棠，又称“合欢”、“夜合”，其花上白下红，散垂如丝。②

宅室所配花树有庭栽，亦有盆栽，其名目繁多，并有“保三年者”、“保二年者”、“不保年者”的区别。《扬州画舫录》卷17曰：

花树价值有常，保固有限。保三年者：千松、小马尾松、大小刺松、罗汉松、小柏树、青杨、垂柳、观音柳、山川柳、柿树、栗树、核桃树、软枣树、桑树、梧桐树、秋树、槐树、红白樱桃树、接甜枣树、苹果树、槟子树、李子树、千叶李、沙果子树、莎罗树、石榴树、小白果树、梨子树、红梨花、玉梨花、锦堂梨、香水梨、珍珠花、山裹红、紫丁香、白丁香、红丁香、红白丁香、百日红、棣棠花、文官果、山桃、白碧桃、红碧桃、波斯桃、粉碧桃、鸳鸯桃、千叶杏、大小山杏、接杏树、大玫瑰、马英花、兰枝花、白梅花、红梅花、黄刺梅花、佛海花、采春花、红黄寿带、藤花、紫荆花、明开夜合花、十姊妹、扒山虎、山葡萄、芭蕉、贴根海棠、朱砂海棠、垂丝海棠、龙爪花、白玉棠花、菠子、长春花、金银花、沙白芍药、杨妃芍药、粉红芍药、千叶莲芍药、大红芍药、菠利诸种；保二年者：西府海棠；不保年者：大柏树、大罗汉松、头二号马尾松、大白果树、小山裹红、小玫瑰、榛子果、欧子果诸种。

当今江苏农舍多以万年青配置，或置于屋脊正中，或栽于室外墙角（图2-44），以求宅室永固，万年长青。在武进新安乡有做屋脊、安放万年青的建

---

① 参见刘兆元：《海州民俗志》，卷15“住宅·盖天香庙”，江苏文艺出版社，1991年。
② 参见清陆寿名：《续太平广记》，“花木部·夜合”。

图 2-44 配置屋角的万年青

筑歌谣，歌曰：

新做脊，两头翘，
凤凰飞过鹤来朝。
八方神仙来经过，
五福来朝吉庆多。
三星高照齐太平，
是我做，听我言，
主翁托出万年青，
万年青种在龙腰上，
荣华富贵万万年！①

所谓龙腰，即屋脊，因脊头常用砖砌成龙首形，故名。可见，万年青等作为建筑配物是祥物的又一类应用。

陈设摆件

陈设摆件是宅室内不可忽视的吉祥配物，它们或可实用，或为装饰，以单个的或组合的对象表达平安、如意、富贵、长寿、多子、风雅等祥瑞意义。例如，

① 引自《武进民间文学集》，南京大学出版社，1990 年，页 518。

堂屋的条桌上放一只大花瓶和一面玻璃镜或瓷画屏，俗称之“平平静静”；宅室内放一盆金鱼，称之为“金玉满堂”；新房内放铜镜一面、绣花鞋一双，取义“同偕到老”；供桌上放福星、禄星、寿星的瓷像，叫作“三星在户”；在神像前或条桌上放三只瓷质或镀金的元宝，寓指“三元及第”，等等。

旧时大户人家厅事，置长几，上列铜瓷器及玻璃镜、大理石插牌，挂古人字画，另设小几、书案、书架。其陈设摆件，样式繁多，据《扬州画舫录》载：

> 小几有方、圆、三角、六角、八角、曲尺、如意、海棠花诸式。画案长者不过三尺。书架下椟上空，多置隔间。几上多古砚、玉尺、玉如意、古人字画、卷子、聚头扇、古骨朵、剔红蔗葭、蒸饼；河西三撞两撞漆盒、瓷水盂，极尽窑色，体质丰厚；灵璧、太湖诸砚山、珊瑚笔格；宋蜡笺，书籍皆宋元精椠、旧抄秘种及毛钞钱钞。隔间多杂以铜、瓷、汉玉古器。……苏州玉工用宝砂金刚钻造办仙佛、人物、禽兽、炉瓶、盘盂，备极“博古图”诸式。……他如雉尾扇、自鸣钟、螺甸器、银累丝、铜龟鹤、日圭、嘉量、屏风、屏风輢匜、天然木几座、大小方圆古镜、异石奇峰、湖湘文竹、天然木柱杖、宣铜炉。大者为官奁，皆炭色红、胡桃纹、鹧鸪色，光彩陆离，上品香顶撞、玉如意，凡此皆陈设也。①

上述古砚、字画、卷子、玉器、古董、文房四宝、书籍、钞本、日圭、古镜、官奁、峰石等，无一不是民间祥物。陈设摆件作为宅室配物，显然是为了营造吉宅的氛围。

搬迁用物

新房落成，搬迁入屋，被称作“乔迁之喜”。为此，各地民间都有相关的礼俗，并对最先的搬迁用物有所讲究。

在浙江杭州、绍兴一带，乔迁中最先搬入的是“发篮”。所谓“发篮”，即用彩纸糊就的小竹篓，中贮头发等物，用于悬挂厅室中柱的角顶，以取发达之意。再搬入梯子和晒小儿衣裤的“节节高”等，讨步步登高的吉利。此外，还搬入万年青、吉祥草各两盆，柴米各一担，取万年吉祥，柴米丰足之意。然后，再搬神堂、祖先堂及箱笼杂物，主人持香三枝，请人以灯烛、火把为先导，跟随入屋，不得言语，俗称“闷声大发财”。

---

① 见清李斗：《扬州画舫录》，卷17“工段营造录”。

在江苏扬州，搬迁叫“进宅”。进宅时，先搬进一盆吉祥草和一盆万年青，以象征万事吉祥；再放鞭炮，搬进老爷柜（香案）和家堂神龛，以获祖先之佑；然后，将“子孙桶”拎进房，以期“子孙平安”；接着搬入家具，在家具上放芝麻秸、芦柴、安豆（豌豆）、稳子（稻、麦的种壳），以象征“节节高”、“长远发财”、“安安稳稳”。

在江苏南通，乔迁新居，先由一家之主将“家堂菩萨”神龛送入新居，摆在堂屋神柜之上，然后再将祖宗牌位请进新居。神柜上摆供干鲜果品，焚香燃烛，并鸣鞭放炮，再在堂屋内贴挂中堂画、条屏及年画，题材有和合二仙、渔翁得利、三星高照、六合（鹿鹤）同春等。①

搬迁之日，亲戚朋友纷纷上门致贺，并带上鱼肉、馒头、糕点、鞭炮、碗筷、匾额、字画、喜对、摆设之类的礼物。迁居喜对多为吉祥贺辞，常见的迁居联句有：

喜入新居千祥至
欣迁嘉屋万福来

燕喜新居春正暖
莺迁乔木日初升

此日迁居安且吉
今朝择里炽而昌

搬迁之日，主家使用新灶，宴请亲友。在江海地区，宴请规格中午为“六碗四”（即六大碗、四冷盘），晚间为“八碗八”（即四冷四热，八大碗），或“三个六”（即六冷六热六大碗）、“三个八”（八冷八热八大碗），其中整鱼只看不吃，两尾一盘，取“双鱼（余）吉庆”之意。

云南景洪县基诺族人在新房落成后，请寨老抓白米数双数决定搬迁时间。这白米也是祥物，以兆米粮满仓，人丁兴旺。

门户配物

门户是宅室的入口，其配物多以镇物或祥物表达避凶趋吉的追求。就求

① 参见杨问春等：《江海风情》，大众文艺出版社，1999年，页56。

吉类门户配物而言，有虎骨、燕窝、财袋、题额、堂号、联句等。

门上悬挂虎骨是唐前的敦煌风俗，以兆子孙长寿。据敦煌遗书伯2661《诸杂略得要抄子》载：

> 建日，悬虎头骨门户上，令子孙长寿，吉；悬口骨舍四角，令人家富贵利吉。

虎为猛兽，信能食鬼，多用作镇物，但在宅室装饰与配置中，它又被赋予了吉祥的内涵，使"子孙长寿"、"富贵利吉"成为它的象征主题。这种由镇物向祥物的自然演化，在中古时期便已凸显出来了。

燕窝也被民间视作祥瑞之物，故在民居建筑中加以留设或造作。江淮地区有在正屋大门上预留孔洞或在正堂中梁上搭一木窝，引燕栖巢的建筑风俗。唐诗中有"旧时王谢堂前燕，飞入寻常百姓家"句，把燕子去留视作家室兴衰的象征。因此，燕窝被视作祥物而加以配置。

青海省东部有"踩财门"之俗。所谓财门，即新落成的家宅之门。首次进门时，主家备有木盘，内盛油包、核桃、红枣、银元、元宝等物，以兆丰衣足食。在江南农村，则有门悬"财袋"以祈发家之俗。人们在新安的大门前悬挂一个红布缝制的小袋子，内放稻谷、豆粒、钱币等物，以作堆金积玉、钱粮满屋的吉兆(图2－45)。

图2－45　农家门头上的财袋

旧时人家大门之外还挂有灯笼，上书各姓的堂号，例如，周姓为"爱莲堂"、张姓为"百忍堂"、王姓为"三槐堂"、陶姓为"五柳堂"等，均具有光耀门庭的吉祥取义。

至于门上题额，或为折扇形，或为书卷形，或为树叶形，并用行、楷、隶、篆等多种字体，以及优雅吉祥的语词，增添吉宅的光晕，诸如，“步蟾”、“聚奎”、“兴隆”、“履坦”、“行远登高”、“履道含和”、“读画敲诗”等，均有祥瑞的意味。

民居门户所配的联句，也以石雕、木刻、手书等形式抒怀明志、表情达意，以烘托出宅室的吉庆嘉瑞。

三　器用祥物

器用祥物，系指包括生活用具、武器文具、乐器珍玩等用物和玩物的祥物类型。它们往往具有实用的、赏玩的、象征的文化特征，体现为生活与艺术的统一。器用祥物以“用”为存，一般具有工具的性质，除部分直接用于生产，大多为生活日用的必需品，另一部分则满足着人们的审美与娱乐的追求，并在应用过程中展现着祥瑞的意义。

第一节　器具用物

器具用物主要指日常生活用具和武器、文具之类，其品类极为繁杂，包括灯盏、桌椅、餐具、算具、衡器、文房四宝、刀剑、符牌等，它们一般具有实际的功用与艺术的造型，不少还带有神话、传说等历史文化背景，既实实在在，又扑朔迷离，颇耐人玩味。

一、生活用具

生活用具大多朴实无华，以实用、耐用为前提，但作为器用祥物的生活用具，除了应用的功能，必有艺术的或信仰的成分，它们往往把生活与艺术、物质与精神统合在一起，成为日常生活中某种信念或理想的象征，产生着平中见奇的效果。

油　灯

油灯以液体燃料为用，是火的发明与使用的延续，它模拟三光，驱夜照明，使火的工具与武器性质更其发展，并渗透到人们生活与信仰的广阔空间。在古代，油灯主要以陶瓷和金属为材料，也取材于竹、木、石、骨、玻璃等，除了日常生活之用，也用于宗教与信仰的活动中，且有瓦灯祀天、金灯庙祭之说。《说文解字注》十四篇上载：

> 祀天用瓦豆，陶器质也。然则瓦登用于祭天，庙中之镫，范金为之，故其字从金。

最初的灯以食器“豆”代之，即“瓦豆”谓之“登”，而金属范制的灯盏则又称作“镫”。油灯材料的差异既反映了不同历史时期物质文化的状况，往往也被注入了信仰观念及礼俗制度的因素。

灯盏造型与纹饰具有审美的、宗教的、风俗的成分，作为奇巧怪异而又实用可感的文化器物，小小灯盏联系着天上地下、人神兽怪，融和、层叠着多路文化信息，潜藏着先人智慧与创造的秘密，构成了一个内涵庞杂、外象纷乱、寓意迷离的祥物类型。雁鱼灯、神山灯、五枝灯等，就是较典型的器用祥物。

雁鱼灯，出土于山西省朔县城西照什八庄一号汉墓中，灯系铜铸，整体作鸿雁回首衔鱼伫立状，鱼身短肥，下接灯罩盖(图 3 - 1)。该灯长 34.5 公分，高 53 公分，鱼身及雁颈、体腔均中空相通，点燃时，烟雾通过鱼和雁颈导入雁体，可避油烟污染。[①] 雁、鱼均为动物祥物，鸿雁在古代是婚礼纳采中的瑞禽。《说文》曰：“雁，知时鸟，大夫以为贽，昏礼用之。”《仪礼 · 士昏礼》云：“昏礼，下达纳采，用雁。”而雁鱼相连，又有阴阳相合、男女相就的寓意，故表现出相欢、繁衍的吉祥主题。

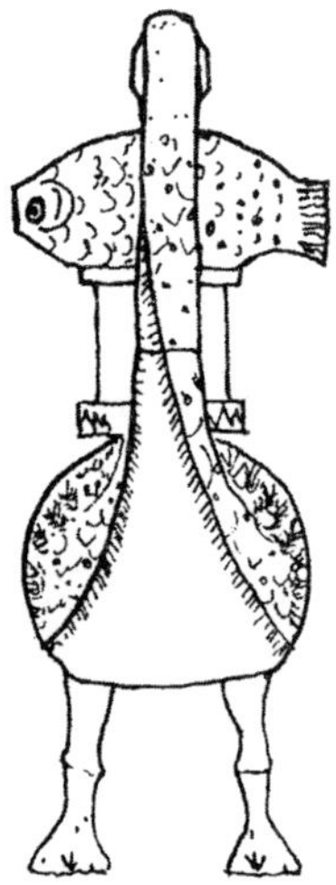

图 3 - 1　雁鱼灯

神山灯，即以灯盏的构图模拟海中神山的神话，以寄托登天通神的信仰。《列子 · 汤问》载，在“渤海之东，不知几亿万里”，有五座神山，“一曰岱舆，二曰员峤，三曰方壶，四曰瀛洲，五曰蓬莱”，“其上台观皆金玉，华实皆有滋味，食之皆不老不死。所居之人皆仙圣之种。”神话的描述使海中神山成为先人仰慕的神仙圣境，它以艺术的方式在灯盏等器用物品

① 参见雷云贵：《西汉雁鱼灯》，《文物》，1987 年第 6 期。

中展现出来。在明代的青花瓷灯中就有“神山灯”(图3-2)。该灯的灯座为盆形，外壁绘波浪纹以象征大海，盆中立一白色灯柱，以拟海中神山，柱头承一小盘，边有云纹，以作灯池，从而演示神山顶上光明无限的景象。神山灯由瓦豆衍化而成，而灯上简略的纹饰却包容着幽深的文化主题，使实用与审美达到了高度的统一。

图3-2　神山灯

古代油灯中还有五枝灯、七枝灯、九枝灯、百枝灯等。所谓五枝灯之类，即树状灯盏，其枝或伸或屈，枝头装有灯盘(图3-3)。五枝灯在汉代已有，其寓意古人略有述及。晋葛洪《西京杂记》卷3载：

图3-3　五枝灯

> 高祖初入咸阳宫……有青玉五枝灯，高七尺五寸。作蟠螭，以口衔灯，灯燃，鳞甲皆动，焕炳若列星而盈室焉。

原来，五枝灯是列星的象征，列星即五星。《史记·天官书》有“天有五星，地有五行”之说。五行者，金、木、水、土、火是也。而五星不失调，又被信为年谷丰昌之兆。因此，五枝灯以五星同在，表星顺时昌，国泰民安。

五枝灯、七枝灯等实际上是古代神话情结的再现，是宇宙树神话的俗用。其灯不仅为星辰的模拟，也同日、月相关，甚至还有“扶桑”之类宇宙树的因素。陈代江总《三善殿夜望山灯》诗云：

> 百花疑吐夜，四照似含春。

的的连星出，亭亭向月新。
采珠非合浦，赠佩异江滨。
若在扶桑路，堪言并日轮。

这种灯、星、日、月的视同，及与"日出扶桑"观念的联系，使五枝灯等带上了宇宙神话的色调，以取光明恒久、永昼不夜的吉祥。

油灯的造型极为丰富，除了一部分以镇辟为主旨，大多在实用的前提下表达祥瑞的意义。

双连杯

双连杯作为饮食器皿，在新石器时代即已启用。在郑州大河村仰韶文化晚期的房基遗址中曾出土一件彩陶双连杯，在马家窑文化马厂类型的陶器中亦发现了双连杯。进入有史阶段，从秦汉直至明清，双连杯仍传演不息，成为婚嫁礼俗和结盟立约等仪典中表亲和、友爱、平等的象征。

在古代婚俗中有合卺之仪。《礼记·昏礼》曰：

妇至，婿揖妇以入，共牢而食，合卺而酳，所以合体尊卑，以亲之也。

郑玄注"卺"云："破瓢为卮也。"《三礼图》云："合卺，破匏为之，以线连柄端，其制一同匏爵。"上述瓢、匏均指葫芦，破葫芦为两半，并以线牵连，是旧时婚礼上最易见的双连杯，又称之为"交杯"。

双连杯有陶质、石质、玉质、青铜制品、竹木制品、葫芦制品等多种。其中，葫芦制瓢杯最为简易，玉质杯最为奇绝。明胡应麟《甲乙剩言》云：

都下有高邮守杨君家藏合卺玉杯一器。此杯形制奇怪，以两杯对峙，中通一道，使酒相过。两杯之间承以威凤，凤立于蹲兽之上。高不过三寸许耳。其玉温润而多古色，至碾琢之工，无毫发遗恨，盖汉器之奇绝者也。

青铜制双连杯亦颇精美，甚至台湾高山族的木雕双连杯也很精致①（图3－4）。

鲍照《合欢诗》有"饮共连理杯，寝共无缝绸"句，显然，古人把双连杯看作

① 见王子今：《秦汉时代的双连杯及其民俗学意义》，《考古与文物》，1986年第5期。

夫妇合欢的祥瑞之征。近年来有的影视作品把夫妇共饮交杯酒，表演为两人持杯勾膀子的“交臂酒”，实乃谬误。“交杯”即双连杯，尤其指剖匏而成的瓢杯。葫芦本有繁衍的意义，因此，婚礼上饮“交杯酒”便含有合欢相亲、传宗接代的吉祥祝愿。

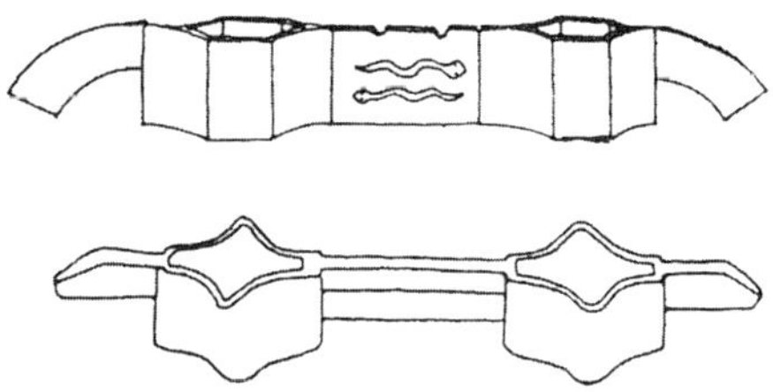

图3-4 双连杯

八仙桌

八仙桌，又叫“八仙案”、“八仙卓”。其桌面为方形，边长三尺，下安四腿，高二尺五寸，均选用优质硬木制作。桌腿及桌四周常有八仙人物及其他吉祥图案，考究的还在图案和人物上涂抹金粉。

八仙桌因每边可坐二人，全桌共坐八人而得称。关于八仙桌的来历，民间有不少传说，其中三种流传较广：

其一，唐诗人说。相传李白、贺知章、李适之、李琎、崔宗之、苏晋、张旭、焦遂善饮酒，号称“酒中八仙”。杜甫《饮中八仙歌》曰：“李白斗酒诗百篇，长安市上酒家眠，天子呼来不上船，自称臣是酒中仙。”既有“酒中仙”之称，八人聚饮之桌也就叫作“八仙案”了。清翟灏《通俗编》载：

> 晁补之《鸡肋集》有《八仙案铭》云：“东皋松菊堂，饮中八仙案。”……按此桌名，自北宋有之，而所谓八仙，乃饮中八仙也。

这种方形的可坐八人同饮的酒桌，后人便叫作“八仙桌”。

其二，八仙首创说。传说，八仙奉玉皇大帝之命赴东海邀请龙王赴宴，途中他们到处游览人间胜景佳地，可山上没有桌椅供歇憩饮食，他们就各显神通，就地取材，做成石桌石椅，后人用木材仿制八人坐的石桌，便有了“八仙桌”。

其三，吴道子画制说。相传八仙之游东海时，闻知画圣吴道子的名声，特地去西湖拜会他。当时吴道子正在洞中作画，八仙的到来令他十分高兴，他要在洞中款待八仙，可是没有桌椅，于是挥毫画下了一张方桌和八张椅子，并笑称：“此桌为八仙所画，就叫‘八仙桌’吧。”①

① 见《扬中的传说与歌谣》(资料本)，1988年印，页78～79。

以上三说，唐诗人说较为可信，八仙及吴道子的传说则毫无根据。八仙桌在民间有多种用途，除饮食之用，还有祭祖、游戏等功能。

八仙桌的座次颇有讲究，按“面南为尊、以左为大”的原则决定入席的尊卑座次。桌缝的方向亦有讲究，活人饮宴取南北向，而祭祖悼亡则取东西向。因八仙桌与八仙相关，故桌上忌放女人衣裤及其他不洁之物。

八仙桌还是游戏的场所与对象。八仙桌上不仅可划拳猜令、打牌下棋，而且还是起兴说史、游戏教化的对象。民间广为流传的《十张台子》之类的歌谣，所唱的“台子”，就是八仙桌。在江苏省高淳县凤山乡流传的《十张台子》是这样唱的：

一张台子四角方，岳飞枪挑小梁王，
武松手举千斤石，太公八十遇文王。
两张台子并成双，辕门斩子杨六郎，
孔明来把东风借，三气周瑜芦花荡。
三张台子桃花红，百万军中赵子龙，
文武全才关夫子，连环巧计治庞统。
四张台子四角平，吕蒙落难寒窑蹲，
朱买臣上山去打柴，何文秀私访唱道情。
五张台子是端阳，莺莺小姐烧夜香，
红娘月下施巧计，约使张生跳粉墙。
六张台子荷花放，阎婆惜私通张三郎，
宋公明只把梁山上，沙滩救主小秦王。
七张台子是七巧，蔡状元砌造洛阳桥，
观音从中来作法，四海龙王齐保朝。
八张台子张张好，赵云月下战马超，
判断阴阳包文拯，张飞喝断霸陵桥。
九张台子菊花黄，王婆照应武大郎，
潘金莲结识西门庆，药死丈夫武大郎。
十张台子唱完成，唐僧西天去取经，
孙行者领路前头走，途中遇到妖怪精。①

① 见《中国民间文学集成·高淳县卷》(资料本)，1989年印，页393～394。

八仙桌的吉祥图饰、来由传说、实际功用都点画出它作为器用祥物的性质。

扫　帚

扫帚是最寻常的生活用具之一，人们用它来清扫户内、庭院、街道，由于它具有排除污秽废物的用途，民间多把它视作可驱祟逐鬼的镇物。不过，扫帚的功用不是单一的，在谷场、粮仓中也少不了它，由于同粮食、财富相联系，扫帚又有祥物的意义。

在苏北农村新年地画中，在石灰画出的仓廪图形旁边，往往绘有草叉、扫帚、推耙、木铲、梯子等农作工具，它们都是粮食满仓的吉祥象征。

在小孩成长礼和成丁礼中有“寄名于庙”和“扫斋障”的仪式。当解除小孩与寺庙的关系时，扫帚是重要的法具。老和尚用扫帚扫扫天，扫扫地，再扫三下小孩子的脊背，并口中念着“僧人背上三扫帚，儿孙后代福寿全”的咒语。经此一扫，孩子同寺庙脱离了关系，从此便可以谈婚论嫁了。扫帚能带来儿孙后代的“福寿”，自然便视作祥物。

在嵊州，每到正月，乞丐们会拿着扫帚到各家各户去“扫地”，并说成串的吉利话，以讨得赏钱。所谓扫地，只是象征性的舞蹈动作，乞丐们边舞边唱《扫地歌》：

扫地佬，手拿金扫银扫福扫帚，
扫到东家大门口，一年财气顺溜溜。
嘟啦一扫帚，扫到房里头，
房里出个状元郎，还有一位千金小姐做皇后。
嘟啦一扫帚，扫到厨房头，
厨房里厢留一留，凑出廿四大盘头。
嘟啦一扫帚，扫到猪圈头，
养起猪来大如牛，尾巴像扫帚，
嘴巴像畚斗，四脚落地像柱口；
七十斤噶头，八十斤噶油，
煎煎炒炒一年吃到头。
嘟啦一扫帚，扫到蚕室头，
三十八匾乌毛蚕，做茧抽丝起劲头，

一担蚕茧十担米，十担蚕茧银一斗。①

各家听到这儿，自然会拿出红包、茶点赏给扫地佬。扫帚在当时当地的民俗情境中，成了一种有形有声的招财纳福的嘉庆象征。

二、武器文具

武器、文具是工具性的用物，其中不少可归属祥物的系列，甚至被人们视作“宝物”。武器中有宝刀、宝剑，文具中有文房四宝，其“宝”字的褒称，反映了对它们功用的赞美，及对其祥瑞意义的认定。

宝　剑

“宝剑”是古人对锋利之剑或华贵之剑的美称，并是君子、神仙必佩之物。《山海经注》曰：

君子之国，其人衣冠带剑。②

另，《汉武内传》载：

西王母带分景之剑，上元夫人带流黄择精之剑。

女神们佩剑显然不是“防检非常”，而是为了增添宝气祥氛。

古人对宝剑、名剑多所罗列，《古今注上·舆服第一》曰：

吴大帝有宝刀三、宝剑六。宝剑六：一曰白蛇，二曰紫电，三曰辟邪，四曰流星，五曰青冥，六曰百里。

《吴越春秋》则称，越王允常聘区冶子所作名剑五柄，叫作：“纯钩”、“湛庐”、“豪曹”（或曰“盘郢”）、“鱼肠”、“巨阙”。当时善于相剑的秦客薛烛对“纯钩”评价道：

---

① 参见施钰兴：《嵊州乞丐“唱书讨饭”风俗》，《民俗研究》，1997 年第 4 期。

② 见《艺文类聚》，卷 60“军器部”。

沉沉如芙蓉始生于湖，观其文，如列星之行；观其光，如水之溢塘；观其文色，涣涣如冰将释，见日之光。①

《海内十洲记》载有名为"昆吾"之刀剑，为西胡献给周穆王之礼，它"切玉如切泥"、"光明夜照冥"。为此，梁吴筠写了一首《咏宝剑诗》曰：

我有一宝剑，出自昆吾溪。
照人如照水，切玉如切泥。
锷边霜凛凛，匣上风凄凄。
寄语张公子，何当来见携。

宝剑上常有装饰和铭文，增添了吉祥的成分。汉高祖的斩白蛇剑上，有七彩珠、九华玉为饰，而昭帝时茂陵家人所献的宝剑上，则见有"直千金，寿万岁"的铭文，②其祥物身份已十分明朗。

宝剑作祥物，还由于其质量为人所重。晋裴景声《文身剑铭》曰：

器以利显，实以名举。长剑耿介，体文经武。陆断玄犀，水截轻羽。九功斯像，七德是辅。

宝剑为"体文经武"、"七德是辅"之器，而沈约又有"宝剑雄身"之说，故为吉祥之物。

文房四宝

文房四宝，又称"文房四友"，指笔、墨、纸、砚四件书写用文具。它们不仅有实用的价值，而且也是收藏鉴赏、抒情吟志的对象，在崇尚文明的中国古代，文房四宝是人们最珍爱的吉祥用物之一。

笔在战国时已被使用，但各国名称不同，《说文》曰："楚谓之聿，吴谓之不律，燕谓之拂，秦谓之笔。"另，《尚书·中候》曰："玄龟负图出，周公援笔以时文写之。"因此，笔当出于先秦，所谓"蒙恬造笔"说并不可信。

笔有兔毫、狼毫、羊毫、狸毫，以及鸡毛、鼠须等制法。帝王之笔，装饰华

① 见《艺文类聚》，卷60"军器部"。
② 见《西京杂记》，卷2。

贵，成为珍宝。据《西京杂记》载："天子笔管，以错宝为跗，毛皆以秋兔之毫，官师路扈为之。以杂宝为匣，厕以玉璧翠羽，皆直百金。"晋傅玄云："汉末一笔之柙，雕以黄金，饰以隋珠，文以翡翠，其笔非文犀之桢，必象齿之管，丰狐之柱，秋兔之翰矣。"①

古有吴主孙权梦人笔点其额，被熊循称作吉祥之征，"主字之象"；李白梦笔生花，自是才思日进。在传说中，笔是文人梦中的吉物。

笔作为器用祥物，主要在于它的功用，正如郭璞《笔赞》所云：

上古结绳，易以书契。经纬天地，错综群艺。日用不知，功盖万世。

墨，因似物晦黑而得名，墨的出现大约也在战国时期。墨的原料有石墨、松烟、漆烟、油烟等。曹植有"墨出青松烟，笔出狡兔翰"的诗句，道出了当时笔、墨制作的取材情况。

墨除了使用价值，还有赏玩、收藏的功用。精致的墨上，往往有书画的铭刻，包括古人名句、山水画、松竹图及其他吉祥语词和图案，有的涂以金粉，墨中加有麝香、冰片，令人可观可感，从形制、构图、色彩、气味、触感等方面让人爱不释手，视作珍宝。

纸，通常被说成是由东汉蔡伦所发明的，其实在西汉已有所用。纸作为中国古代的四大发明，取代了竹木、丝帛，成为轻便、价廉的文化用品，极大地促进了文化的传播与社会的进步。古人对纸的优长多有赞誉之辞，晋傅咸《纸赋》云：

夫其为物，厥美可珍。廉方有则，体洁性真。含章蕴藻，实好斯文，取彼之淑，以为己新。揽之则舒，舍之则卷。可屈可伸，能幽能显。

纸有如此品质，自为人所珍视。

砚是古代必不可少的文房用具，有"以文为业砚为田"之说。砚的质材很多，有石砚、玉砚、陶砚、铜砚、漆砚、瓷砚等，其中以石砚最为多见。傅玄《砚赋》曰："木贵其能软，石美其润坚。"可见，石砚是砚中上品。

砚的形制，被傅玄称为"配法象乎二仪"，而魏繁钦《砚赞》则云：

---

① 见唐徐坚：《初学记》，卷 21"笔第六"。

方如地象，圆似天常。班彩散色，沤染毫芒。点黛文字，曜明典章。施而不德，吐惠无疆。浸渍甘液，吸受流光。

取法阴阳、天地的砚台自然是器用祥物。

文房四宝作为文化创造与传播的媒介，在文明与进步中具有无可估量的作用。

第二节 乐器珍玩

乐器、珍宝、玩物，也是构成器用祥物的领域。古代乐器，或民族乐器，以五音表五行，在祀神、娱乐和社会的仪典中引发奇特的感受与效应，满足了人们的精神追求和情感生活。珍宝玩物，不同于金玉钱财，它们有一定的艺术造型与象征意义，以文化的创造而获得其真正的价值和祥瑞的成分。

一、吉祥乐器

中国古代乐器基本上都能划归祥物之列，诸如琴、筝、箜篌、琵琶、箫、笛、笙、笳、钟、鼓、磬、二胡、唢呐等，或法天地人、四时五行；或“感阴阳之和”，“见风俗之伦”；[①]或“尽声变之奥妙，抒心志之郁滞”[②]……总之，它们能通自然、抒心志、和阴阳、美风俗，故被视作祥物。

琴

古人把琴、棋、书、画称作“才秀四艺”，而琴为其首。琴的发明在传说中归功于上古的文化英雄和贤明的先祖，说成是伏羲、神农或舜的创造。《初学记》卷16引《琴操》曰：

伏羲作琴，以修身理性，反其天真也。

而《桓谭新论》曰：

① 语出汉王褒：《洞箫赋》。
② 语出后汉傅毅：《琴赋》。

神农氏继而王天下，于是始削桐为琴，绳丝为弦，以通神明之德，合天人之和焉。①

《广雅》记述了“神农氏琴”的尺寸与弦数：

神农氏琴，长三尺六寸六分，上有五弦，曰宫、商、角、征、羽。文王增二弦，曰少宫、少商。②

此外，《礼记》曰：

舜作五弦之琴，以歌南风之诗，而天下治。

不论是“修身理性”，是“通神明之德，合天人之和”，还是为了“天下治”，先祖制琴总是为了吉祥的目标。

不过，传说不是历史，琴的出现大约在西周时期。《诗经·国风·周南·关雎》中有“窈窕淑女，琴瑟友之”之句，可见春秋时期，琴瑟同钟鼓一样已普遍使用，甚至比钟鼓更为“君子所常御”。《风俗通》言及琴之优长时说道：

琴者，乐之统也。君子所常御，不离于身，非若钟鼓，陈于宗庙。……以其大小得中而声音和，大声不喧哗而流漫，小声不湮灭而不闻，适足以和人意气，感发善心也。

由于琴能“和人意气”、“感发善心”，故有伯牙与钟子期高山流水知音的美谈和司马相如与卓文君夜奔的故事。

古琴中的号钟、绕梁、绿骑、焦尾被称作“四大名琴”。琴不仅声音和美，其形制亦有象征意义。《琴操》曰：“琴长三尺六寸六分（象三百六十六日）；广六寸（象六合）；文上曰池（池者，水也，言其平）；下曰滨（滨者，服也）；前广后狭，象尊卑也；上圆下方，法天地也；五弦象五行（《风俗通》曰：琴长四尺五寸者，法四时五行，七弦法七星）；大弦为君，小弦为臣，文王、武王加二弦，以合君臣

---

① 见《艺文类聚》，卷44“乐部四”。
② 同上。

之恩。”①琴作为天地、四时、五行、年岁、君臣、尊卑的象征，上应自然，下合伦常，故为祥物。

琴还有禁邪正心的教化作用。《白虎通》曰：

琴者，禁也。禁止于邪，以正人心也。

另，后汉李尤《琴铭》亦曰：

琴之在音，荡涤邪心。
虽有正性，其感亦深。
存雅却郑，浮侈是禁。
条畅和正，乐而不淫。

其实，孔子早说过：“移风易俗，莫善于乐”，其“乐”，当指琴的禁邪正心之功。因此，琴在创制之初就已被圣贤们视作吉祥之物，“操琴图”在古代还成为吉祥花钱等器物上的主题图饰（图 3-5）。

图 3-5 花钱上的操琴图

琵 琶

琵琶，又称“批把”、“枇杷”，多为四弦，系秦汉间由西域、北狄传入中土的“马上之乐”。刘熙《释名》曰：“批把，本出于胡中，马上所鼓也。推手前曰批，引手却为把，象其鼓时，因以为名之。”至于琵琶的产生及其尺寸的意义，东汉应劭《风俗通》释曰：

谨按此近世乐家所作，不知谁也。以手批把，因以为名。长三尺五寸，法天地人与五行，四弦象四时。

傅玄《琵琶赋》则称琵琶为天地、阴阳之象：

① 见唐徐坚：《初学记》，卷 16。

中虚外实，天地象也。盘圆柄直，阴阳叙也。

而晋成公绥《琵琶赋》则称：

盘图合灵，太极形也。三材片合，两仪生也。分柱列位，岁数成也。回窗华表，日月星也。

琵琶的形制与太极、两仪、三才、四时、五行等相联系，当然是祥瑞的乐器。

围绕琵琶亦有不少著名的传说与诗篇。汉王建女细君妻乌孙王，马上奏琵琶随行慰之；王昭君初适匈奴，也在途中弹奏琵琶以解愁怨，以寄其恨；“竹林七贤”中阮咸善弹琵琶（图3－6），其形制又被称作“阮咸琵琶”；白居易在九江作《琵琶行》，写出了“大弦嘈嘈如急雨，小弦切切如私语，嘈嘈切切错杂弹，大珠小珠落玉盘”、“此时无声胜有声”、“银瓶乍破水浆迸，铁骑突出刀枪鸣”等名句，都使人们对琵琶而心向神往。

图3－6　阮咸琵琶

琵琶在志异小说中还被说成是能占吉凶的法物。《异苑》曰：“每占吉凶，辄先索琵琶，随弹而言事有验。”这显然是建筑在琵琶能连阴阳、通五行的文化观念上。琵琶作为祥物，为历代文人所推崇，其中，唐代薛收《琵琶赋》最具溢美之辞：

惟兹器之为宗，总群乐而居妙。应清角之高节，发号钟之雅调。处躁静之中权，执疏密之机要。遏浮云而散彩，扬白日以垂耀。尔其状也，龟腹凤颈，熊据龙旋；戴曲履直，破觚成圆；虚心内受，劲质外宣；磅礴象地，穹崇法天。候八风而运轴，感四气而鸣弦。金华徘徊而月照，玉柱的历以星悬。①

琵琶不论音、形都是美好事物、宇宙法则的象征，创造着喜庆嘉瑞的气氛。

磬

磬是由玉石片制成的曲折状打击乐器，后又用铜铸，成为寺庙的法器。《礼记·乐记》曰：

磬者，石也。磬是乐器。

《一切经义》曰：

毋句作磬，以石为之。

《世本》则称："无句作磬。""毋句"、"无句"当为一人，或为文化英雄，或为某远古氏族的称呼。

磬用何石制作？古有"中空说"和"坚致说"两种。中空说，即称磬由浮石制成，其重量极小，轻若鸿毛。《禹贡》"泗滨浮磬"注云："浮石可以为磬。"另，《拾遗记》曰：

浮磬即瀛洲也。上有青石，可为磬。磬长一丈而轻若鸿毛。

这种出于神山瀛洲的石磬，有类飞仙，其音当为仙乐。坚致说则着眼于实在的石材，一般比重都大于水，应有一定的分量。《释名·释乐器》曰：

① 见唐徐坚：《初学记》，卷16"琵琶第三"。

磬，罄也。其声罄罄然，坚致也。

磬在中国早就进入礼仪制度，在周代已设有“磬师”的职官，《论语》中有“子击磬于卫”之言。磬多按音阶组合奏击，称为“编磬”。编磬有四枚一组的(图3－7)，也有十六枚一组的。民间更把磬作“庆”的谐音理解，将其与鱼(余)相配，构成“吉庆有余”的祥图(图3－8)。

图3－7　编磬

图3－8　吉庆有余

对于磬的吉祥意义，《白虎通》已有论断：

磬者，夷则之气，象万物之成。

由于“万物之成”在秋季，故《五经要义》有“磬，立秋之乐”之说。磬作为秋成的象征，使人们联想到成熟和完备，故成喜庆嘉瑞之物。

二、珍宝玩物

珍宝玩物让人爱不释手，除了价值上的贵重、制作上的奇巧，还因其意义上的祥瑞。不论是如意、佩玉、八宝，还是犀角、古钱、铜镜，均以其丰厚的文化内涵超越了把玩的功用，成为另一类祥物。

如　意

如意，即“爪杖”，又称“搔杖”，南方称“不求人”，北方称“老头乐”、“挠痒痒儿”等。所谓如意，本是搔背痒的器具，柄端作手指形。清厉荃《事物异名录》引《稗史类编》云：

如意者，古之爪杖也。或用竹木，削作人手指爪，柄可长三尺许，或背脊有痒，手不到，用以爬搔，如人之意。

据说，如意在战国时已有，高承《事物纪原·什物器用部·如意》载：

吴时，秣陵有掘得铜匣，开之得白玉如意，所执处皆刻螭彪蝇蝉等形。胡综谓秦始皇东游，埋宝以当王气，则此也。盖如意之始，非周之旧，当战国事尔。

看来，如意最初是镇物，但其吉祥装饰、珍贵材料的选用及后世礼俗的应用，又使其成为器用祥物。

选材除竹木之外，如意还用骨、角、玉、石、铜、铁、水晶、珊瑚等制作，使其具有工具与玩物的双重性质。竹林七贤中的王戎便手持如意一柄，以显魏晋士大夫的清逸风雅。在清代，逢年节、寿诞有馈赠如意的礼俗，有送九九八十一柄者，以取“九九如意”的吉祥。

如意在印度是佛教的法器之一，梵语汉译为“阿那律”，由“如意轮观音”所持。后和尚在宣经说法时也手持如意，并在其上记写经文以备忘。如意在中国还是军旅器用，高官执以指挥。另，宋代御前禁卫也手执名为“骨朵子”的如意为符信。①

近古以来，如意图像作为工艺图案出现在建筑、家具、图画、器物之上，并与其他对象相配，形成多种吉祥图案。例如，花瓶中插如意，或花瓶以如意为耳，称作“平安如意”；如意与两个柿子同图，称作“事事如意”；荷花、盒子与如意同图，称作“和合如意”；如意以卍字为背饰，叫作“万事如意”（图3-9）；小儿手执如意坐大象上，则叫作“吉祥如意”等。此外，灵芝形或云叶形的如意头，还单独作为吉祥图案出现在木雕、石雕、印染等工艺作品中。

如意是工具，是摆饰，也是玩物，其名称本身已点明了它的祥物身份。

---

① 参见叶明鉴：《中国护身符》，花城出版社，1993年，页230。

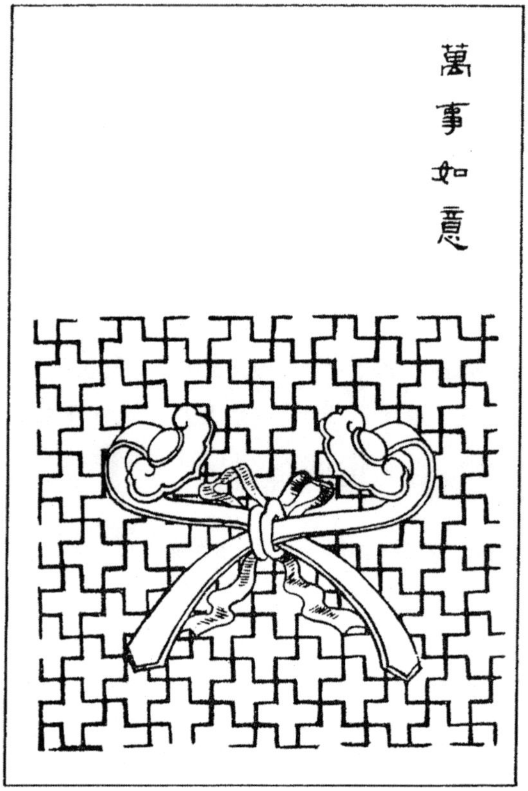

图3-9 万事如意

玉　佩

玉佩是古代男子必备的佩饰，也是富有文化内涵的玩物，成为时人道德观与礼俗观的物化象征。《礼记·玉藻》曰：

古之君子必佩玉，右征角，左宫羽，趋以采齐，行以肆夏，周还中规，折还中矩，进则揖之，退则扬之，然后玉锵鸣也。故君子在车则闻鸾和之声，行则鸣佩玉，是以非辟之心，无自入也。……君子无故，玉不去身，君子于玉比德焉。

玉有何德呢？《说文》曰："玉，石之美有五德者。"这五德又何所指？《五经通义》曰：

玉有五德：温润而泽，有似于智；锐而不害，有似于仁；抑而不挠，有似于义；有瑕于内，必见于外，有似于信；垂之如坠，有似于礼。

君子佩玉显然是把玉佩作为道德的象征，这道德具有丰富的内涵，往往超越智、仁、义、信、礼五德，构成完美质量与理想境界的象征。《礼记·聘义》载：

夫昔者，君子比德于玉焉：温润而泽，仁也；缜密以栗，智也；廉而不刿，义也；垂之如坠，礼也；叩之，其声清越以长，其终诎然，乐也；瑕不掩瑜，瑜不掩瑕，忠也；孚尹旁达，信也；气如白虹，天也；精神见于山川，地也；圭璋特达，德也；天下莫不贵者，道也。《诗》云："言念君子，温其如玉。"故君子贵之也。

上述仁、智、义、礼、乐、忠、信、天、地、德、道等十一德是当时自然道德与社会道德的大成。

在《周礼》中，玉是用以自然崇拜的器物，并有"六器"之制。《周礼·春官·大宗伯》载：

以玉作六器，以礼天地四方：以苍璧礼天，以黄琮礼地，以青圭礼东方，以赤璋礼南方，以白琥礼西方，以玄璜礼北方。

为何用此六器？郑注云："礼神者必象其类：璧圆象天；琮八方象地；圭锐象春物初生；半圭曰璋，象夏物半死；琥猛象秋严；半璧曰璜，象冬闭藏，地上无物，唯天半见。"

在社会生活中，玉又成了人的道德的象征。孔子曰："君子如玉。"郭璞曰："君子是佩，象德闲邪。"①在古代不仅君子必佩玉，玉佩还成了社会交往和美厚人伦的赠品。《诗经》中有"我送舅氏，悠悠我思；何以赠之，琼瑰玉佩"之句，表明了时人对玉佩的重视。玉佩不仅送给长辈，甚至也是夫妇间的馈赠物品。《诗经·郑风·女曰鸡鸣》曰：

知子之来之，杂佩以赠之。
知子之顺之，杂佩以问之。

---

① 语出郭璞：《瑾瑜玉赞》。

知子之好之，杂佩以报之。

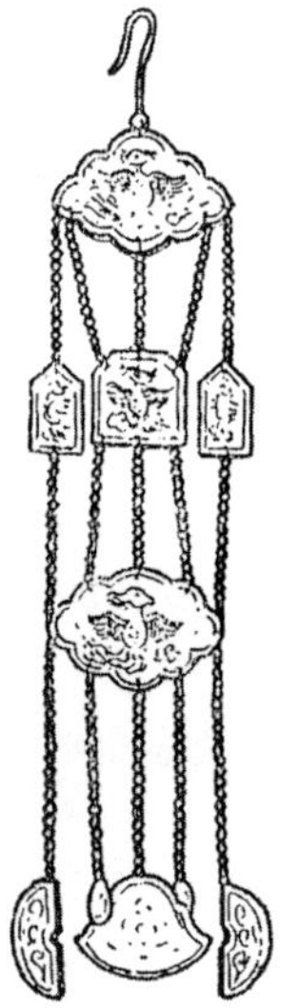

图 3－10　明代玉佩

古人佩玉有玉组佩之用，所谓杂佩就是玉组佩，它多由珩、璜、琚、瑀、冲牙、蠙 珠等编成，亦有加人物或动物坠饰。玉组佩出现于春秋晚期，直到明代还见佩用(图 3－10)。玉佩为君子所好，不独为道德的标榜，亦有装饰、赏玩的功用。玉本有“阳精”之称，故多制为珍玩祥物。

花　钱

花钱，又称“厌胜钱”，今人又呼作“吉祥钱”，它既作为装饰，又可把玩，具有御凶辟祸、纳吉迎祥、游戏赏玩等功用。

花钱是流通钱币的衍变，它保留了通用钱币外圆内方的基本形式，也选用铜为基本材料，利用人们视钱为宝的心态，以文字、图像的单用或组合，催化人们的求吉欲望。

钱之为宝，早有定说。晋鲁褒《钱神论》曰：

> 乃掘铜山，俯视仰观，铸而为钱，故使内方象地，外圆象天。钱之为体，有乾有坤。其积如山，其流如川，动静有时，行藏有节，市井便易，不患耗折，难朽象寿，不匮象道，故能长久，为世神宝，亲爱如兄，字曰孔方。失之则贫弱，得之则富强。

钱为世间的神宝，其作用甚至被夸大到“转祸为福，因败为成，危者得安，死者得生”的地步。① 古钱上多见“宝”字，明王三聘《古今事物考》卷 3 曰：“盖钱文以宝，自周景王大钱始。”中古以来，钱上多铸元宝、通宝、重宝等文字，“宝”作为核心字眼，反映了时人对钱的珍爱。

花钱虽无面值，不能流通，但同样受人珍爱，其形制、品种、文图丰富多彩，构成一方独特的文化天地。花钱的品类繁多，郭若愚先生据其用途分作七类，即(一) 纪念品、(二) 厌胜品、(三) 供养品、(四) 娱乐品、(五) 凭信品、(六) 戏

① 语出晋鲁褒：《钱神论》。

作品、(七) 吉语品。① 张志中先生则根据花钱的图文分作十四类,即:钱文钱、道教钱、咒语钱、八卦钱、生肖钱、佛教钱、将马钱、象棋钱、无文钱、镂空钱、选仙钱、奉承钱、秘戏钱、吉语钱等。②

花钱上的图像有动物,诸如鹿、鹤、龟、兔、牛、雁、龙、凤、喜鹊、蝙蝠、蜘蛛及十二生肖(图 3-11)等;有植物,诸如松、竹、梅、兰、莲等;有人物,诸如星官、仙人、五男二女、状元(图 3-12)等;有器物,诸如戟、磬、如意、方胜、犀角、杂宝(图 3-13)、钱币、花瓶、推车等;有文字,诸如福禄寿喜、千祥云集、长命富贵、四季平安、吉星高照、龙凤呈祥、连生贵子、指日高升、平安吉庆、招财进宝、黄金万两(图 3-14)等。此外,还有星图、符咒、宅室、帆船、八卦等。

图 3-11　十二生肖花钱

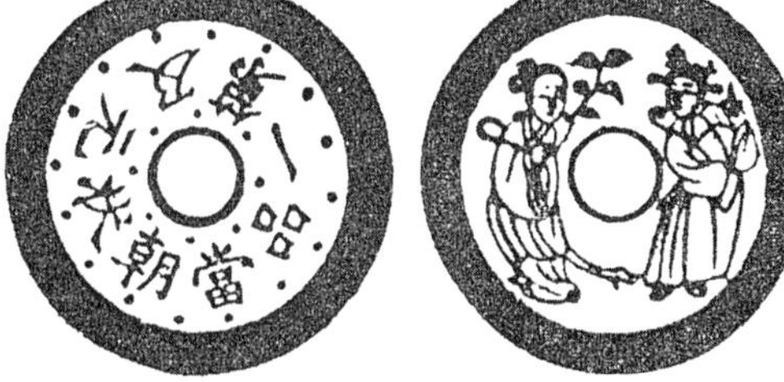
图 3-12　状元及第花钱

图 3-13　杂宝花钱

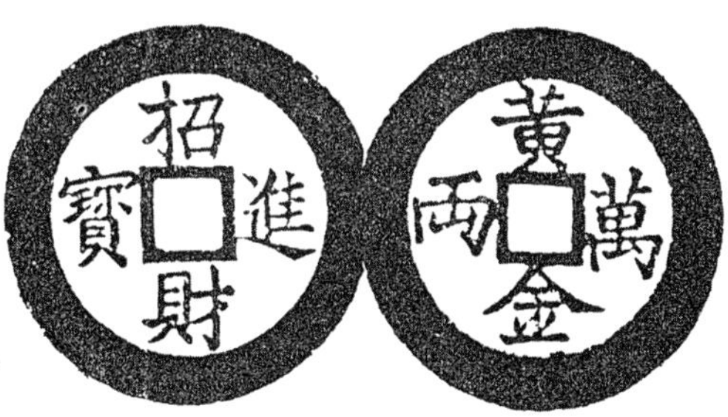

图 3-14　吉语花钱

① 见郭若愚:《古代吉祥钱图像赏析·绪言》,上海教育出版社,1998 年。
② 见张志中:《花钱》,"目录",天津古籍出版社,1998 年。

花钱不仅作为玩物铸制，而且也进入木版年画中，成为纳吉迎祥的标志（图 3-15）。明清以来，摇钱树的图像出现在版画、木雕（图 3-16）、石刻等领域，有的甚至同花钱相并合（图 3-17），更为形象而直观地夸饰了时人对财富及其他吉祥因素的追求，且不失赏玩的价值。

图 3-15　年画中的花钱

图 3-16　民居木雕上的钱树

图 3-17　钱树上的花钱

四　交通祥物

交通作为人类生存的必要手段，是空间联系、人际交往、经济活动、信仰表达的媒介。《管子·度地》曰："山川涸落，天气下，地气上，万物交通。"可见，古人观念中的"交通"，包括天地交通、万物交通、人神交通、人鬼交通等文化意识。当然，地域间的平面交通更为真实可感，且有功有用。这样，路道、河川、桥梁、车马、舟船等，成为交通中最受瞩目的载体或工具，并由于它们对人们生活的实际帮助，而构成了祥物的又一类型。

第一节　路桥祥物

路桥祥物，指以路道、桥梁构成的交通祥物，并主要为陆上行旅之用。它既有科学技术的成分，又包含神鬼信仰的因素。路、桥作为交通的设施，基本为静态的永固之物，然而与这类交通载体相关的行旅活动和信仰观念，仍时常展现出吉祥的意义，暗示着它们的祥物身份。

一、行旅祥物

行旅祥物，指行前或途中启用的吉祥物品，以及祭以护道利行的交通神灵，诸如：指南针、指南鱼、司南、指南车、杨柳枝、蚰蛇牙、吉利饭、甲马、行神、祖道，等等。它们以指向、安全、速行、顺达、吉利为目标，成为旅途祥瑞的象征。

道神与祖道

道神，又称"行神"，又叫"路神"，是专司出入平安、远行顺达、入山安全、行旅便捷的吉神。

对道神的祭祈名之为祖，[1]“祖道”即祈请道神之意。祖道之仪在春秋时代已颇盛行，《礼记·曾子问》载：

孔子曰：诸侯适天子，必告于祖，奠于祢，冕而出，视朝，命祝、史告于社稷、宗庙、山川，乃命国家五官而后行，道而出。

郑玄注云：“祖道也。”孔颖达疏曰：“经言‘道而出’，明诸侯将行，为祖祭道神而后出行。”孙希旦集解：“道，祭行道之神于国城之外也。”如果说，孔子时代祖道是诸侯之礼的话，到晋代已成上下咸用的国俗。晋嵇含《祖赋序》曰：

祖之在于俗尚矣。自天子至于庶人莫不咸用。

祖本为了取道、出行，是行前的求吉祭礼。《战国策》在记述荆轲刺秦王故事中，有“至易水上，既祖，取道”之句，[2]也说明了“祖”与“道”的相关相联。

对道神、行神的祭祀古时有时间与空间的限定，并产生一些神秘的解说。《礼记·月令》曰：“冬祀行”，祀行是冬季的例行祭仪。云梦睡虎地秦简《日书》载有“行行祠”曰：

行行祠，行祠，东行，南，祠道左。西、北行，祠道右。其歌曰：大常行，合三土皇，耐为四席，席辍，其后亦席三，辍，其祝曰：毋王事，唯福是司，勉饮食，多投福！[3]

“道左”、“道右”的空间规定与东、南行和西、北行的方向相配，以及神歌祝咒的应用，都使“行祠”带上了神秘的气氛。

在《广玉匣记》中，有各月出行吉日的推算法，并有“上元将军”、“中元将军”、“下元将军”分别所管的四孟月、四仲月、四季月的吉凶图，名之为“诸葛武侯选择逐年出行图”（图 4－1）。其所列判词有：

金堂日出行者，贵人相遇，财利通达，词讼有理，此日用之大吉。

---

① 晋嵇含《祖赋序》：“祈请道神谓之祖。”
② 见《战国策·燕策三》。
③ 转引自王子今：《中国古代交通文化》，三环出版社，1990 年，页 134。

宝仓日出行者，利见大人，求财遂心，百事如意，衣锦还乡，大吉。

天阳日出行者，求财得财，求婚得婚，百事和合，此日用之大吉。

天仓日出行者，见官得喜，财谷丰盈，凡事顺利，此日用之大吉。

白虎头日出行者，主宜远行，求财必得，去处通达，此日大吉。

青龙肋日出行者，求财遂心，凡事满意，东南西北，任行大吉。①

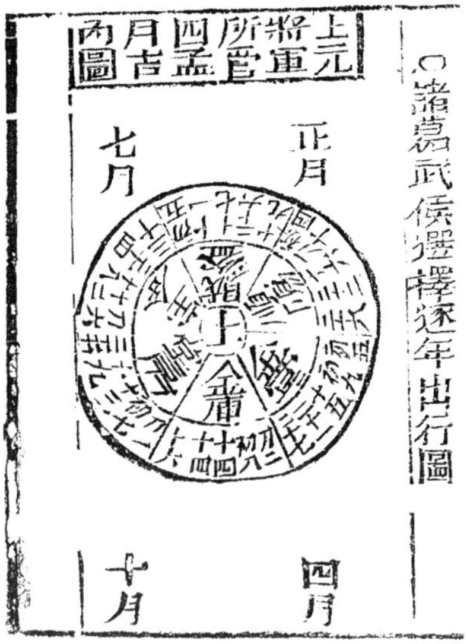

图4－1　选择出行图

所谓金堂日指四孟月（正月、四月、七月、十月）的初五、初九、十五、二十一、二十七，宝仓日指四孟月的初六、十二、十八、二十四、三十，天阳日指四仲月（二月、五月、八月、十一月）的初六、十四、二十二、三十，天仓日指四仲月的初八、十六、二十四，白虎头日指四季月（三月、六月、九月、十二月）的初二、初十、十八、二十六，青龙肋日指四季月的初七、十五、二十三。以出行图择日是祖道信仰繁缛化的产物。

图4－2　路神(云南纸马)

古时行路有带甲马求神行之俗，②而现代民间仍偶见“路神”纸马之用，或求生者行旅平安，或祈死者冥途顺利（图4－2）。除平地之旅，山行亦有道祭，古称为“軷”。《说文·车部》曰：

軷，出将有事于道，必先告其神，立坛四通，树茅以依神为軷。既祭犯軷，轹牲而行为范軷。

① 语出《广玉匣记》，卷上。

② 详见陶思炎：《中国镇物》，台北东大图书公司，1998年，页228～229。

另《周礼·夏官·大驭》曰："驭下祝，登受辔，犯軷遂驱之。"郑玄注："行山曰軷。犯之者，封土为山象，以菩刍棘柏为神主。既祭之，以车轹之而去，喻无险难也。"可见，軷祭是排除行山险难的祖道仪典。

在日本有道祖神的祭祀，其像多为男女执手、相拥或交合的石雕（图4－3），祭用稻草扎成的槁马（图4－4），同中国树茅依神的"軷"当有联系。此外，在朝鲜半岛，路道边立有"天下大将军"、"地下女将军"的将军标（图4－5），亦是道神的一种形式。

图4－3　日本的道祖神

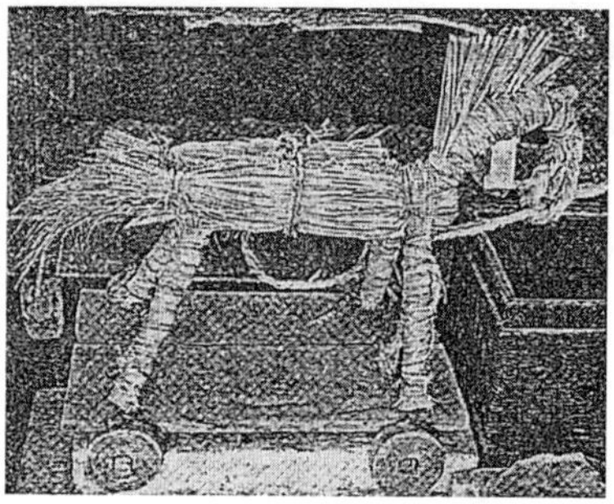

图4－4　日本祭道祖神的槁马

道神在信仰中有护路道、助行旅、化险难之功，故奉为吉神，并长存于民间吉礼中。

指南针

指南针作为中国古代四大发明之一，在陆上和海上交通中曾发挥过巨大的作用。

传说，早在黄帝时便发明了"指南车"。宋高承《事物纪原》载：

> 《黄帝内传》曰：玄女为帝制司南车当其前。《志林》曰：黄帝与蚩尤战于涿鹿之野，蚩尤作大雾，弥三日，人皆惑。帝令风后法斗机作指南车，以别四方。

此外，还有周公造指南车送肃慎回还的传说。这些传说虽不可信，但反映了指

图 4-5　韩国的天下大将军、地下女将军

南车在军事与行旅中的重要。

指南针的先型，是战国末期出现的“司南”。司南由“方盘”和一“汤匙”构成，汤匙可转动，其柄端总是指向南方。方盘又称“地盘”，四周刻有八天干（甲、乙、丙、丁、庚、辛、壬、癸）和十二地支（子、丑、寅、卯、辰、巳、午、未、申、酉、戌、亥），加上四维（乾、坤、巽、艮）共二十四向，与汤匙柄配合，可表现出方向位置。① 《韩非子·有度》曰：“先王立司南以端朝夕。”汉王充《论衡·是应》曰：“司南之杓，投之于地，其柢指南。”司南的发明是对磁石与地磁的发现与应用。

指南针在北宋已广为使用，沈括《梦溪补笔谈·药议》载：“方家以磁石磨针锋，则锐处常指南。”当时已有四种安置磁针的方法，即水浮法、缕悬法、指甲法和碗唇法。在宋代还出现了“指南鱼”和“指南龟”，即在木鱼和木龟的腹中放入磁针，让它漂浮水面并指南。

① 参见吴少华等：《器物文化纪趣》，“司南·指南鱼·罗盘”，上海古籍出版社，1990 年。

指南针的发明使风雨冥晦时的水上航行成为可能，其方向竟能毫厘不差。北宋朱彧《萍洲可谈》曰："舟师识地理，夜则观星，昼则观日，阴晦则观指南针。"吴自牧《梦粱录》卷12载："自入海门，便是海洋，茫无畔岸，其势诚险……风雨晦冥时，惟凭针盘而行，乃火长掌之，毫厘不敢差误，盖一舟人命所系也。"

指南针不仅使郑和完成七下西洋的伟大使命，沟通了中国与亚非的联系，而且在12世纪传入中亚与欧洲，推进了人类文明的发展。它虽属科技的发明，仍不失为一件行旅祥物。

杨　柳

杨柳易生、性柔、多枝、形美，自古被视作嘉木珍树而受尽歌咏。晋傅玄《柳赋》曰：

美允灵之铄气兮，嘉木德之在春。
何滋柳之珍树兮，禀二仪之清纯。
受大角之祯祥兮，生蒙汜之遐滨。
参刚柔而定体兮，应中和以屈伸。

可见，杨柳是清纯、刚柔、中和、祯祥之物。

古有折柳送别的行旅风俗，柳条成了表达友情，寄托相思的象征。《诗经·小雅》中有"昔我往矣，杨柳依依"之句，以柳枝的袅娜回荡，比喻离情的绵绵不绝。自南朝以来，文人多以《折柳诗》表达自己的离愁别绪。梁简文帝《折柳诗》有"曲中无别意，并是为相思"句，就直接说出了折柳送别的主题是"相思"。他另有《咏柳诗》曰："花絮时随鸟，风枝屡拂尘"。因柳枝的摆荡若拂尘状，故成了扫尘上路的行别象征。此外，梁元帝也写有《折柳诗》，其诗云：

巫山巫峡长，垂柳复垂杨。
同心宜同折，故人怀故乡。
山似莲花艳，流如明月光。
寒夜猿鸣澈，游子泪沾裳。

诗中的杨柳是游子怀乡的凭物和寄托同心的表达。

杨柳作为给行人的赠物，带有凄楚的离情。李白有“美人结长想，对此心凄然”句。金元好问《结杨柳怨》诗云：“可怜杨柳千万枝，看看尽入行人手”、“朝攀暮折何时了，不道行人暗中老。……柳色年年岁岁青，关人何事管离情。”古人何以用柳赠别呢？除了有依依惜别、拂尘上路的寓意，《白玉蟾集》还释曰：

古人之所以隐于柳者，盖欲彰其温柔谦逊之志也。①

柳的“温柔”、“谦逊”成为一种质量，是其“刚柔”、“中和”之性的具体化，也是作为嘉木珍树的内在成分。

杨柳的形象所凝聚的文化象征，使其在远行赠别风俗中带有抚慰、寄情、叮咛、抒怀的温馨人意，营造出春意融融的嘉瑞气氛。

二、桥梁祥物

桥梁是跨越河川的通道，它能打破人们空间生活的自然阻隔，使险境成为坦途。桥梁是人类的文化创造，作为智慧、劳动与意志的体现，反映了人类对自然的改造。

桥梁有实在的，也有虚拟的，前者是有形的交通，后者则为无形的交通，即用以同天界或冥界的通连。桥梁给人们的生产、生活带来了便利，也给天地交通的信仰观以依托，故成为祥瑞的象征。

八仙桥

有一首叫《小放牛》的歌谣，在民间广为流传。其歌曰：

赵州石桥什么人修？
什么人骑驴桥头过，
压得桥头向西扭？
什么人推车桥上走，
车轮子碾了一道沟？
赵州石桥鲁班修。
张果老骑驴桥上过，

① 引自汪灏等：《广群芳谱》，卷76。

压得桥头往西扭。
柴王推车桥上走，
车轮子碾了一条沟。

这民歌唱出了一则八仙造桥的传说。

传说讲，河北赵州桥是鲁班一夜之间造成的。消息轰动了各州各县，八仙中的张果老听说了，就牵上他的乌云盖顶毛驴，在驴背上的褡裢里，左边装了太阳，右边装了月亮，又邀上柴王爷，推上金瓦银把独轮车，载上四大名山，来到了赵州桥边。张果老问鲁班："我们过桥，它吃得住吗？"鲁班一听，哈哈大笑道："大骡子大马只管过，还在乎一头毛驴、一架小车！"张果老、柴王爷微微一笑上了桥，顿时桥身直晃，眼看要坍。鲁班一见不好，连忙上前用双手托着桥梁，总算把桥保住了。说来也怪，桥身经这么一压反而更结实了，只是南边桥头被压得向西扭了一丈多远。直到现在，赵州桥上还有张果老驴子的七八个蹄印和柴王爷留下的一条三尺多长的车沟。①

除了赵州桥与八仙相关外，黄山北麓的八甲桥、衡山华严湖边的玉溪桥、上海浦东横沔镇的八仙桥、泰山脚下王母池边的八仙桥等，也均留下八仙造桥的传说。

桥梁为何与八仙结下了不解之缘？这与桥连接两岸、两界的文化认识相关。河川分开了两岸，彼此难以交通，于是产生了隔界的观念。桥梁则把此岸与彼岸、此界与他界联系起来。由于仙人是"迁人"，能转移生存空间，同桥梁一样被视作两界联系的中介，故仙人与桥梁往往相提并论，而八仙又是民间最为熟知的吉仙，因此，八仙桥出现在各地也就不足为奇了。

天桥、冥桥

天桥和冥桥都是虚拟的精神之桥，专用于人神交通或人鬼交通。天桥的典型是鹊桥，而冥桥的典型则为奈何桥。

鹊桥，仅存在于神话传说中和风俗观念里，是七夕风俗中最动人的事物之一。其实，牛郎、织女二星本隔河相望，毫不相干，自汉代《淮南子》提出"乌鹊填河而渡织女"之说，鹊桥便成了天人相会的津梁。《岁华纪丽》卷 3 引《风俗通》云：

---

① 参见山曼：《八仙信仰》，第 9 章"八仙与名胜"，学苑出版社，1994 年。

织女七夕当渡河，使鹊为桥。

可见，在东汉时，已有“鹊为桥”和“七夕”相会的明确说法。在唐代有“鹊桥已成，织女将渡”之述，[①]鹊桥一词已出现于诗文之中。

所谓乌鹊，即西王母座前的“青鸟”。作为西王母化身的王母娘娘，既用簪子划出天河把神、人隔开，又让自己的神使——乌鹊来“填河”，反映出她交织着专横与悲怜的双重性格。

鹊桥的架设，除了王母娘娘的背后驱遣，也因鹊在七月里脱毛所引发的幻想。宋罗愿《尔雅翼》卷13载：

涉秋七日，鹊首无故皆髡，相传是日河鼓与织女会于汉东，役乌鹊为梁以渡，故毛皆脱去。

七夕前后，牛郎、织女二星彻夜闪亮，而此时乌鹊处换毛期，于是物象、天象被幻想地统一起来，天桥便有了合理的解说。

乌鹊也就是“喜鹊”，在后世的船、桥图中，常见有喜鹊当空的构图，隐含着“天人合一”的吉祥意义(图4-6)。

图4-6　小桥与喜鹊(木雕)

如果说“天桥”是用以人、神交通的话，那么，“冥桥”则用以引导亡灵和人、鬼交通。在丧祭礼俗中，民间多以长条登、长白布或纸扎桥梁模拟“奈何桥”，并作为引导亡灵前往他界的象征(图4-7)。在土家族巫师“下阴”的巫法中，有“出十二门”、“走十二街”、“过十二桥”的仪式，并伴有相关的巫歌。[②] 巫仪中这虚拟的“十二桥”，实际上成了人、鬼交通

① 见唐韩鄂：《岁华纪丽·七夕》。
② 详见彭荣德：《花巫术之谜》，第4章，学苑出版社，1994年。

的凭依。道士在做道场、超度亡灵时，要吟唱《度仙桥》的歌谣，“桥”也是施法的核心。

不论是人神交通的天桥，还是人鬼交通的冥桥，其实，都是对人的信仰与心理的疏导，以帮助人们更好地面对人生。

图 4-7　冥用纸桥

吉祥桥

桥是通达彼岸的快捷方式，有化险峻为平易之功，历来被人们视作祥物。桥梁各有名称，大多有一个吉祥的涵义。

江南水多桥多，自然留下了许多吉祥桥名。例如：福寿桥、金仙桥、寿星桥、吉利桥、善福桥、延庆桥、福宁桥、保安桥、望仙桥、丰乐桥、长生桥、万寿桥、安定桥、洪福桥、知乐桥、众安桥、回龙桥、祥符桥、八仙桥、万生桥、放生桥、香花桥、桃花桥、柳翠桥、卧龙桥、聚龙桥、鹤舞桥、龙翔桥、乌鹊桥、醒狮桥、乌龟尾桥、狮虎桥、日晖桥、彩云桥、宝带桥、星桥、登云桥、枫桥、虹桥、皓波桥，等等。①

拿南京来说，也是一个山青水绿、桥梁处处的古城。白居易有诗云：“绿浪东西南北水，红栏三百九十桥。”南京古有大小桥梁约 400 座，其中亦不乏吉祥桥名，诸如：中和桥、五龙桥、九龙桥、长干桥、赛虹桥、三山桥、石城桥、淮清桥、利涉桥、白鹭桥、朱雀桥、四象桥、文德桥、武定桥、饮虹桥、大中桥、玄津桥、珍珠桥、进香桥、莲花桥、文昌桥、五老桥、寿星桥、太平桥、娃娃桥、升平桥、天津桥、文津桥、望仙桥、鸽子桥、惠民桥、狮子桥、金川桥，等等。②

乡村正月十五有“走三桥”的妇女风俗，所走之桥也专选吉祥桥名。在苏州同里镇，妇女们所走的三桥是太平桥、长庆桥和吉利桥。

① 参见刘克宗等：《江南风俗》，江苏人民出版社，1991 年，页 153。

② 参见季士家等：《金陵胜迹大全》，“金陵古桥”，南京出版社，1993 年。

中国古桥多取单孔，即一孔桥、三孔桥（图 4－8）、五孔桥，直到数十孔桥，如苏州宝带桥竟多达五十三孔！单数为“阳”，桥孔取单，以兆得阳纳吉之祥。

图 4－8　三孔桥（木雕）

第二节　舟 车 祥 物

舟车祥物，指以舟船、车马为交通工具的祥物类型。作为人类的文化造物，它具有技术的与应用的背景，服务于当时的经济活动与社会生活，并以其地域的、功能的特色而时时展露着民俗的风情。舟车祥物相对路桥祥物来说，是动态的祥物系统，正是这类交通工具的实际使用，才带来便利和恩惠。

一、车马祥物

车马祥物是以车辆、牛马、轿子、爬犁、雪橇等交通工具所构成的一个类型体系，无论是以动物牵引，还是以人力推动，它都因便捷、实用而改善了人们的生产、生活，推动了社会的文明与发展。车马不仅是交通的工具，也是文化表达的对象，它常常融入社会礼俗之中而显露其祥瑞的意义。

独轮车

中国自商代发明了车辆，多用牛马牵引，其种类繁多，形式不一，从汉前大墓的陪葬品和汉画像石中，我们可以领略到它的丰姿（图 4－9）。

车辆在穷乡僻壤的普及，归功于独轮车的创制。独轮车大约出现于汉代，东汉许慎《说文解字》释“车”为“一轮车”。此外，在四川成都扬子山汉墓中出土的画像石上，以及在四川渠县燕家村、蒲家湾的汉代石阙上，都见有独轮车

图4-9　车马图(汉画像石)

的图样，被称为最早的独轮车形象资料。①

独轮车，又称“鹿车”、“羊角车”、“鸡公交车”，俗称“小车”。其轮较大，选用硬质木料制作，装于车肚当中，车后有一对木把手，左右两边装有木框，既能载货，又能坐人。小车除了手推，还可在车前配一条厚布带，供人背拉(图4-10)。一辆独轮车一般可载货五六百斤，若载人，可供两个成人乘坐。

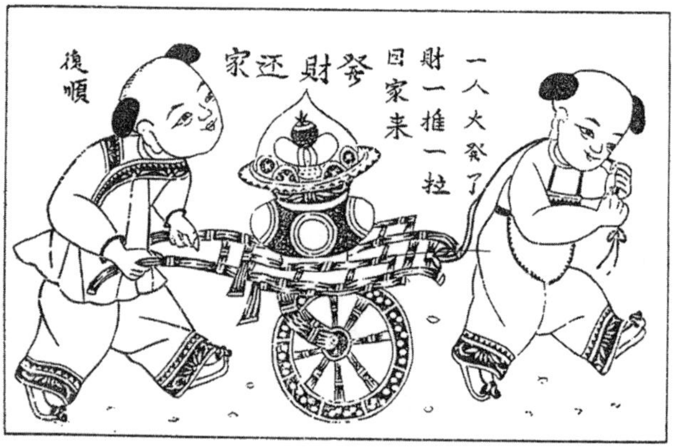

图4-10　独轮车(年画)

独轮车可在乡间小路、田埂陌头行驶，十分便捷。由于它首先用于经济活动，故历来被当作发财得宝的象征(图4-11)，并衍生出“推车进宝”一类的吉祥图画，甚至成为“车神”纸马的中心构图(图4-12)。

独轮车旧时还用于婚嫁迎亲的礼俗。这时，小车要用大红的毡毯覆盖，小

① 参见金维新等：《器物文化纪趣》，“战车·人坐车·独轮车”，上海古籍出版社，1990年。

图 4－11　发财还家(年画)

车的两边用长竹竿高高挑起两盏大红灯笼，作为迎亲的标志和吉星高照的象征。上车如上轿，新娘坐上独轮车后例不下车，路上行人相遇则主动让道，碰到路道缺口，由推车和拉车人抬起跨过。①

独轮车拓展了乡野的经济活动，又方便了乡人的生活，故被视同吉物。

图 4－12　车神(民间纸马)

轿　子

轿子，又称“肩舆”、“竹舆”，系由人力抬运的交通工具，多则八抬，少则两抬，在平地和山路均可乘用。

轿子之名大约五代时已有，并见于宋人著录中。宋王铚《默记》载：

艺祖(赵匡胤)初自陈桥推戴入城，周恭帝即衣白襕，乘轿子，出居天

① 参见杨问春等：《江海风情》，“水复路重志车舟”，大众文艺出版社，1999 年。

清寺。

赵匡胤是大宋的开国君主，可见，宋前轿子不仅在使用，而且有了至今未改的定称。

轿子因使用对象及功用的不同，又另有各自的名称。文官出巡所乘的大轿，威严华贵，并配有仪仗，称之“官轿”。婚礼迎亲时，专供新娘乘用的五彩大轿，称作“花轿”或“四明彩轿”，而两抬的迎娶小轿，则俗称“接人轿”。朝山进香或登山览胜所乘的两抬小轿，叫“竹轿”或“藤轿”。官绅内眷或大家闺秀所乘之轿装有璎珞、明角，称作“撑阳轿”。葬礼中，用白布全蒙的素轿，叫作“魂轿”；用白布半蒙的半素轿，叫作“客轿”。此外，烟花女子乘坐绿呢或绿布小轿，死囚赴刑场则坐无顶小轿。① 出庙会时，安放神像或神位的大轿，称作“神舆”；燃点香火的轿亭，叫作“香亭”或“香轿”。立春日迎春东郊，县老爷所乘的木轿称作“明轿”。

图 4－13 花轿

轿子系列中数花轿最富情趣。花轿一般雕花扎彩，围以绣帘，吊挂大红彩球，轿顶或为麒麟送子灯，或为凤凰形，或为“送子娘娘”像（图 4－13）。轿之四角，有悬仙鹤、喜鹊、凤凰、金鸡灯盏的，亦有挂太平钱、吉祥花钱的，也有垂挂盘长结和红流苏的。花轿的围幔多绣“龙凤呈祥”、“麒麟送子”、“和合二仙”、“娘娘送子”、“牡丹富贵”一类的图案。

花轿不仅装饰着一身吉祥图案，所到之处也伴随着喜歌彩话。流传在徐州地区的一首《花轿到门》喜歌唱道：

花轿落门台，众位亲友两边排。

① 参见杨问春等：《江海风情》，“水复路重志车舟”，大众文艺出版社，1999 年。

王母娘娘端米斗，搀轿姑娘随后来。
搀轿姑娘施下礼，我请新人把身抬。
撕轿门来，请贵人，轿里端坐俏佳人。
珠冠一顶头上戴，喜见新人下轿来。
我请新人出轿门，月里嫦娥起来迎。
躬身施下文明礼，敬请新人下轿来。
我请新人下轿来，天仙玉女两边排。
伸出描花手，请出贵人来。
请新人，踏金阶，朵朵荷花就地开，
一朵荷花双结子，天仙传下一代来。①

这首"搀轿歌"，以彩话吉语烘托传宗接代的婚礼主题，并同花轿的吉祥纹饰相辉映。

轿子，尤其是花轿，充满着浓浓的喜庆与嘉瑞的气息。

泥橇、雪橇

橇，是借助人力，或用狗、鹿、牛、马等动物拖拉的滑行式交通工具。其在泥上乘行者，称为"泥橇"；在雪地上滑行者，则称作"雪橇"，又叫作"爬犁"。

橇的发明与使用当在车之前，《史记·夏本纪》有"泥行乘橇"之载。唐张守节《史记正义》释曰：

> 橇形如船而短小，两头微起，人曲一脚，泥土擿进，用拾泥上之物。今杭州、温州海边有之也。

可见，橇是木制，其形如船，两头微翘，靠人脚蹬踏泥土而向前滑行，专用于在泥水上交通或作业。

橇，古时又写作"毳"。《史记·河渠书》有"泥行蹈毳"之句，《汉书·沟洫志》则有"泥行乘毳"之载。这类前狭后宽、平底的交通工具，又叫"泥马"、"泥踏"、"橇板"。②

用于北方雪原的雪橇，一般用狗牵引，少则一条，多则十几条，跑起来飞

---

① 引自《徐州民间文学集成》下，江苏文艺出版社，1991年，页139。
② 参见田久川：《古代舟车》，上海古籍出版社，1996年，页74。

快，有“雪上飞车”之称。《吉林地志》载：

> 以数犬驾舟，形如橇，长十一二尺，宽尺余，高如之。雪后则加板于下，铺以兽皮，以钉固之，令可乘人，持篙刺地，上下如飞。①

昔时，东北地区的女真、肃慎、锡伯、鄂伦春、赫哲等民族，常用动物拖拉雪橇，在汉族地区还有人拖的“爬犁”，都可用以载人、载物，极大地方便了雪原上的居民。

由于泥橇、雪橇能在恶劣的地理、气象条件下往来交通、运粮运物，故成为滩涂和雪原人民的帮手和依靠，并被视作祥瑞的象征。

二、舟船祥物

舟船祥物系水上交通工具，它们形制不一，功用各异，名称不同，或乘人，或载货，或敬神，或交游，满足着人们的交通、交换、交际的各种需要。有一副春联曰：“生意兴隆通四海，财源茂盛达三江”，舟船可通达五湖四海三江，为人们带来滚滚财源，故有“福船”、“宝船”之谓。舟船与财富的联系，衍生出“满载而归”的语汇，并见之于吉祥花钱（图4－14）。舟船中的神舟、螺舟、鸦船、罛船、轿船、灯船等，无不带有吉祥的成分。

图4－14　吉祥花钱

罛　船

江南吴地为鱼米之乡，各类渔船数不胜数。经常出没于长江、太湖及其他河湖的渔船就有鱼秧船、舴艋、放鸟船、尖网船、扒螺蛳船、旋网船、撒网船、扛网船、抄网船、挟网船、张网船、刺网船、虾笼船、麦钓船、钓鱼船、摇网船、拖网船、箭网船、网罟、钩船、罛船，等等。其中，“以船为家”者，以“罛船”为最大。

罛船，又称“六桅船”，俗呼“七扇头”，系淡水渔船中最大的一种。据《太湖备考》载，罛船“不能傍岸，不能入港，篙橹不能撑，专候暴风行船。”据说，此船

① 转引自曹保明：《神秘的关东奇俗》，学苑出版社，1994年，页55。

长八丈四五尺，面梁阔一丈五六尺，落舱深丈许。船上共有六桅：中立三大桅，五丈高者一，四丈五尺者二；提头桅一，三丈许；梢桅二，各二丈许。罛船捕鱼作业时，往往联四船为一帮，两船牵大绳前导以驱鱼，两船牵网随之。由于船体厚重，故无大风不得行驶，专候风纵浪作业。

传说，罛船为范蠡遗制。《香山小志》载：

> 六桅，相传为范蠡泛湖遗制，船身长八丈四五尺，梁宽一丈五六尺，落舱深丈许。中立三大桅，五丈高者一，四丈五尺高者二。提头一桅高三丈许，梢桅二，皆高二丈许。以四船相联为一帮，而以梢桅分左右为雌雄。无桨橹行动。泊湖心，不近岸，专候暴风驶帆……风暴多，其年大丰。①

可见，不畏风暴的"罛船"，作为湖上的巨型渔船，在恶劣的气候下反能带来丰渔的吉兆。清朱彝尊《罛船竹枝词》云：

> 村外村连滩外滩，舟居反比陆居安。
> 平江渔艇瓜皮小，谁信罛船万斛宽。
> ……
> 黄梅白雨太湖棱，锦鬣银刀牵满罾。
> 盼取湖东贩船至，量鱼论斗不论秤。
> ……

罛船居安获丰的祥物特点，在这首《竹枝词》中得到了形象的概括与描述。

鸦　船

鸦船又称"放鸟船"、"鱼鸦船"，是畜养鸬鹚，载以捕鱼的小型渔舟。它船身瘦窄，划行轻捷，由船主一人驾驶，每船载鸬鹚几只或十几只，穿行于河湖之上，用以猎获各种鱼类(图 4－15)。

鸬鹚，一名"鷧"，又叫"鱼鹰"、"鱼鸦"，江苏人谓之"水老鸦"，②四川人俗呼"乌鬼"。此外，它还有"慈老人"之称。《正字通》曰：

---

① 转引自杨晓东：《灿烂的吴地鱼稻文化》，"渔船"，当代中国出版社，1993 年。
② 段玉裁《说文解字注》："鸬鹚，今江苏人谓之水老鸦，畜以捕鱼。"

图 4－15　鸦船

鸬鹚，俗呼“慈老人”，畜之以绳，约其嗉，才通小鱼，其大鱼不可下。时呼而取之，复遣去。

这是对鸬鹚捕而不食、捕而不倦的戏称，也说出了利用鸬鹚捕鱼的方法。

受过训练的鸬鹚才被带到水上作业，其颈上被系上了一个绳扣，使其捕得大鱼吞咽不下，由渔人捏其颈或倒提之，令其吐出。

鸦船及鸬鹚捕鱼之术在汉代当已普及，在汉画像石上留下了一些鸬鹚捕鱼的图景（图 4－16）。杜甫《遣闷》诗中有“家家养乌鬼，顿顿食黄鱼”句，可见，唐时鸬鹚捕鱼已十分兴盛。由于鸬鹚捕鱼省力可靠，且“取鱼胜于网罟”，并能“易钱无数”，故其畜养往往伴有神秘的巫仪，诸如“设牲酒于田间”、“操兵大噪”等。①

图 4－16　鸬鹚捕鱼图（汉画像石）

鸦船有单船捕鱼者，亦有集群作业者。山东微山湖渔民集体作业时，出动鸦船五至十艘，并有带船、打船、艄船之分，分别指挥、传令、取获。鸦船是渔人的依靠，自然也是丰渔的吉兆。

① 语出《邵氏闻见录》，详见陶思炎：《中国鱼文化》，“鸬鹚捕鱼”，中国华侨出版公司，1990年。

轿　船

轿船，又叫“轿子船”、“花轿船”、“彩船”，是苏北里下河地区用以迎娶新娘的船只。

轿船一般选用有船头、船舱和船艄的中型木船，并以运载接新娘的花轿而得名。普通人家的轿船只租用一条，尽可能打扮得新鲜华丽，而富裕人家至少动用三条船：第一条船叫乐苏船，是吹鼓手们坐的；第二条船叫轿船，船上停放披红挂绿的花轿；第三条船叫嫁妆船，用以装载新娘的嫁妆。

轿船主要以彩绸或彩纸装饰。中舱往往用红绸结成一朵硕大的绣球，悬于舱门中间的顶部，绣球飘带分披中舱两边。从船头、中舱到后艄都要贴上大红的“囍”字，舱门上还照例贴有喜联。常见的轿船喜联有：

鸾凤双栖桃花岸　莺燕对舞艳阳舟

横批为“乘风破浪”。其他喜联也多为点画环境、烘托气氛的吉祥语句。

迎娶的轿船上要有火把、火盆，并供上背插金花、身披红布的“喜神”，船舱两边挂上红灯笼，一只灯笼上贴着金色的“囍”字，另一只灯笼上标明男方的姓氏和堂名。火把、火盆兆家业火红、人丁兴旺，而一尺来高的木雕或泥塑的“喜神”俗称为“公侯老爷”，取其谐音为“恭贺老爷”。

轿船由男方挑选四人撑篙，一人掌舵，撑篙者用力，掌舵者用心。船上另载新郎和“三媒六证”共十人，取意“十全十美”。行船用篙，忌用桨、橹，因桨为“僵”、橹为“奴”，而篙，取“高中”、“高升”、“高就”、“步步登高”等吉祥寓意。

轿船在水上为大，大凡农船、渔船、商船、手艺船都会在相遇时礼让三分，甘走下风，甚至懂得乡风土俗的清官也会主动让道。如果是两条轿船在水上不期而遇，则双方不会相让，而是比气力、比技巧、比机智，努力抢占上风，俗信，得上风者，婚姻顺畅和满。在里下河地区的西北乡村，至今仍用轿船迎亲，既使本庄青年迎娶本庄姑娘，也用轿船绕着庄边弯弯曲曲的河道转上几圈，以作炫耀。①

轿船依存于特定的地理环境和民俗氛围，因直接服务于婚嫁仪典，故自然而然带有喜庆、吉祥的气氛。

① 参见朱道平：《水乡轿船及迎亲习俗》，载陶思炎主编之《青苗集》(资料本)，1996年印。

神　舟

神舟，即传说中神仙们下水入海的交通工具，以及民间宗教活动中献给尊神的实物的或绘画的小船。

在有关秦始皇的传说中，宛渠国的“螺舟”就是一虚拟的神舟。据晋王嘉《拾遗记》卷4载：

> 始皇好神仙之事，有宛渠国之民乘螺舟而至。舟形似螺，沉行海底，而水不浸入，一名“滄波舟”。其国人长十丈，编鸟兽之毛以蔽形。始皇与之语及天地初开之时，了如亲睹。曰：“臣少时蹑虚却行，日游万里，及其老朽也，坐见天地之外事。臣国在咸池，日浴之所，九万里，以万岁为一日。

宛渠国似在天外，其民身长寿高，本为神仙，而所乘类似今日潜水球的螺舟，自然也就是神舟了。

在民间小庙中，大凡水神，有配神舟之制。譬如，在江西、皖南、苏南一带乡民祭祀的“杨泗菩萨”，本为鄱阳湖上的水神，其庙中常见神舟的配置，以作为他水上巡视的交通工具（图4－17）。

图4－17　杨泗菩萨庙中的神舟

在江西省吉安地区，旧有绘制的神舟，并形成正月十五祭祀，十六送舟的信仰风俗。据清道光四年十二卷本《万安县志》载：

> “元旦”至望日，谓之“元宵”。悬所画神舟，日间祀以牲醴，曰“叩神”。

夜间群执歌本曼声唱之，曰“唱船”；持桡执旗回旋走，曰“划船”；每次加吉祥语，曰“赞船”；金鼓爆竹不绝于耳，既乃饮而罢。百嘉、窑头两市，自十三日起有所谓“装船”，穿袍靴，戴神头面，游行各庙，划船三次，极热闹；而尤莫盛于城内之儿郎灯，每一神护灯、鼓吹者辄数十人。百嘉则有男船、女船之分，装女船者不戴头面，扮以杂戏，观者若狂。……少年扮灯者，或擎而为龙，或跨而为马，每到一村，先至神舟所，曰“参神”。罢之日，绕村一周，然后焚灯卸装，曰“收摄”。其神舟则于十六日送之，是夜以静寂为吉兆。①

万安县的神舟作为元夕的节物，既有游乐的功用，又有信仰的意义，而且主要作为民间宗教的法具在发挥接神送神、乐神娱人的交通作用。

在江西省宜春地区的清江县，神舟又称作“神船”、“彩舟”。清施闰章《神船词·序》云：

清江县旧俗，上元赛会，舁彩舟行地上，罗载百神，服饰甚盛。鼓吹三日夜，乃送而焚之江浒。

这“罗载百神”的“彩舟”，显然就是神舟。它“船中恍惚天帝居”，“使我百谷皆坚好”，乡民信能凭此渡神护农，喜兆丰年。

① 转引自丁世良等：《中国地方志民俗资料汇编》(华东卷)，书目文献出版社，1995年，页1155。

五　礼仪祥物

礼仪祥物，系指在人生礼仪及其他社会风俗中应用的祥物体系。它包括：婚恋祥物、乞子祥物、寿诞祥物等类型，协调着此人与他人、个人与社会、成员与家庭的相互关系，成为人们生活理想的特殊表达、生活情趣的自然展现和吉祥氛围的积极营造。它以人为主，因物入俗，为人所用，始终保有入世乐生的基调。

第一节　婚恋祥物

婚恋祥物，是在恋爱与婚嫁过程中被俗民们所习用的祥物支系，它包括恋情祥物和婚嫁祥物两个基本类型，借以表达两情相悦、永结同心、百年好合、子孙满堂的祈望与追求。婚恋永远是人生的最大乐事，而一切佑助恋爱与婚姻的物事，无疑总受到人们的最大珍视，并被赋予嘉庆、吉祥的性质。

一、恋情祥物

恋情祥物，是在乞爱求偶过程中或明或暗地加以使用的一类祥物。它以自然物、人工物中的一些有特征性的事物为象征，赋予它们征服异性或寄托相思的神能。恋情祥物包括爱符、媚药、红豆、青鸟、五色缕、求偶船等具体事象，既有巫风气息，又有文化内涵，构成祥物体系中最富情趣的类型之一。

媚　药

媚药，即致爱灵物，属求欢巫物。它选用自然物、身之物或人工物制成，以神秘的巫术方式予以加工和使用。

媚药的功用不在于疗疾，而是借以获得征服异性的魔力，令人相爱，求得欢合。它的构成材料，主要有草木、禽虫、毛发、月水、泥灰、耳铛、帕子等，或放置，或佩带，或服用，既可用于男求女，亦可用于女媚男。媚药不同于春药，并非实用的房中药物，而是一种以接触或感应而产生法力的巫具。

就草木媚药而言，在中国古代就有䔄草、无风独摇草、桃朱术、相怜草、桃枝等。在中国古籍中，多有此类媚草的载述。

《山海经·中次七经》曰："又东二百里，曰姑媱之山。帝女死焉，其名曰女尸，化为䔄草，其叶胥成，其华黄，其实如菟丘，服之媚于人。"

《岁时广记》卷22引《本草拾遗》曰："无风独摇草，带之使夫妻相爱。生岭南，头如弹子，尾若鸟尾，两片开合，见人自动，故曰'独摇草'。"

《本草拾遗》曰："桃朱术，取子带之，令妇人为夫所爱。喜生园中，细如芹花，紫子作角，以镜向旁敲之，则子自发。五月五日收之。"

周密《癸辛杂识续集》卷下曰："南丹山中有相怜草，媚药也"，"草着其身，必相从不舍。"

除了植物类媚药，禽虫一类的动物也是媚药的材料。唐刘恂《岭表录异》载：

> 红飞鼠，多出交趾及广、管、泷州，背腹有深毛茸茸，惟肉翼浅黑色，多伏红蕉花间，采捕者若获一，则一不去。南中妇人买而带之，以为媚药。

昆虫中的吉丁虫、腆颗虫、叩头虫、砂俘等，也用作媚药。陈藏器云，腆颗虫出自岭南，"状似屁盘，褐色身扁，带之令人相爱也。彼人重之。"南朝刘敬叔《异苑》卷3载：

> 叩头虫，形色如大豆，咒令叩头，又令吐血，皆从所敬。杀之不祥。佩之令人媚爱。

至于吉丁虫，陈藏器《本草拾遗》曰：

> 吉丁虫，甲虫也。背正绿，有翅在甲下，出岭南宾、澄诸州。人取带之，令人喜好相爱，媚药也。

砂俘又称作"砂挼"。《太平广记》卷479引陈藏器《本草》云：

砂俘，又云“倒行拘子”，蜀人号曰“浮郁”。旋干土为孔，常睡不动。取致枕中，令夫妻相悦。

另，清周亮工《书影》卷5曰：

汤若士《武陵春梦》诗：“细语春情惜夜红，妨人眠睡五更风；明朝翡翠洲前立，拾取砂挼置枕中。”陈藏器《本草》：砂挼子生砂石中，形如大豆，背有刺，能倒行，常睡不动。生取之，置枕中，令人夫妻相悦。

媚药也用毛发、指甲、月水等身之物充当。《延龄方》曰：“取之爪、发烧作灰，与彼人饮食中，一日不见如三月。”敦煌《秘法》曰：“凡男子欲求妇人私通，以庚子日，取自身右腑下毛，和指甲，烧作灰，泥署自囗”；“凡欲令妇人爱，取苦杨和目中毛，烧作灰，和烟自服，即得验。”

月水、月布，带妇人血污，亦成为身物类媚药。《淮南万毕术》曰：“赤布在户，妇人留连。取妇人月事布，七月七日烧为灰，置楣上，即不复去。勿令妇人知。”张华《博物志》则说：“以月布埋户限下，妇人入户则自淹留不去。”此外，《坚瓠广集》卷1《娼家魇术》引祝枝山《志怪录》言及娼家以月水留客的媚术：

一少年狎一娼，娼以其年少，又美且富也，趋奉甚谨。少年惑之，留其家已经岁。一日，偶倚楼闲望，见娼自携一鱼以入，私念何不使婢仆而必自持？因密察之。娼持鱼径入厕中，少年益怪焉。谛窥之，见娼置鱼于空尿器中，顷之，又将一器物注尿器中，若水而色赤。亟前视之，乃月水也。乃大恨而别。

此外，娼家还用人工物施媚术，例如用针刺过的帕子，在蒙过白眉神之后扔到用情不专者的脸上，再让他从地上拾起这块手帕，就能让他不生去意。明沈周《白眉神词》云：“祷眉神，掩神面，金针刺帕子，针眼通心愿。”可见，帕子是“通心愿”的巫具，也是用以致爱的媚物。[1]

媚药、媚物系非实验性的巫物，它以相欢相合为追求，满足着人们乞爱的心愿，其结果虽说虚幻，但能让人得到心理的抚慰，故被视同祥物。

---

① 参见胡新生：《奇异的求爱巫术》，《民间文化》，1999年第3期。

爱　符

爱符是以文字为主体的表爱、乞爱的法物，或作为巫物，或作为道符，在民间流传。

在敦煌文献中，载有多种借助文字乞爱的“爱符”。例如，伯二六一〇《攘女子婚人述秘法》曰：

> 凡欲令妇人爱敬，子日取东南引桃枝，则作木人，书名，安厕上，验。
>
> 凡欲令妇人自来爱，取东南引桃枝，书女姓名，安厕上，立即得验。
>
> 凡欲令女爱，以庚子日，书女姓名，方圆□□，无主，即得。
>
> 凡男欲求女妇私通，以庚子日，书女姓名，封腹，不经旬日，必得。
>
> 凡男欲求女私通，以庚子日，书女姓名，烧作灰，和酒服之，立即密验。①

上述数例，不论是“安厕上”、“封腹”，还是“和酒服之”，均以“书女姓名”为中心环节，从而使之带上符箓的性质。

类似的爱符，在其他文献中亦可见之。古医书《龙树方》载：

> 心中爱女无得由者，书其姓名二七枚，以井华水东向正视，日出时服之，必验。密不传。

此外，《陶潜方》曰：“戊子日书其姓名，着足下，必得。”②如果说，将书有女子之名的爱符吃下或踩在脚下，是为了镇压和摄取心上人的灵魂，达到欢合的目标的话，那么，“井华水”、“东向正视”等规定，则为了渲染神秘的巫术气氛。

爱符的成熟形式是道符化，不再书写所爱之人的姓名，而是以文图交并的样式从应用的单一化而变为通用化。民间有多种道符化的爱符，例如，敦煌的床符用以贴在合欢床上，其上有“此符夫妻相爱，紫罗黄罗”之语(图5-1)，点画出它的相欢相爱的主题。此外，还有双人饮用的夫妇合和符，符上有“夫妇心合意合”的中心词语，同样有鲜明的合欢的主题(图5-2)。

爱符能使夫妻相爱、夫妇心合意合，自然成了吉祥喜庆之物。

---

① 参见高国藩：《中国民俗探微》，第5章第2节，河海大学出版社，1989年。

② 参见胡新生：《奇异的求爱巫术》，《民间文化》，1999年第3期。

图5-1　爱符

图5-2　夫妇合和符

红　豆

红豆，又称"相思豆"、"相思子"、"美人豆"，或呈朱红色，或体红而首乌，其形似心脏，而果壳坚实，故被视作坚贞爱情的象征。唐王维《相思》诗云：

> 红豆生南国，春来发几枝。
> 愿君多采撷，此物最相思。

可见，当时红豆已成为两情长久、寄托相思的祥物。

红豆出自红豆树，这类豆科植物又有海红豆、相思子等品种。海红豆树高可达二十余公尺，夏季开花，秋季果熟，花色银白，果实朱红。相思子则株大枝白，其叶似槐。唐李匡乂《资暇集》卷下载：

> 豆有圆而红其首乌者，举世呼为相思子，即红豆之异名也。其木，斜斫之则有文，可为弹博局及琵琶槽。其树也，大株而白枝，叶似槐，其花与皂荚花无殊，其子若稨豆，处于甲中，通身皆红。李善云，其实赤如珊瑚，

是也。

具实，相思木、相思子之名均与一则思妇的悲怨传说相关。梁任昉《述异记》云：

昔战国时，魏国苦秦之难。有以民从征戍秦，久不返，妻思而卒。既葬，冢上生木，枝叶皆向夫所在而倾，因谓之"相思木"。

此外，李时珍《本草纲目》载：

《古今诗话》云：相思子，圆而红。故老言：昔有人殁于边，其妻思之，哭于树下而卒，因以名之。

相思木带有化生神话的意味，而相思子则表对忠贞爱情的昭示与追念。

红豆在古代是男女的定情之物和相思之物，并用作戒指、项链、手镯上的装饰，它久存不腐，色泽永在，故被人们所珍视。唐诗人韩偓《玉合》诗有"中有兰膏渍红豆，每回拈着长相忆"句，红豆因能唤起男女"长相忆"的思恋情结，而成为吉祥的信物。

求偶船、有情树

求偶船是海州海边大龄男女青年的婚恋祥物。每年三月初三，那里有放船与守船的求偶活动。

所谓求偶船，并非实用的船只，而是由求偶的女青年用海产的梭子蟹盖壳或大乌贼鱼的脊骨制成的。在其船体内安装有舵、桅、杆、顺风旗、桅篷等，与真船相仿。另用鱼骨、螺壳、鱼眼、鱼鳞等拼制成仙鹤、小鸡、盘龙等，作为信物放在船上。三月三日这天，女青年拿着自制的小船，到山上密林深处，不让别人看见，把小船放在涧沟溪水上，任其向下游海里淌去。求偶的男青年，这天天一亮，就到涧沟下游的海边去守船。当地有一条俗规，男的不准到山上，女的不准到山下，男女不得见面，谁守到了船，凭船上的信物请媒人到女家提亲。只要女方验证信物是真的，亲事就会定下来。一些相好的男女，会私下约定放船的时间和船上的信物样式，以避免错乱。①

① 参见刘兆元：《海州民俗志》，卷2，江苏文艺出版社，1991年。

放船与守船的求偶风俗发生在三月初三，并非偶然。三月三日，古称“上巳节”，是妇女入水祓禊，乞爱乞子的特殊节日。古有妇人水中浮枣之戏、浮卵之戏，及男子曲水流觞的雅会，包含着求偶乞子的主题。海州海边的求偶船是祓禊活动的变异，但仍沿袭着传统的主题。它作为谈婚论嫁的开端，自然是欢愉喜庆的吉兆。

所谓有情树，又称作“淫树花”，是提示男女相合、治愈虚损的恋情类祥物。清陆寿名《续太平广记》“花木部”载：

> 逊顿国有淫树，花如牡丹而香，种有雌雄，必二种并种乃生花。去根尺余，有男女形阴，以别雌雄。种必相去勿远。二形昼开夜合，故又以“夜合”为名，又谓之“有情树”。若各自种，则无花也。雌实如李而差大，雄实如桃而小。男食雌实，女食雄实，可以愈虚损。

有情树不仅有雌雄，且各具“男女形阴”，能“昼开夜合”，似有风情。而雌实供男子采阴，雄实供女子补阳，从表面上看，可“愈虚损”，而实际上，它暗示有情树能助情爱、益交合。作为增进恋情之物，有情树也自然归入了祥物之列。

二、婚嫁祥物

婚嫁祥物是在婚嫁礼俗中应用的祥物类型，它包括食品、用品、器具、文字、动物等形态，均具有与仪典相贴合的象征意义。《白虎通·嫁娶》曰：“男女之交，人伦之始。”婚嫁祥物主要作为社会文化的产物，亦具有人伦的意味。此类祥物十分浩繁，各地所用不一，在此且选实物数例，以略加探究。

红　线

红线，又称“赤绳”，是缔结良缘的象征，民间素有“千里姻缘一线牵”的俗说。① 与红线相关联的花线、五色缕、通心巾等，也均为结缘、连爱的吉物。

赤绳结成夫妻之说，见于唐代李复言的《续玄怪录》卷4“定婚店”。故事说，杜陵韦固在宋城旅店见一老人“倚布囊坐于阶上”，老人向月检阅“天下之婚牍”，杜陵“思早娶妇”，便问：“囊中何物?”老人答道：

① 语出明张四维：《双烈记》，“就婚”，其文曰：“岂不闻月下老人之事乎？千里姻缘一线牵。”

赤绳子耳，以系夫妻之足。及其生则潜用相系，虽仇敌之家，贵贱悬隔，天涯从宦，吴楚异乡，此绳一系，终不可逭。

可见，赤绳是结缘、定亲的法物。

与赤绳相类的五色缕，亦有连爱的功用。晋葛洪《西京杂记》卷3载：

至七月七日，临百子池，作于阗乐。乐毕，以五色缕相羁，谓为"相连爱"。

五色缕当为赤绳的变体，不过它不是冥冥中的相拴，而是有形的相羁，且在"百子池"畔，其"连爱"有欢合生子的神秘隐意。

在江淮民间有"翻花线"的游戏。翻花线，又称作"翻单被"，由两人共同游戏，先一人用两手把棉线翻成花样，另一人再接手翻成别种花样，两人边翻边唱点题的小曲。其唱词有：

翻单被，叠单被，
新娘新郎哪样睡？
并蒂莲，一头睡，
又搂腰来又扳腿。
新郎骑上新娘身，
新娘往新郎嘴里挤奶水，
来年养个小宝贝。①

翻花线仍是强调花线的连爱作用，并有性交的提示作用。

在湖北省，新郎、新娘入洞房后，有共同给一根针穿线的风俗，新娘穿线，新郎在另一头接线，俗称"姻缘一线牵"。在这里，线不仅有结缘连爱的意义，同时也是性交的暗示。

古代婚礼中的牵巾，所用为红绿彩锦，又称作"通心锦"或"合乐梁"，与赤绳具有相近的寓意，是红线在婚仪中的衍化。褚人获《坚瓠续集》引《戊辰杂钞》曰：

女初至门，婿迎之，相者授以红绿连理之锦，各持一头然后入，俗谓之

① 引自李晖：《江淮民间的性交合崇拜》，《民俗研究》，1993年第2期。

“通心锦”，又谓之“合乐梁”，言夫妇自此相通如桥梁也。三日后命工分作二裤，夫妇各穿其一，谓之“永谐裤”。

通心锦即连心锦，连心即连爱，合乐即合欢，因此，连理之锦如同五色缕、花线一样，在婚嫁礼俗中点画着喜庆的气氛。

子孙桶

子孙桶是旧时嫁妆中必不可少的对象，又称“子桶”、“马桶”。在南京，嫁女人家所陪送的子孙桶中，放的是一包枣子和一把筷子，取意：“早生快养”，以盼女儿早日得子，在婆家尽快立足。在皖南，子孙桶中装有瓜子、桂圆、枣子、栗子、花生和一双染红的筷子，亦有同样的祈祝意义。

图5-3 子孙桶

子孙桶不单是装秽物的便桶，还包括盛食物、放衣物的木桶。它们大小不一，可桶桶相套，均用大红油彩漆刷，作为嫁妆，往往层层累叠于洞房之内(图5-3)，以表吉兆。

子孙桶在迎亲队列中，要有专人抬送，在进夫家、进洞房中由担者唱《挑子桶担歌》，以烘托婚礼的喜庆气氛。在江苏句容县亭子乡，流传着这样的挑“子桶”歌谣：

一步一花开，二步走进来，
走进大门亮堂堂，二面放着金水缸，
日间装的千担水，夜间装的万担粮。
千担水，万担粮，世代儿孙在朝纲。
说得好，道得巧，说得圆，
东家快点发喜钱，说得快，把得快，
把一个，来一双，千亩粮田共仓房，
南仓房来了六十六，北仓房来了九十双。

站在门前亮堂堂，四只窗阁像凤凰，
凤凰不落无宝地，贵人出在他府上。

站在堂前亮堂堂，八仙桌子配成双，
两条金凳分左右，四张仙椅放毫光。

子桶挑在肩膀上，不知绣房在哪方，
我抬起头来望一望，望见绣房在东方。
小小门帘七尺长，“百子千孙”在当上，
两个须子分左右，四个金鱼在当央。

一进房门红彤彤，桥上有水桥下空，
文武百官当中坐，当今皇帝打一躬。

子桶挑在地板前，低头拾下太平钱，
太平钱上七个字，千代儿孙万万年。[1]

这些吉祥语词和祝颂，不仅渲染了婚礼的气氛，更道出了子孙桶的祥物性质。

喜　被

喜被，又称“五子被”，俗呼“子孙包”，它一般作为嫁妆由女方准备，婚前一日送入新房，由一位有父母、有丈夫、有儿女的“全福奶奶”在婚床上把喜被套起来。全福奶奶边套边唱出这样的喜话：

全福奶奶喜洋洋，贵府明天迎新娘。
今日请我来套被，红线牵来福寿长。

喜被四角往往不缝合，人们习惯于在被角处放入红枣、花生、白果、栗子、桂圆等子实类果品，让压床的童子摸食，以作“五子登科”之兆。

在苏锡地区，子孙包内要塞进一包红蛋。嫁妆到男家后，要由新郎的舅舅将子孙包背进洞房，并当众将捆好的子孙包打开，让众人争抢里面的红蛋，俗

① 郭云鸿演唱，田顺之记录：《句容的传说与歌谣》(资料本)，1989年印，页434～435。

信得蛋者得好运。

在海州地区，喜被的四角各装入两枚枣子、两枚栗子、两枚桂圆和两颗花生，寓意为：早立子、男女花着生、生儿中状元。套喜被时，要放鞭炮、说喜话。套喜被的喜话有：

> 八个栗，八个枣，八个小小满床跑。
> 四个去当官，四个去赶考。
> 赶考中状元，当官坐花轿。①

喜话凸显了喜被的吉祥主题，使之成为婚嫁礼俗中最富特色的事物之一。

雁鸭鸡鹅

雁、鸭、鸡、鹅，或为野鸟，或为家禽，都曾作为婚嫁祥物在民间礼俗中广泛习用。

雁，是古代“六礼”中的纳采之物。议婚时，男方请媒人带上一只雁去女家作为采择之礼。提亲何以用雁呢？古籍中多有载述。汉班固《白虎通·嫁娶篇》释曰：

> 用雁者，取其随时南北，不失其节，明不夺女子之时也。又取飞成行，止成列也，明嫁娶之礼，长幼有序，不逾越也。

此外，明郎瑛《七修类稿》卷45曰：

> 雁，诸书止言知时鸟也。行有先后，故以之执贽，以之纳采。

雁因知时有节、守位有序而成为劝促允嫁的象征和信守不渝的标志。

在苏北农村，有各种送鸭礼俗。在订婚以后的一段日子，男女双方便会商定结婚的期日，在婚礼正日之前的一个传统节日，男方要再次送礼到女方家中，称之为“追节”。追节礼中必有一对交颈鸭。这对鸭子放在一只小竹篓中，篓口用线网束小，只留一对鸭子颈项的空隙，这样，篓中的鸭子左右晃动，常会作出交颈状，以预示婚期的即将到来。结婚那天，新娘的陪嫁物品中有一对结

---

① 参见刘兆元：《海州民俗志》，卷2“套喜被揣喜枕”。

发鸭，它们的颈部用新娘的长头发连接着，以作为结发夫妻百年好合的吉兆。同时，“鸭子”的谐音为“压子”，隐含着早生贵子的祝福。

鸡在婚礼中也是求吉的祥物。旧时迎亲中，有让男童抱红公鸡随花轿接亲的风俗，而女方也会准备一只肥母鸡与之相配，俗称长命鸡。两只长命鸡先同拴在桌腿上，待发轿时再让男方带回，故又称“鸳鸯鸡”。俗信这对鸡既表恩爱，又兆长命。

鹅及鹅蛋也是婚嫁祥物。在扬州地区，男女订婚后，每逢节日要去女家送礼，无论礼物厚薄，非有鹅、藕不可。当地人把鹅作为女婿忠厚老实的象征，而对它的“嘎哦，嘎哦”的叫声，则作“嫁我，嫁我”的谐音理解，至于藕，则表示“路路通顺”。在湖南，姑娘出嫁，娘家要备一双鹅蛋，因“鹅”谐“和”，取夫妻和睦之意。这两只蛋在婚后要切成片给全家人分食，以祈全家和睦。

雁、鸭、鸡、鹅同婚嫁中其他用物一样，无不带有吉祥、喜庆的意义。

瓶、鞍

旧时婚嫁，花轿到夫家后，新娘有抱瓶跨鞍之俗，以表“平安到家”。

在南京，新妇所抱的宝瓶由娘家准备，瓶上蒙有红布，并用红线三绕其口，以提醒新娘在婆家要守口慎言。在其他地区，亦有新娘下轿时，向新人抛宝瓶之俗，不论她接到与否，均有吉祥的说法。例如，在徐州有这样的《接宝瓶壶歌》：

> 宝瓶壶儿亮晶晶，俺请新人抱怀中，
> 宝瓶在你怀中抱，平安无事保太平。

万一新人没有接住，则唱“破解歌”，歌曰：

> 宝瓶壶儿落了地，主大吉来主大利。
> 宝瓶壶儿拾起来，吉和利来是双喜。①

至于宝瓶、马鞍的意义与由来，清褚人获《坚瓠广集》曰：

> 今人家娶妇，皆用鞍与宝瓶，取平安之意，其来久矣。

---

① 见《中国歌谣集成·江苏卷》，中国 ISBN 中心，1998 年，页 151。

抱瓶跨鞍除“平安”之意，还有多生子、儿做官的寓意。民间有“新娘跨马鞍，养儿做高官”、“新娘跨马鞍，一气养十三”的俗说，体现了又一重吉祥意义。

跨鞍或坐鞍的婚俗被看作北朝胡人的遗风。唐苏鹗《苏氏演义》卷上载：

> 婚姻之礼，坐女于马鞍之侧，或谓此北人尚乘鞍马之义。夫鞍者，安也，欲其安稳同载者也。《酉阳杂俎》云：“今士大夫家婚礼，新妇乘马鞍，悉北朝之余风也。今娶妇家，新人入门跨马鞍，此盖其始也。”

跨马鞍的风俗虽来自北方胡人，但其“安稳同载”的追求与汉民族意取吉祥的心理相通，故融入了汉族婚俗之中，成为共同的传统。瓶、鞍在婚嫁礼俗中是非实用的俗信物品，尽管应用在社会风俗之中，但其功用主要在精神与心理的层面上表达对美好生活的热爱，并丰富了婚礼的形式与主题。

第二节　乞子祥物

求子祈嗣是人生礼俗中一个十分突出的类型，它涉及图腾崇拜、生殖崇拜、宗教观念、巫术法则及各种神秘信仰，在人口增衍的追求中，表达出对生命及生命延续的期盼。求子祈嗣的目标借助某些物象或事象而展现，并始终充满着吉祥的气息。求子祥物的构成分自然物和人工物两个主要支系，另有部分身之物，使用中均伴有文化观念、社会风尚及个人情感的因素，使它们的物性同人性并合，并建构起由物及人的文化逻辑。

一、自然物

自然物用之不禁，取之不绝，是乞子祥物赖以生成的深厚基础，尤其是花草、果木、蔬菜、谷物、动物、石头、雨水等，常取为乞子之用。自然物成为乞子祥物，靠文化的识解、信仰的支撑、情感的投入和风俗的背景，即它们已非原本独立的外在之物，而是经历了有形或无形的文化改造，融入了一定的社会生活，成为特定的礼仪标志。

葫　芦

葫芦，又称“壶卢”、“蒲芦”、“匏”、“瓠”、“瓠𤬪”、“瓢”、“瓢㼌”等，被古人视作瓜类植物。在七千年前的河姆渡文化遗址中已见有葫芦和葫芦种子，而对葫芦的崇拜在原始社会末期即已盛行。

许多民族都把葫芦与人类起源和洪水泛滥的神话传说联系在一起。中国的汉、彝、怒、白、哈尼、纳西、拉祜、基诺、苗、瑶、畲、黎、水、侗、壮、布依、高山、仡佬、德昂、佤等民族，都有族祖来自葫芦的传说。不论是伏羲女娲，还是其他的一对兄妹，他们都从葫芦中出来繁衍后代，成为人类的始祖。周初《诗经·大雅·绵》中的“绵绵瓜瓞，民之初生”之句，成为记录葫芦生人神话的最早文献。

葫芦是藏人传种的载体，也是赋予生命的器官，成为母体，即子宫的隐秘的象征。葫芦与生育的联系，使之被视作诱生的祥物，从而进入乞子的风俗。孟元老《东京梦华录》载：

八月秋社，人家妇女皆归外家。晚归即外公、姨舅，皆以新葫芦儿、枣儿为遗。

父亲以葫芦、红枣送给出嫁的女儿，兄弟也以此为赠礼献给回家探望的姊妹，均为她们祈祝怀孕生子。

在民间美术作品中，有不少将葫芦作为乞子祥物的题材，并被投之于实际的应用之中。例如，作为窗花、礼花的剪纸作品，在陕西便有“葫芦生子”的图样(图5-4)，鲜明地表达出它的乞子功能。在苗族剪纸作品中，有“姜央造人”的构图，姜央坐在葫芦里躲过洪水的灾难，并降伏放洪水的恶神雷公，用泥巴重新造了人。图中，姜央坐葫芦之中，左下角是用以造人的泥土(图5-5)。

图5-4 葫芦生子图

图5-5 姜央造人(苗族剪纸)

大葫芦与小葫芦以藤相连的图案，被称作“子孙万代”或“瓜瓞绵绵”

(图5-6),常作为婚床上的木雕及帐帏绣品的中心构图,寄寓着繁衍众多,传宗接代的祝愿。

此外,红漆小葫芦挂件,合卺礼上新婚夫妇一同饮用的葫芦交杯(分为两半,合而为一),以及新房家具中的各类葫芦图像(图5-7),无不点画出葫芦的乞子主题。

图5-6　瓜瓞绵绵

图5-7　家具上的葫芦图像

石　榴

石榴,又称"安石榴"、"若榴"、"海榴",又名"金罂"、"金庞"、"天浆",为落叶灌木,系张骞从西域安石国带回。晋张华《博物志》载:"汉张骞出使西域,得涂林安石榴种以归,故名安石榴。"另,晋陆机曰:"张骞为汉使外国十八年,得涂林安石榴也。"①

石榴花红果甘,被晋潘尼称为:"天下之奇树,九州岛之名果。"②石榴在古人诗赋中屡受歌咏。梁元帝《咏石榴诗》曰:

涂林未应发,春暮转相催。
燃灯疑夜火,连珠胜早梅。
西域移根至,南方酿酒来。
叶翠如新翦,花红似故栽。
还忆河阳县,映水珊瑚开。

---

① 见唐欧阳询:《艺文类聚》,卷86。
② 语出晋潘尼《安石榴赋》。

此外，晋潘尼《安石榴赋》云：

遥而望之，焕若随珠耀重洲；详而察之，灼若列星出云间。十房同膜，千子如一。[1]

石榴多子的特点已被点明。宋祁有“烟滋黛叶千条困，露裂星房百子均”的诗句，而陆游亦有“露重榴房初拆罅，风拆安榴子满房”之咏，石榴作为多子的祥物早已成为一种文化情结。

石榴与乞子关联的记述，最早见于《北史·魏收传》：

齐安德王延宗纳赵郡李祖收女为妃，后帝幸李宅宴，而妃母宋氏荐二石榴于帝前。问诸人莫知其意，帝投之。收曰：“石榴房中多子，王新婚，妃母欲子孙众多。”帝大喜，诏收：“卿还将来。”

从诸人“莫知其意”可知，石榴作为乞子祥物才刚刚启用。到唐代，则已渐成风俗。

石榴兆多子的母题在后世民歌和年画中亦反复出现。陕北有“石榴坐牡丹，儿女生下一大摊”、“男枕石榴女枕莲，荣华富贵万万年”的谣谚，而民间年画和吉祥图案中多有“榴开百子”之类的题材（图 5-8），点明了石榴的象征意义。

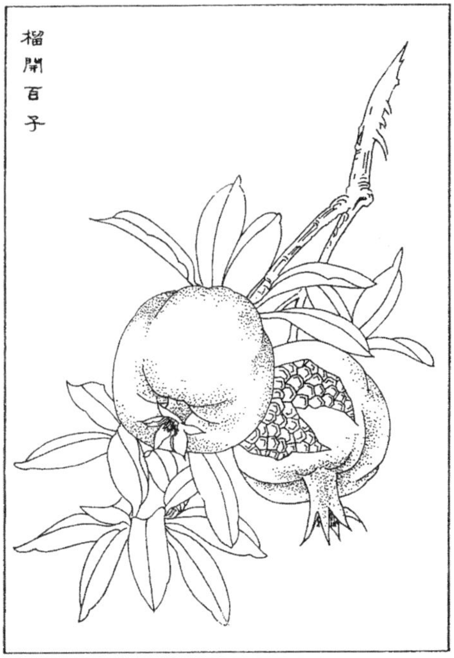

图 5-8　榴开百子

生　菜

生菜，又叫“莴苣”，是旧时广东人的乞子祥物。生菜乞子往往与观音信仰联系在一起。《民俗》第 38 期《观世音菩萨之研究》载：

① 引自《广群芳谱》，卷 59。

广州俗例以二月二十四为送子观音诞日。各乡男女集于一处，此会名“生菜会”。“生菜”与“生仔”，其音相同。赴会者多持生菜归，以为生子之兆。此会设一小池，预先放下许多蚬与螺，赴会者探手水中，摸得螺者生子，得蚬者生女。

生菜会往往在观音庙中举行。在清代《吴友如画宝・风俗志图说》中，不仅有生菜会的画幅(图 5－9)，且载有如下的文字：

图 5－9　生菜会

生菜，本名“莴苣”，粤人以其菜可生食，爱以“生菜”名之。腊尾年头人家饯送礼物者，必以生菜为媵，意盖取乎生生不息也。南海县属之人，窑墟有白衣送子观音庙，求嗣续者焚香膜拜，奉礼甚虔。正月二十六日为神诞日，好事者为联佛会，名曰“生菜会”。赶佛会者于庙前安排酒垆茶灶，罗列各种肴蔬以供，游人饮饫而必以生菜为主。红男绿女结伴偕来，顶礼合十后，即相与领略菜根风味。挑菜佣之肩生菜而往者，络绎于途，无不利市三倍。缘会散后，有购生菜而归，以卜生机之活泼者。然则，是会也，当不亚三月三日长安水边之盛。

生菜所兆之“生”，因与“送子观音”相关，则为生子添丁之征。

在广东顺德，新娘在出嫁前的当天早上，要吃生菜粥；人们到莲花池拜过观音后，要吃生菜包，均取生生猛猛和生子添丁之意。

萱　草

萱草，又称“忘忧草”、“宜男”、“疗愁”，俗呼“黄花菜”、“金针菜”。《太平御览》引《述异记》曰：“萱草，一名‘紫萱’，又名‘忘忧草’，吴中书生谓之‘疗愁’。”

萱草既名“宜男”，被古人视作得子生男之象，并进入乞子风俗。晋张华《博物志》有“妇女不孕，佩其花则生男”之载，萱草成了兆男之吉物。萱草是妇人的佩物，也是女郎值得关心的花种。宋方信孺《南海百咏·花山寺》诗云：

> 万花春老正红酣，不是丛林优钵昙。
> 山下女郎来问讯，未晓萱草解宜男。

在民间吉祥图案中，常把萱草与石榴同绘，其名为“宜男多子”（图5－10），点明了祈儿祝子的主题。

图5－10　宜男多子

无子妇佩萱草可宜男，怀孕妇也以它注男。《草本记》云：“妇女怀孕，佩其花必生男。”萱草能使妇女触而生子，故在风俗中曾被广泛应用，并奉为吉物。

无独有偶，另有一名为“水葱”的花草，与萱草有异曲同工之妙。《续太平广记》载：

> 水葱出始兴，花叶皆如鹿。葱花有红、黄、紫三种。妇人怀妊佩其花，生男。交广人之极验。①

可见，萱草一类的乞子祥物自有其被认同、泛化的深厚基础。

① 见清陆寿名：《续太平广记》，“花木部”。

莲 花

莲花，又称荷花，另有芙蕖花、水芙蓉、水芝、水芸、泽芝、水旦、水华、玉环等名。莲花的品质自古被人看重，并有“花中之君子”之称。《广群芳谱》卷29载：

> 凡物先华而后实，独此花实齐生，百节疏通，万窍玲珑，亭亭物表，出淤泥而不染，花中之君子也。

莲花的品种很多，有重台莲、并头莲、一品莲、四面莲、洒金莲、衣钵莲、千叶莲、黄莲、金莲、红莲、睡莲、四季莲、佛座莲、金镶玉印莲、斗大紫莲、碧莲、白莲、锦边莲等，旧时在苏州府学前还有名为“百子莲”者。①

由于莲花“花实齐生”、“百节疏通”，“阴结其实，阳发其花”②，而莲蓬中又籽实相连，因此人们把莲花看作阴阳相感、结实多子的象征，并衍成乞子的祥物。佛教把莲花当作神圣之物，而中国民间则始终把它纳入世俗的范畴。在民间剪纸图案中有许多“莲生贵子”的构图：有的让小儿踩藕扶莲（图5－11），表阴阳相就，生儿育女；有的为小儿踩莲戏燕，兆生子得男（图5－12）；有的儿在莲中，人、莲合体，表莲子化儿（图5－13）。它们均有明显的祝子意义。

图5－11　莲生贵子（剪纸）

在民间年画中，也有一些“莲生贵子”图（图5－14），以及表现洞房花烛夜景象的新娘抱莲图（图5－15）等，“得子连科”成为其祈祝的主题。

莲子长在莲花中，故莲花有似子宫，成为女阴原型的一种曲折表达形式。由于这种潜在的生殖观念的推动，莲花作为一种符号进入了中国的乞子风俗之中。

---

① 《广群芳谱》卷29曰：“莲花种最多，惟苏州府学前者，叶如伞盖，茎长丈许，花大而红，结房，曰‘百子莲’。”

② 语出晋傅玄《芙蕖》诗。

图 5 - 12　莲生贵子(剪纸)

图 5 - 13　莲子化儿

图 5 - 14　莲生贵子(年画)

图 5 - 15　新娘抱莲图

灵　石

在民间求子风俗中，常有对灵石的崇拜，各类石头能因信仰的投射而化作乞子的祥物。

范仲淹《百花洲图》诗有"彩丝穿石节"句，其自注云："襄邓间旧俗，正月二十一日，士女游河，取小石通中者，以彩丝穿之，带以为祥。"这个"祥"，即指得子之祥。这一风俗在清俞正燮《癸巳存稿》卷11中点明了乞子的主题：

> 江水中多出穿心石，土人春时竞水中摸之，以卜子息。

"小石通中者"即"穿心石"，实为女阴的象征。

各地还有所谓的"乞子石"，是灵石崇拜在生殖风俗中的体现。《太平御览》卷52引《郡国志》曰：

> 乞子石在马湖南岸，东石腹中，出一小石；西石腹中，怀一小石。故僰人乞子于此，有验，因号"乞子石"。

《太平寰宇记》曰：

> （乞子石）在（宜宾）南五里，两石夹青衣江对立，如夫妇相向。故老相传，东不从西，乞子将归。故风俗云，无子者祈祷有应。

《佩文韵府》引《月令广义》曰："成都三月有海云山摸石之游，求子得石者为男，得瓦者女。"

在湖南常宁县东桥乡一座凹形石山上有一口石井，当地人叫它"求子洞"，求子妇女先在井前烧香焚纸，跪拜祭祀，然后用竹竿或木杆插入井里，上下抽动数次，最后喝石井中的水，信能怀孕得子。①

在河北龙门峡小溪河东侧，有一大石，名叫"立儿石"，石面上有长二尺、高一尺、深一寸的石孔，每年正月十五新婚夫妇来到石前，向孔中投石三块，投中则为得子之兆。

在广东罗浮山有阴阳谷，"阳谷"状如男根，顶上石缝中有泉水流出，而"阴

---

① 参见力木：《略述楚地求子风俗与性崇拜遗存》，《巫风与神话》，湖南文艺出版社，1988年。

谷”则形似女阴。每年正月初一，乞子妇们取“阳谷”之水泼洒“阴谷”，俗信可得贵子。

在江苏连云港将军崖有男根石和女阴石，现女阴石犹存，亦为旧时妇女的乞子对象。

把山峰、钟乳石等视作男根，把山沟、山洞、石隙、凹槽等视作女阴，是普遍的文化现象，从石头到性器的联想，是它们作为灵石的基础，也是楔入乞子风俗的动因。灵石虽被投射了人类情感，但没有失去作为自然物的身份，仅打上了祥瑞的文化印记。

其他灵物

粮食、果实常作为乞子物见之于民间风俗。在吴地，人们把谷穗挂于新人的床檐，称作“生子谷”或“结子谷”，以稻穗籽实的众多，表达早生多养的祝福。

楝树也是多籽植物，鲁南地区又称之为“楝子树”，当地乡民选用楝子树做婚床，以讨“连子”之吉。楝树在吴歌中还是托物寄情之物，有一首清代吴歌唱道：

> 结识私情隔条河，手攀楝树望情哥，
> 娘问媛呒你望啥，我望楝树头顶上花结果。

歌中的“楝树”具有比兴的作用，以表达乡村待嫁女子对婚合与育子的期盼。

红枣在古代上巳节的祓禊活动中，也是乞子祥物。当时妇女有三月三入水争食红枣，以兆得孕生子的风俗。梁萧子范《三月三日赋》有“洒玄醪于沼沚，浮绛枣于泱池”句；庾肩吾《三日侍兰亭曲水宴》有“踊跃赪鱼出，参差绛枣浮”语；陈江总《三日侍宴宣猷堂曲水》诗曰：“醉鱼沉远岫，浮枣漾清漪”；而后汉杜笃亦有《祓禊赋》云：“浮枣绛水，酹酒酴川。”可见，红枣是祓禊的重要风物，隐含着乞子的追求。

栗子、白果作为婚礼用物，也含乞子之意。在涟水县高沟乡流传着这样的喜歌：

> 栗子生来扁又圆，出生山西果木园，
> 新郎新娘吃两个，当年生下小状元。
>
> 白果生来两个尖，外面白，里面鲜，

新郎新娘吃两个，明年生下女状元。①

图 5-16　送瓜祝子

图 5-17　送瓜祝子(剪纸)

此外，瓜，尤其是南瓜，常作为乞子祥物。旧有妇女于中秋月夜“摸秋”之俗，以偷得瓜豆为“宜男”之兆。另有好事者，摘瓜乘轿，吹吹打打地送往不孕妇家，名之为“送瓜祝子”(图 5-16)。在民间剪纸中，还见有小儿拖瓜，手中握旗子，瓜上站喜鹊的“送瓜祝子”图样(图 5-17)，旗子谐音为“乞子”，喜鹊表“有喜”，南瓜表“得子”，全图

① 引自《中国民间文学集·涟水县》(资料本)，1987 年印。

的寓意可释读为：乞子得子，喜上眉梢。

动物也能构成乞子祥物。《龙鱼河图》曰："悬文虎鼻门上，宜官子孙，带印绶。悬虎鼻门中，周一年，取烧作屑，与妇饮之，二月中便有儿，生贵子。"此说，虎鼻可用于乞子。

蟾蜍因肚大腰圆、满身痱磊、产卵众多，也成多子之兆。在苏中农村，人们在八月十五捉蟾蜍，与茄子放在一起，用红纸包裹后扔到新妇的床上。茄子也是多子之物，故有祝子之意。在民间艺术构图中，有"金钟扣蛤蟆"的题材(图5－18)，并有莲藕作配饰。金钟同其他器皿一样，为子宫的象征，莲花表"连子"，蟾蜍表多子，可见，该图系乞子祥物的叠加运用。

图5－18　金钟扣蛤蟆(剪纸)

图5－19　卵生人(域外石雕)

蛋，也是上巳节妇女乞子游戏的道具。晋张协《禊赋》有"浮素卵以蔽水，洒玄醪于中河"之句，晋潘尼《三日洛水作诗》则云："羽觞乘波进，素卵随流归。""素卵"同"绛枣"一样，同为妇人水中争食的得子祥物。在民间，孩子出生后第三天，用熟鸡蛋滚婴儿脸，再让不孕妇吃掉，信能相感而得子。另，生后第六天，用熟蛋祭天生婆婆，无子妇往往到祭坛窃食以祈孕。蛋除了与"诞"谐音，与"玄鸟生商"一类的卵生神话也有关联。中国的创世神盘古生于"鸡子"(宇宙)之中，在域外神话与石雕艺术中也有"卵生人"的母题(图5－19)，蛋成为人类生育的共同象征。

桃杏花，在古代是乞子药物。唐韩鄂《四时纂要》春令卷2"二月"载：

桃杏花，此月丁亥日收，阴干为末，戊子日用井花水服方寸匕，日三服，疗妇人无子，大验。又此月乙酉日日中时，北首卧，合阴阳，有子即贵。

桃杏花已成乞子巫药。此类巫药还有立春节的雨水。陈藏器曰：立春节雨水，“夫妻各饮一杯还房，当时有子，神效。”此外，李时珍《本草纲目》也载：

> 《医学正传》云，立春节雨水，其性始，是春升生发之气，故可以煮中气不足、清气不升之药。古方：妇人无子，是日夫妇各饮一杯，还房有孕，亦取其资始发育万物之义也。①

“立春节雨水”虽是巫药，但与得孕有子的信仰相联，同样被古人视作乞子的自然灵物。

二、人工物

人工物，指人类的文化创造，诸如工具、用品、服饰、建筑、食品、符图，以及其他艺术造物等。它们在一定的社会氛围中都具有礼仪的功用。人工物因其形象、质地、风俗背景、文化逻辑、巫术信仰而进入乞子礼仪，构成此类祥物的又一支系。它们经历了由巫术信仰向宗教民俗的化变，但大多没有神圣的光晕，仍作为俗物在民间承传，且逐步显露出艺术化的趋向。

摩睺罗

摩睺罗，又写作“磨喝乐”、“魔合罗”、“摩孩罗”、“摩睺罗孩儿”，又叫“化生”、“巧儿”，近代泥塑艺人呼之为“果子男”。摩睺罗，本出自佛经，其梵文为Rāhula，为释迦氏俗时之子，但出家后六年才生，母为耶输陀罗，后成“十大弟子”之一。②

摩睺罗在唐代被做成婴儿之状，并与七夕风俗相联，成为妇人的求子祥物。据《岁时纪事》载：

> 七夕，俗以蜡作婴儿，浮水中以为戏，为妇人生子之祥。谓之“化生”。

摩睺罗经历了由“圣”而“俗”的转变，在中国风俗中主要作为“生子”的象征。

---

① 见《古今图书集成》，“历象汇编・乾象典”，卷80。
② 参见张道一等：《美在民间》，北京工艺美术出版社，1987年，页336。

在宋代，摩睺罗多为泥塑，又称作“土偶”，还配有栏座、衣饰等。孟元老《东京梦华录》卷8载：

> 七月七夕，潘楼街东宋门外瓦子，州西梁门外瓦子，北门外、南朱雀门外街及马行街内，皆卖磨喝乐，乃小塑土偶耳。悉以雕木彩装栏座，或用红纱碧笼，或饰以金珠牙翠，有一对值数千者。禁中及贵家与士庶为时物追陪。

宋金盈之《醉翁谈录》卷4曰：

> 京师是日多博泥孩儿，端正细腻，京语谓之“摩睺罗”。小大甚不一，价亦不廉，或加饰以男女衣服，有及于华侈者。南人目为“巧儿”。

吴自牧《梦粱录》卷4载：

> 七月七日，谓之“七夕节”。……内庭与贵宅皆塑卖磨喝乐，又名“摩睺罗孩儿”。悉以土木雕塑，更以造彩装栏座，用碧纱罩笼之，下以桌面架之，用青绿销金桌衣围护，或以金玉珠翠装饰尤佳。

周密《武林旧事》卷3载：

> 小儿女多衣荷叶半臂，手持荷叶，效颦摩睺罗。大抵皆中原旧俗也。七夕前，修内司例进摩睺罗十卓，每卓三十枚，大者至高三尺，或用象牙雕镂，或用龙涎佛手香制造，悉用镂金珠翠。衣帽、金钱、钗镯、佩环、真珠、头须及手中所执戏具，皆七宝为之，各护以五色镂金纱厨。制阃贵臣及京府等处，至有铸金为贡者。

摩睺罗的制作材料有泥、木、牙、香、瓷、蜡等，并配以丝帛、金银、珠玉、七宝等，然有大有小，有简有繁，有廉有昂，以满足不同阶层之需。在造型上，有偶人式，亦有器用式，如摩睺罗瓷枕在宋代亦极为流行，它作小儿擎荷叶的构图（图5-20），以供乞子妇枕用。

摩睺罗的信仰也见于古代诗歌中。南宋许棐《泥孩儿》诗云：

图5-20 摩睺罗瓷枕

牧渎一块泥，装塐恣华侈；
所恨肌体微，金珠载不起；
双罩红纱厨，娇立瓶花底。
少妇初尝酸，一玩一心喜；
潜乞大士灵，生子愿如尔。
……

在近代乞子风俗中，有“扣百子”、“拴泥娃”等事象，所用的泥娃、纸娃与摩睺罗有相通的地方。清李庆辰《醉茶志怪》卷3曰：

津中风俗，妇人乏嗣者，向寺中抱一泥娃归，令塑工捏成小像如婴儿，谓之压子。

所抱泥娃俗呼“娃娃大哥”（图5-21），与泥塑的摩睺罗（图5-22），实无本质区别，均以巫术方式，通过接触而获“宜子之祥”。

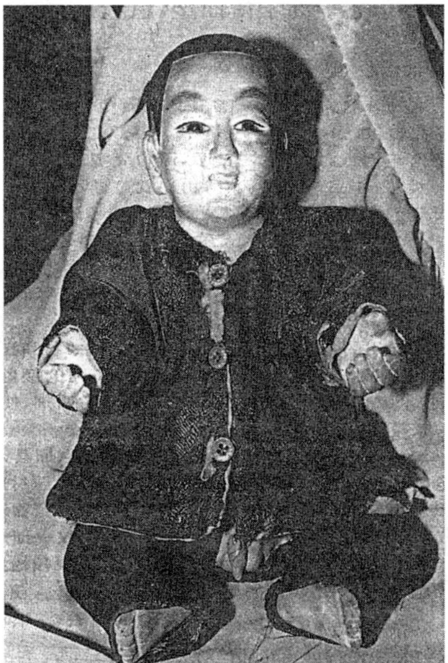

图5-21 娃娃大哥

图5-22 摩睺罗

摩睺罗作为七夕节物,属宗教民俗物品,同时也是民间工艺美术品,它丰富了古代节日文化的内涵,增添了祥瑞的生活气息。

石　祖

尖锐的山峰作为自然物,曾被当作男根的象征而受到崇拜,而由人工打制与磨制的石主或石祖,则体现了文化的创造。

石主与石祖作为原始宗教的崇拜对象,均取形男性生殖器,表达着对人丁繁衍的追求。关于石主的形状及制法,《宋史·礼志》载:

> 社稷不室而坛,当受霜露风雨,以达天地之气,故用石主,取其坚久。……社以石为主,形如钟,长五尺,广二尺,剡其上,埋其半。

这种如钟之石,顶部削尖,其质坚硬,正是对男根的模拟。

至于直接服务于生殖崇拜的石祖,早在原始社会已有制作。在江苏省赣榆县徐福故里徐福村南的新石器时代文化遗址中,就出土了一根石祖,现存放于徐福祠文物陈列廊中。该石祖为圆柱形,高 146 公分,直径约 25 公分,顶端约 28 公分长的一段呈馒圆形,似一巨大的龟头。龟头下有一道深纹,龟头与圆柱连接处有人工打制成的圆形深槽,使龟头部分稍显突出。从表面看,石柱较为粗糙,系用天然石打制而成,但龟头部分却极为光滑,其全貌酷似男根。原石立于村外古堆上,不孕妇于正月初七人日凌晨天朦朦亮时,趁路上没有行人,来此摸摸石祖,不掉头径直跑回房中,信能得孕生子。①

石祖崇拜是一世界性文化现象。希腊、罗马的主妇和少女,常佩戴着男性生殖器形状的纪念章和珠宝饰物,据说,这有利于生育。② 在希腊、罗马不仅有多种男根饰品(图 5－23),也有硕大的石祖雕件或男根与鸡头、人身合一的石雕(图 5－24)。在日本,男根崇拜亦颇普及,在道祖神、性神等石雕上见有男根刻纹,一些神社中亦有木雕男根供人祈拜。

由于男根是阳性的象征,故又用作镇物。在江西省赣江边有高大的铁祖矗立于地,具有以阳驱阴,逐退洪水的取意(图 5－25)。

石祖的崇拜伴随着父权制的确立而兴盛,除了夸耀男子的伟壮,更为了表现男丁对人口生产的决定作用。正因为如此,石祖在传承中被奉为乞子的祥物。

---

① 参见郁青:《石祖探秘》,《民间大观》,第 6 期,1993 年 5 月印。
② 参见刘锡诚等:《石与石神》,学苑出版社,1994 年,页 91。

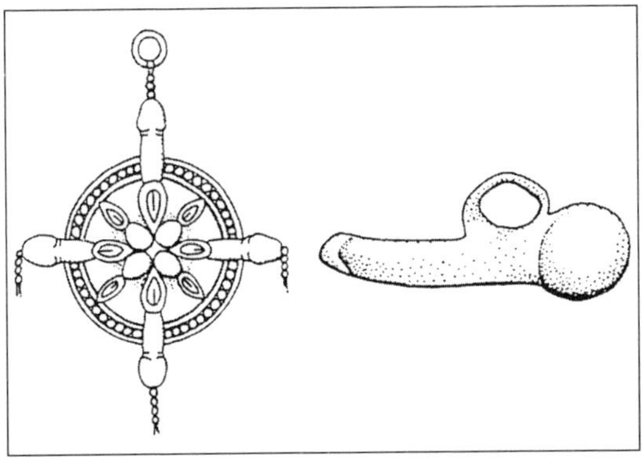

图 5-23　古罗马的男根饰品

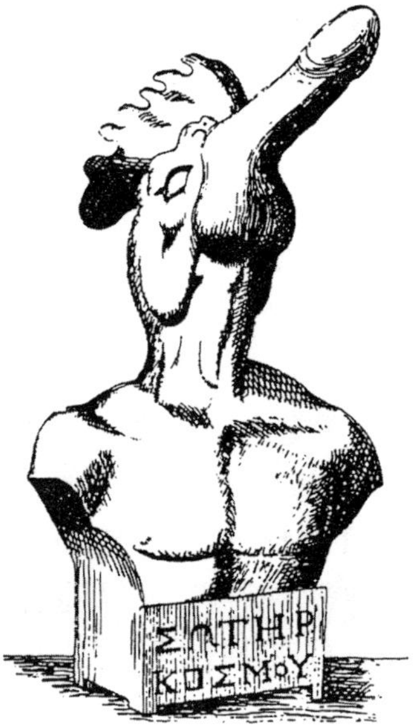

图 5-24　古希腊的鸡头石祖

图 5-25　铁祖(江西赣州)

乞子食、乞子符

在婚嫁礼俗、生诞礼俗中的一些食品，往往被赋予了生育的功能，成为人造的乞子祥物。这类食品包括“儿女汤”、“子孙饺”、“洗儿果”、“开口糕”(玉片糕)等，其种类亦颇纷繁。

所谓儿女汤，是晋东南新婚之夜的新人食物，它是用枣子、花生、芝麻等做成的疙瘩汤，当地人称作“儿女汤”，以表生儿育女之祥。

所谓子孙饺，又称“子孙饽饽”，也是夫妇入洞房后的吉祥食品。因饺子本是“交子”的谐音，故产生交而生子的联想。子孙饺一般不能煮得太熟，盛给新人后，有人会问：“生不生？”新人要高声回答“生！”以讨生儿之吉。

杭州旧时逢小儿满月要办“洗儿会”，先煎香汤于银盆，盆中再放洗儿果。所谓洗儿果，即栗子、枣儿之类，少妇们往往争而食之，以为生男之征。

在苏北农村，有新婚之夜新娘吃开口糕之俗。所谓开口糕，即“玉片糕”，又称“云片糕”。开口糕由娘家先备好，由新娘带入洞房，待客人散尽，戳窗投筷之后，拿出与新郎同食。新娘食时不能言语，让新郎开口，新郎先开口则兆生男，若新娘先开口则兆生女，故开口糕成了乞子的祥物。在涟水县高沟乡流传的喜歌中，有关于“玉片糕”的唱段：

玉片糕来四角长，一半面来一半糖，
新郎新娘吃两口，生下儿子状元郎。

玉片糕与乞子的联系已通过吉语祝词表现出来了。

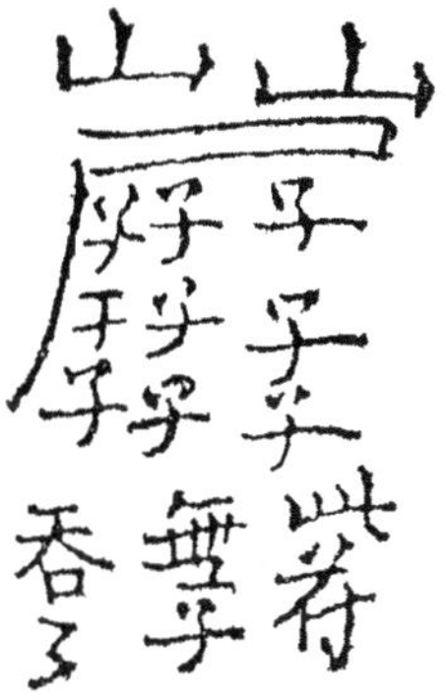

图 5－26　乞子符

乞子符亦有多种形态，最典型的是道符形式。在敦煌符箓中，有一符上为两个“山”字，下为“尸”字，再下为九个“子”字，另书有六字曰：“此符无子吞了”（图 5－26）。可见它是一张“乞子符”。“九”为最大的阳数，九个“子”乃意取多子之吉。

图 5－27　送生娘娘

在闽浙地区有所谓的雀雀符，是乞子符的又一种形态。在“送子娘娘”或“送生娘娘”（图 5－27）庙中，往往有一些泥塑的或木雕的男童。在浙江丽水，不孕妇偷取泥塑小男童生殖器上的粉末，用纸包回家冲水喝，信能怀孕得子。在福建长汀县的朝斗岩的一个岩穴中有一尊“雨漏佛”，佛旁有一尊石雕的裸体男童神，被称作“吉祥哥”，不孕妇进香后就来到吉祥哥前口中念道：

吉祥哥，吉祥哥，聪明伶俐福气多。

请你勿在厅中坐，保佑我女生个靓阿哥。

边念边伸手摸吉祥哥的"雀雀"（生殖器），并刮下一些粉末，用红纸裹着带回去冲茶喝，据说就可以生育了。在闽西山乡的吉祥哥大多为木头雕刻，身高一尺余，穿着红色花衣的开裆裤，胸前挂一个香袋（实为钱袋）。久婚不孕的妇女敬香时须先塞进一个红包，然后大声祷念，摸摸雀雀，亦信能得孕。①

雀雀符作为乞子符，实际上是介于灵物与灵药间的又一人工巫物。

乞子杂物

乞子杂物是对众多人工乞子物的统括类归，它包含木桩、铁矛、门钉、花钱、衣冠、裤带、纸龙、纸花、麻布袋、马桶盖等，其材料不一，形制驳杂，但有着共同的功用。

在民间有"送桩"、"偷桩"的祝子、乞子之俗。送桩一般在正月初六晚，人们取风车底座的蕊桩或拴牛用的木桩，用红纸包裹，敲锣打鼓，走过三座桥，送到不孕妇家。木桩因是坚硬的木棒，被当作男性生殖器的象征。送桩时人们念唱《送桩》歌谣：

一挂小鞭两丈长，送桩的队伍排成行；
送桩送到张家墩，观音送子下凡尘；
送桩送到东家舍，麒麟送子送成对；
送桩送到你的家，早生贵子笑哈哈；
煮篮红蛋把喜报，外婆乐得哈哈笑。②

送桩要走过三桥，桥多为拱形，拟指孕妇之腹，三为阳数，隐含祝生男儿之意。由于"桩"、"砖"谐音，又有"送砖"、"偷砖"的乞子风俗，且专偷桥砖，显露了二者的联系。

铁矛、铁锚等尖锐的硬物，也是乞子祥物。《金陵琐志·炳烛里谈》卷中曰：

中秋月夜，小家妇女结伴出游，谓之"走桥"。钱厂桥有大铁矛，无子

① 参见叶明鉴：《中国护身符》，花城出版社，1993年，页24。
② 见《中国歌谣集成·江苏卷》，中国ISBN中心，1998年，页160。

者摸之，云可宜男。故谚称中秋为“女儿节”。

另《同治上江两县志》卷5载：

（钟山书院背后有御赐堂，大门外）有二铁锚，二叉陷于土，一叉在上，相传马三宝下西洋故物。妇人中秋抚之可以生子，俗曰“摸秋”。

这铁矛、铁锚亦均为男根的象征。

城门、陵门、庙门的门钉因形似男性生殖器，也成了乞子之物(图5－28)。明刘侗、于奕正《帝京景物略》录有《元宵曲》曰：

姨儿妗子此门推，问着前门佯不知。

笼手触门心暗喜，郎边不说得钉儿。

该曲形象地描绘出少妇们摸钉乞子的情状。

图5－28　装有门钉的大门

丈夫的衣冠也曾作乞子之用。张华《博物志》卷10曰：

妇人妊娠未满三月，着婿衣冠，平旦左绕井三匝，映详影而去，勿反顾，勿令人知见，必生男。

这也是一种交感巫术，其中“婿”、“左”、“三”这些概念均与“男”相联，故有“必生男”之说。

花钱也是乞子祥物，其中一些图案与铭文较直接地表明了它的这一功用。诸如“维熊维罴，多子多孙”钱(图5－29)，“五子登科”钱(图5－30)，“连生贵子”钱(图5－31)，“五男二女”钱等，都用作祝子乞子。

纸龙在长沙亦用于求子。据胡朴安《中华全国风俗志》下编载：“妇女多年不生育者，每放龙灯到家时，加送封仪，以龙身围绕妇人一次，又将龙身缩短，上骑一小孩，在堂前绕行一周，谓之麒麟送子。”《长沙新年纪俗诗》有云：

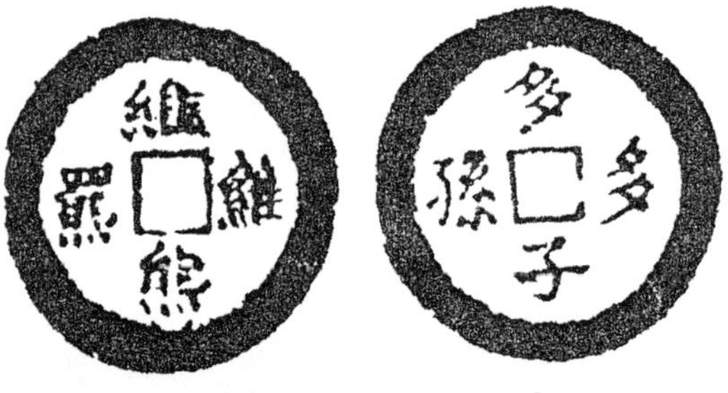

图 5-29　多子多孙(花钱)

图 5-30　五子登科(花钱)

图 5-31　连生贵子(花钱)

妇女围龙可受胎，痴心求子亦奇哉。
真龙不及纸龙好，能作麒麟送子来。①

此外，纸花、纸灯也是常见的乞子祥物。

较为离奇的是，产妇的裤带和马桶盖也能用以乞子。在乡村里，有谁家媳妇生了儿子，无子妇就到她家去贺喜，坐在产妇的净桶上吃红蛋，吃完后跟产妇换一根裤带，以讨“带子”的吉兆。至于生有儿子人家的马桶盖，晾在外面时常被人偷走，因盖上有一个铜扣子，故被认作“一同有子”。②

乞子图

乞子图是以木版年画或吉祥图案形式寄托祈子愿望的图画。其题材丰富

① 引自胡朴安：《中华全国风俗志》下编，河北人民出版社，1986 年，页 329。
② 参见招俊鲜等：《送子习俗种种》，《乡土》，1987 年第 4 期。

多彩，各有象征。常见的乞子图有四喜人、连生贵子、金玉满堂、麒麟送子、百子图、瓜瓞绵绵、送瓜祝子等。

四喜人，以两头四身迭合的形式，通过纵观横看，可见四个孩童并存同在的身姿(图 5－32)。在民间，有“喜”表怀孕，四儿表多子，因此，所谓四喜人实为祝子图。

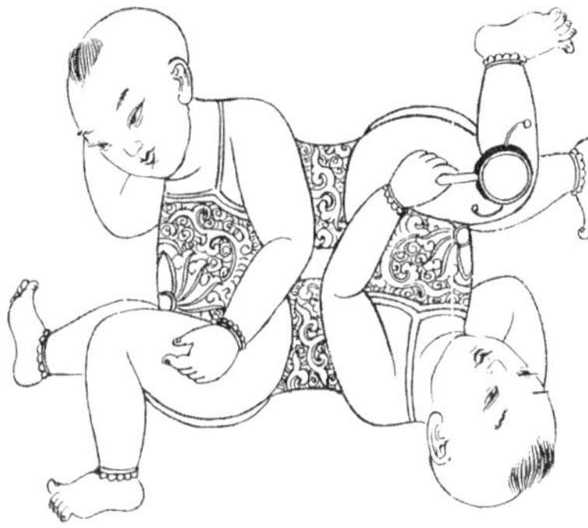

图 5－32　四喜人

图 5－33　金玉满堂(年画)

金玉满堂乃指儿女双全。其构图多为儿童戏金鱼(图 5－33)，并以“金鱼”谐“金玉”，以“金玉”指男女，以祝儿女众多。

图 5－34　麒麟送子

麒麟送子，原为麒麟送“滋”，具有报春的性质。因“滋”、“子”谐音，遂讹为“麒麟送子”。其图多以小儿骑麟，一手拿牡丹、一手托莲蓬之像，表现“得子连科，荣华富贵”的主题(图 5－34)。

百子图，则以百儿群戏的欢快图景，作为“多子多福”的祥瑞之象。此外，以大小葫芦、南瓜等所构成的“瓜瓞绵绵图”、“送瓜祝子图”等，亦均为寓意明确的乞子图画。

乞子图不同于其他的乞子祥物，没有质材、造型的象征意义，而以艺术的构思凸显其应用的主题。

第三节　寿 诞 祥 物

中国自古有“五福寿为先”之说,《尚书·洪范》曰:“五福,一曰寿,二曰富,三曰康宁,四曰修好德,五曰考终命。”人们把长寿看得比发财、无病、行善、老死等更为重要,认作最大的幸福。同时,人们还把寿与德、善、孝等观念相提并论,使寿观带上了伦理道德的因素和社会的价值判断。在民间寿诞礼俗中,少不了祥物的应用,或为食物用物,或为寿神寿仙,或为文字图画,它们总是烘托着寿诞的主题,并传导着祥瑞的意义。

一、贺寿礼物

《庄子·盗跖》曰:“人,上寿百岁,中寿八十,下寿六十。”人届六十,才谈得上“过寿”。民间较隆重的寿礼正是从六十岁开始的,一般要布置寿堂,准备寿筵,接受亲朋好友的贺拜。作为贺寿的礼物,形式多样,有衣帽鞋袜,有鱼肉糕点,有酒茶补药,有寿诗寿联,还有祝寿图幅等,其中既有实用之物,又有精神象征,或二者兼备,大多能突出寿诞的主题。

寿桃、寿面

寿桃、寿面既是寿堂上的供品,也是人们祝寿贺寿的礼品。

所谓寿桃,系用面粉蒸制,形似桃子,其尖端染成红色,其下部略染绿色,俨然鲜桃一般。供在寿堂里的寿桃,共放三盘,每盘九个,以取阳数之吉。宾客贺寿,或携寿桃以为贺拜之礼,或由寿星用作回赠之物,让宾客讨得祥瑞。

寿桃作为诞仪祥物,乃基于桃能延年益寿,桃本神仙食物的文化理解。《神异经·东荒经》载:

> 东方有树,高五十丈,叶长八尺,名曰桃。其子径三尺二寸,和核羹食之,令人益寿命。

此外,《神农经》也载曰:

> 玉桃,服之长生不死。若不得早服,临死服之,其尸毕天地不朽。

桃能使生者延年益寿，也能使死者亡而不朽，可见，它具有内在的、永恒的生命力。这种生命力，按神话传说讲，乃源于它本身的漫长的生长周期，并有“三千年一生实”和“万岁一实”的不同说法。张华《博物志》卷8曰：

汉武帝为仙道。时西王母遣使乘白鹿告帝当来。七月七日夜漏七刻，王母乘紫云车而至于殿西，青气郁郁如云。有三青鸟，如乌大，使侍母旁。王母索七桃，大如弹丸，以五枚与帝，笑曰：“此桃三千年一生实。”

王嘉《拾遗记》卷3则曰：

扶桑东五万里有磅磄山，上有桃树百围，其花青黑，万岁一实。

正是这些千年万岁的桃子，使模拟型的面桃成了贺寿的最好礼物与象征。

寿面作寿礼，亦有吉祥的涵义。用作寿礼的面条一般长度在三尺以上，每百根为一束，并盘叠为塔形，上面放有印着吉祥图案和贺寿吉语的红绿纸，以作长命百岁、步步登高的祝颂。

面条作为寿礼，还有其他的解说。面条多根并合，在碗中盘叠起来，有似吉祥图案之一的“盘长纹”，意取“幸福无边”。此外，传说东方朔在言及仙人彭祖何以活到八百岁时，说是因为彭祖脸长。因“脸”又称“面”，“脸长”也就是“面长”，因此长长的面条便成了寿礼。

寿桃、寿面的吉祥意义来自神仙传说和对长寿的祝颂，并通过寿诞仪典而从寻常食物上升为礼仪祥物。

寿　食

寿食，包括祈寿食物、延寿食物和庆寿食物，有野食、菜蔬，亦有荤腥、酒水。

就祈寿食物而言，在孩子周岁时已进入相关仪典。在有些地区，当小孩“抓周”时，外婆有送“长寿粽”和“五代馒头”的风俗。所谓长寿粽，是两只特别长而大的粽子，用红绳系缚，以祈祝小儿长大长生。所谓五代馒头，是五对由小到大，分级而制的馒头，其中最大的一对做成“寿桃”形，以表代代相传，长命百岁的祈祝之意。

至于延寿食物，在古代神异小说或笔记文学中多有载录，诸如大谷、菊水、枸杞水等。陆寿名《续太平广记》“花木部”载有一延年益寿的自然食物——“大谷”。其文曰：

> 始兴令杨应隆，柳州人。言其远祖掘地种竹，忽地中铿然有声，得一石瓮。发之，有物数百个，长三寸余。见其上下肤如谷形，去肤熟之，真是大米，香美异常。后食者寿皆百二三十岁，饮其汁者寿亦八九十。尝读《岁经》云：“太古之世，谷长五六寸，人寿皆数百岁。”又《图经》称：“昆仑之墟有木禾，食者得寿。”岂其余粒耶？

大谷或因其大，而被古人信为延寿之食。此外，祝穆《古今事文类聚》前集卷45载：

> 东坡云，旧说南阳有菊水，水甘而芳，居民三十余家饮其水，皆寿或至百二三十岁。蜀青城山老人村，有见五世孙者。道路险远，生不识盐酰，而溪中多枸杞，根如龙蛇，饮其水故寿。近岁道稍通，渐能致五味，而寿亦益衰。

菊水、枸杞水之益寿带有人们对灵药的信仰观念。

在庆寿食物方面，除了寿桃、寿面，还有面作的寿龟和“九九饽饽”。庆寿要办寿宴，庆寿的酒筵各有名称：六十岁称“甲子酒”，七十岁称“古稀酒”，八十、九十岁称“耄耋酒”，一百岁称“期颐酒”。在寿筵上，各菜肴一般也有特定的吉祥意义。例如，在青海河湟等地，寿宴上必备八种食物，称作“八仙菜”。它们是：

1. 全鸡，取终身吉祥之意。
2. 韭菜爆肉，以韭的根深、肉的滋补，表福寿绵长。
3. 八宝红枣粥，取老来运红，晚年生活甜蜜之意。
4. 莲藕炒肉，象征生命绵长、路路通畅。
5. 竹笋炒肉，表有寿有节。
6. 葛仙汤，又称“神仙汤”，又叫“酱油汤”，以色红像药，兆长生不老。
7. 馄饨，取混沌是自然与人类的母胎，表返璞归真，永葆真元。
8. 长寿面，表生命久长，祝老人长生长乐。[1]

---

① 参见叶大兵等：《中国风俗辞典》，上海辞书出版社，1990 年，页 232。

寿食因其明确的功用和寓意而成为寿诞祥物。

诗词联额

诗词、联句、匾额也是常见的贺寿礼物，又分别称作寿诗、寿词、寿联和寿匾。

寿诗在唐代已见于寿诞贺仪，因“在心为志，发言为诗”，献寿诗是表心迹、寄情感的最好礼物。民间素有“君子赠人以言，小人赠人以财”之说，故献寿诗能显示君子的风雅，也是十分得体的贺寿方式。在此且列寿诗数首，以窥其情志：

寿王太守（宋刘辰翁）
八千秋与八千春，此语由来未识真。
曾共麻姑擗麟脯，笑看沧海几扬尘。

椿萱齐寿（元沈梦麟）
灵椿已种八千岁，萱草丛生鸾凤毛。
春在庭闱烦定省，花缘儿女爱劬劳。
老人天禄燃藜杖，阿母瑶池赐玉桃。
早晚登堂介眉寿，未应老客擅诗豪。

另有明代无名氏寿诗云：

一尺鲛绡五彩鲜，云孙织就不知年。
殷勤当数长生祝，乞与蓬莱顶上仙。

以上三首一祝男寿，另一祝双寿，再一祝女寿，均以神仙传说入诗，让祝福带上祥瑞的气息。

寿词在宋代极为兴盛，黄庭坚、秦观、米芾等名人均填过寿词。且录宋人寿词两首于后，以观其趣：

鹧鸪天·献汲公相国寿（宋米芾）
暖日晴烘候小春，际天和气与精神。灵台静养千年春，丹灶全无一点尘。寿彭祖，寿广成。华阳仙裔是今身。夜来银汉清如洗，南极星中见老人。

生查子·姚母寿席(宋洪适)

碧涧有神龟,千岁游莲叶。七十古来稀,寿母杯频接。绣衣牵彩衣,喜庆相重叠。龟紫看孙曾,鹤发何须镊。

这两首寿词分别贺男寿、女寿,或引寿神寿仙,或引神仙灵物,均使祝颂突出长生的主题。

寿联也有男寿、女寿、双寿不同之用。寿联的红纸上往往洒有金粉、银粉或隐约的金色图案,并裱成长轴,作为贺寿的礼物而高挂寿堂。男寿联有:

身似西方无量佛　寿如南极老人星

庆他白发头中满　祝喜青云足下生

延龄人种神仙草　纪算翁开甲子花

女寿联有:

萱草千年绿　桃花万树红

瑶池春不老　寿伶日开祥

双寿联有:

堂上椿萱夸茂盛　壶中日月庆双辉

丹凤迎来王母使　青牛驾付老君书

此外,对不同的年龄还以不同的寿联相贺。

在有些地方,贺寿的礼物是匾额。匾额上往往写上四个大字,诸如:洪福齐天、福如东海、松鹤延年、海屋添筹、龟鹤献杯、福寿齐全、兰桂齐芳、南山之寿、乃福乃寿、椿萱并茂、延年益寿、寿山福海等。同时,也有男寿与女寿之分。

男寿用的寿匾，其题额为：天地为寿、椿庭日永、庚星耀彩、以介眉寿、人寿年丰、永享遐年、九如诗诵、眉寿未艾、寿考康强、星辉南极、晚景堪娱、共颂期颐等。女寿星的匾额则有：蟠桃献寿、福禄来崇、瑶池春水、寿域天祥、萱庭日丽、宝婺星辉、萱草长妍、榴花献瑞、慈纬长春、北堂永寿等。①

用作寿礼的诗、词、联、额，无不以吉祥语词的选用而点画出寿诞礼俗的喜庆祥瑞的主题。

庆寿图、祝寿钱

在寿诞礼俗中，庆寿图也是常见的贺寿礼物，并用以装饰厅堂和居室，渲染着喜庆气氛。

庆寿图有版印、手绘、刺绣、机织等多种加工制作方式，其题材多选吉神灵仙、祥瑞动物、名果瑞草、吉祥文字等，并大多以神话传说为基础。

庆寿图中常见的作品有：以拄杖老人为中心构图的“寿星图”，由年轻女子捧寿桃、灵芝的“麻姑献寿图”（图5－35），以八仙为主要人物的“八仙庆寿图”（图5－36），以老者扛桃枝为构图内容的“东方朔盗仙桃”（图5－37），以一百个字体各异的寿字所组成的“百寿图”，以老猫、飞蝶相戏为构图的“耄耋图”，以灵芝、仙鹤、寿桃、祥云为构图的“灵仙祝寿”（图5－38）等。

图5－35　麻姑献寿（年画）

由于庆寿图均选用吉神祥物入图，又为寿诞所用，故其本身就显示了祥物的性质。

至于“祝寿钱”，是用于祝寿的吉祥花钱，它以钱面所铸的吉文吉语或灵仙神物，表达对长生长寿的追求与祝愿。祝寿钱上常见的铭

① 参见徐华龙：《中国吉祥文化论》，《广西民族学院学报》，1999年第1期。

图 5-36　八仙庆寿(年画)

图 5-37　东方朔盗仙桃

图 5-38　灵仙祝寿(南京云锦)

文有：福如东海、寿比南山(图 5-39)，长命富贵，福寿双全，富贵寿考，长乐未央，一门吉庆、四季平安，龟鹤齐寿(图 5-40)，一人有庆、万寿无疆，长命富贵、金玉满堂等。带图像的祝寿钱有：福禄寿喜、松鹤仙龟(图 5-41)、鹿鹤同春、十二生肖等。

庆寿图用于贴挂，而祝寿钱主要用于赏玩，它们以不同的方式融入寿诞礼仪之中，多层面地渲染“长寿”的主题。

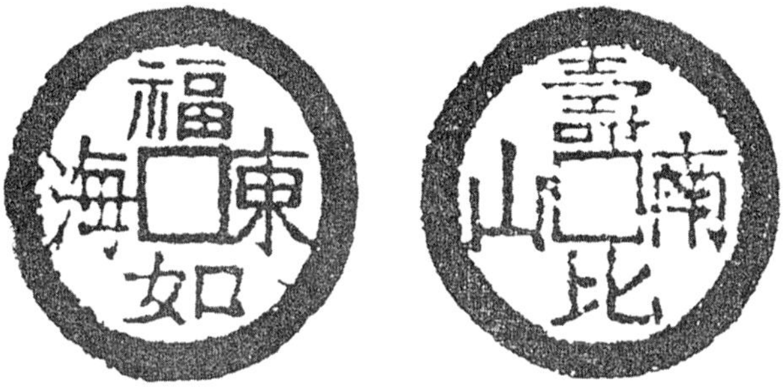

图 5 - 39　福如东海，寿比南山(花钱)

图 5 - 40　龟鹤齐寿(花钱)

图 5 - 41　松鹤仙龟(花钱)

祝寿歌

在民间寿诞仪典中，旧有唱礼生唱出各种祝寿歌谣，代表拜寿的子孙及前来致贺的宾客献给过寿者，以作为一份特殊的寿礼。

祝寿歌有传统的唱词，亦有即席而唱的，后者往往总是从所见的寿堂摆设唱起。由民歌传承人唐春娣讲唱的一首《祝寿歌谣》，就着重描绘寿堂内的场景：

天降麒麟增福寿，寿星福禄下云天，
先有寿童来上寿，寿曲唱到寿堂前。
寿台一张摆寿堂，寿香寿烛摆台前，

寿烛上写金福寿，寿烛当中寿香点。
寿糕寿团放两边，当中供起长寿面，
寿肉寿鱼台中供，寿童敬酒寿星前。
寿轴一幅挂寿厅，左右两边寿对联，
福寿福寿福福寿，万寿无疆福无边。①

这首祝寿歌共十六句，竟用了二十八个寿字，可谓无句不带“寿”，具有强烈的烘托气氛的效果。

在江苏大丰县也流传着名为《祝寿堂》的歌谣：

寿星高，寿日长，
寿筵开，寿酒香，
寿比南山不老松，
一对喜烛映寿堂。
寿堂上，喜洋洋，
敬祝爹爹福寿长，
彭祖过到八百岁，
你比彭祖寿数长。
长生不老佘老君，
你与太君常谈家常，
谈的是福寿禄财喜，
祝贺君府上福子福孙福满堂。②

这首歌谣把对长寿的祝福引到“福寿禄财喜”和子孙满堂上，表现了世俗的功利追求。

与祝寿歌相关，自古还有“长寿歌”流传，在传布养生长寿秘诀的同时，也把长寿作为终极的理想。三国魏应璩写有《三叟长寿歌》曰：

古有行道人，陌上见三叟。
年各百余岁，相与锄禾莠。

① 引自《常州歌谣谚语集》，中国民间文艺出版社，1989年，页179。
② 引自舒翔主编：《大丰县民间歌谣集成》(资料本)，1987年印，页44。

驻车问三叟：何以得此寿?
上叟前致辞：内中妪貌丑。
中叟前致辞：夜卧不覆首。
下叟前致辞：量腹节能受。
要哉三叟言，所以得长久。

他们或因妻丑，或因不蒙头而睡，或因能节制饮食而长寿。近世又有《十叟长寿歌》流传，其歌曰：

一叟拈须曰：我弗嗜烟酒；
二叟笑莞尔，淡泊甘蔬粮；
三叟整衣袖，服劳自动手；
四叟拄木杖，安步当车久；
五叟摩巨鼻，清气通窗牖；
六叟抚赤颊，沐日令颜黝；
七叟稳回旋，太极朝朝走；
八叟理短鬓，早起亦早休；
九叟颔首频，未作私利求；
十叟轩双眉，坦坦无忧愁。①

歌中虽历数各种保健、修炼的妙法，但潜在的主题仍是对长寿的追求与祝颂。正因为如此，尽管此类长寿歌不直接用于寿诞礼俗，但与献给寿者的祝寿歌却有异曲同工之妙。

二、寿神寿仙

寿神、寿仙是一类特殊的寿诞祥物。它们作为人类的精神创造，被赋予了无处不在、无所不能、生命无限、法力无边的神能，并作为“鬼”的对立面而被视为“全阳”之物。寿神、寿仙亦有自己的系列，包括西王母、寿星、南斗星君、麻姑、八仙、东方朔、安期生、彭祖等。他们的图像与名称反复出现在各类庆寿图和祝寿歌中，成为寿诞祥物的构成因素和益寿延年的文化象征。

① 见季谷鸣：《从三叟、五叟到十叟长寿歌》，《扬子晚报》，1999 年 4 月 16 日，转载《新安晚报》文。

图 5-42 西王金母

西王母

西王母，又称“西王金母”(图 5-42)，本是中国神话中的西方大神，主刑杀、生死。《山海经·西次三经》载：

> 西王母其状如人，豹尾虎齿而善啸，蓬发戴胜，是司天之厉及五残。

《山海经·大荒西经》另称她为“人面虎身文尾”之神。“虎齿”、“虎身”与西王母的关联，透露出四神配置中西方为“虎”的秘密：虎口为地狱之门，能化生为死，故西方之神能主生死。古人将空间与时间对应，方位与四时相配，有东春、南夏、西秋、北冬之说。因此，古人所谓“秋后问斩”、“秋后算账”、“西门处决”，均与西王母司刑杀相关。

同时，西王母又能注生赐寿。她有三千年一实的蟠桃和不死之药，因此又是益命延年的赐寿之神。《淮南子·览冥训》曰：

> 羿请不死之药于西王母，姮娥窃以奔月，怅然有丧，无以续之。

此外，另一汉代作品，张衡《灵宪》亦曰：

> 嫦娥，羿妻也。窃西王母不死之药服之，奔月。

以上典籍均称“不死之药”来自西王母，她早在汉代就已成为人人仰慕的寿神。至于西王母处“三千年一生实”、“大如弹丸”的桃，也是“不死之药”，东方朔因三盗此桃，被世人谓为“神仙”。① 在传说中，昆仑山有名为“王母桃”的仙桃，据北魏杨衒之《洛阳伽蓝记》载：

又有仙人桃，其色赤，表里照彻，得霜即熟，亦出昆仑山，一曰“王母桃”也。

可见，这“仙人桃”也出自西王母。

在传说和神魔小说中，王母在蟠桃成熟时在瑶池举办“蟠桃胜会”，广邀各路神仙，于是为西王母庆寿又成为民间艺术的表现题材。其实，在汉画像石中就见有“西王母祝寿图”（图5－43）。此外，《穆天子传》写周穆王到昆仑山拜见西王母，传说他后来活了一百多岁。穆天子上昆仑的事迹，显然带有向王母乞寿的成分。从众多的文献看，西王母作为寿神乃有着深厚的信仰基础。

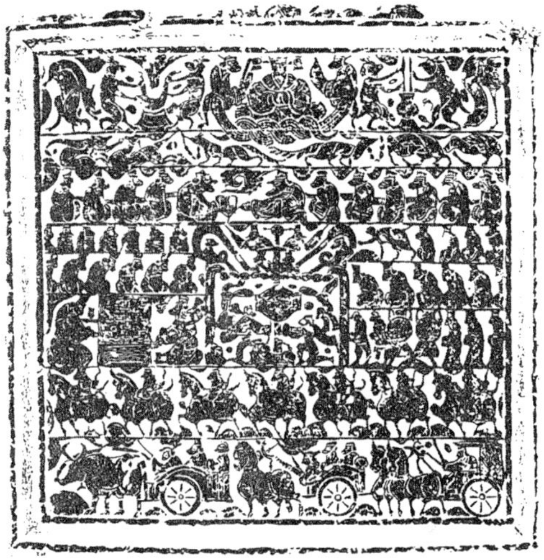

图5－43　西王母祝寿图(汉画像石)

寿　星

寿星，又称“老人星”、“南极老人星”、“南极仙翁”。早在周代，就有秋分时节在南郊祀寿星的制度。

据《尔雅》说，寿星为二十八宿中的角、亢二星。东方苍龙七宿位序为角、亢、氐、房、心、尾、箕，其中“角”、“亢”二宿列于首位，故有“数起角亢，列位之长”之说。列于首位，也就是排行老大，老大则年长，年长则为有寿。这是角、亢二宿成为寿星的文化逻辑。

汉起以南极老人星为寿星，并认为它与人寿、国命相联系。唐张守节曰：

老人星，在弧南，一曰南极，为人主占寿命延长之应。见，国命长，故

① 参见晋张华：《博物志》，卷8。

谓之寿昌，天下安宁；不见，人主忧也。

另，唐司马贞也曰：

寿星，盖南极老人星也。见则天下理安，故祠之，以祈福寿。①

图5－44 寿星

由于管“寿命延长”，兆“国命长”，为“寿昌”之象，故老人星被奉为“寿星”，受人祈祠。

到明代，寿星虽退出朝廷的祭祀，但在民间却广为流传，其图像以版画、瓷画、刺绣、雕刻等形式处处出现。典型的寿星形象是一额头硕大，皱纹道道，慈眉善目，胡须过腰，手捧鲜桃，拄着拐杖，杖头挂着宝葫芦，旁有松、鹤、蝠、鹿等相伴的图样（图5－44）。

寿星作为吉祥图画在民间礼俗中广为应用，人们已不再把他当作“寿神”祈拜，而仅作为长寿吉祥的象征将他融入了俗民生活之中。

麻　姑

麻姑，又称“梅姑”，《古今图书集成》引《太平清话》说麻姑又叫“黎琼仙”，是一个修道有成、飞升入仙的女子。传说，其年十八九，本是一“顶上作髻，余发散垂至腰”的美人（图5－45）。

据葛洪《神仙传》说，麻姑是东海建昌人，她的哥哥王方平精通“天文图谶河洛之要”，入山修道而成仙。麻姑身着绣衣，手爪似鸟，随兄修炼也成了仙人。她能穿着木屐在水上行走，还能把白米撒出去变为丹砂。另据《列仙全传》讲，麻姑是后赵将军麻秋之女。麻秋生性残暴，杀人如麻，民间称之为“麻胡”，有说他长着大胡子，有说麻秋为北方胡人之故。直到今天，江淮一带仍有

① 转引自苏克明：《寿·寿礼·寿星》，四川人民出版社，1994年，页44。

人用“麻胡来了”吓唬哭闹的孩子，让其安静。麻胡曾驱赶民夫筑城，昼夜不止，只有鸡鸣时才能稍稍歇一会儿。麻姑同情这些民夫，于是就半夜学鸡叫，她一叫，群鸡齐鸣，民夫们得以早点收工。不久麻秋知道了，就要惩罚女儿，麻姑便躲入仙姑洞学道，终飞升成仙。

图5-45　麻姑

麻姑与“寿”的关联，一是因为她说自己已看见东海三次变为桑田，沧海桑田之变一次要千万年，因此麻姑已寿高无比；再一就是传说她每年在三月三日王母诞日，在绛珠河畔用灵芝酿酒，以献给王母作为寿礼，故有“麻姑献寿”之说。

“麻姑献寿图”是民间献给女寿星的寿礼，此外人们还点演“麻姑献寿”的剧目。麻姑历来被民间视作寿仙，并成为寿诞礼俗中最常见的祥物之一。

安期生

安期生，又称“安期先生”，又呼作“千岁翁”，是一术士或仙人，其事迹载于刘向的《列仙传》中：

> 安期先生者，琅琊阜乡人也。卖药于东海边，时人皆言“千岁翁”。秦始皇东游请见，与语三日三夜，赐金璧度数千万。出于阜乡亭，皆置去，留书以赤玉舄一双为报，曰“后数年求我于蓬莱山。”始皇即遣使者徐市、卢生等数百人入海，未至蓬莱山辄逢风浪而还。立祠阜乡海边十数处云。①

秦始皇曾与安期生倾谈三昼夜，后又派人入海寻找他，并为安期生在海边立神祠十数座，乃因安期生自称生活于蓬莱山这一仙岛上。在秦始皇看来，安期生就是仙人。

秦始皇为何屡屡派人入海寻找安期生，并盼望再次见到他呢？因为安期生有一种能使人延年益寿的宝物——大枣。据《史记·封禅书》载，汉朝一个

① 见《列仙传》，卷上。

活了几百岁的方士李少春自称曾见过安期生，吃了安期生给他的一个“大如瓜”的大枣。他对汉武帝说：

臣尝游海上，见安期生，安期生食臣枣，大如瓜。安期生仙者，通蓬莱中，合则见人，不合则隐。

可见，早在《列仙传》前一两百年，已有安期生为“仙者”之说，并说其有枣“大如瓜”，这枣同西王母的蟠桃一样，实为仙人之食。

安期生大枣有何神效呢？《骈字类编》卷191载：

《贾氏说林》：昔有人得安期大枣，在天河之南，煮三日始熟，香闻十里，死者生，病者起。其人食之，白日上升。

这大枣能起死回生，除病免疾，当然也就能延年益寿了。

王嘉《拾遗记》卷3所载的“黑枣”，也是一种能益寿的大枣。其文曰：

黑枣者，其树百寻，实长二尺，核细而柔，百年一熟。

这长二尺的大枣当然也是“大如瓜”了，其“百年一熟”，正如蟠桃“三千年一生实”一样，表生命聚集，有益寿之功。

安期生有大枣，才是秦始皇建神祠祭拜的真正动因，因为这大枣就是不死药，也是秦始皇毕生所梦寐以求而终不可得的至宝。安期生同麻姑、彭祖等一样，作为吉祥的象征而归入了寿仙的队列。

六 天地祥物

在古人看来，天地是阴阳两仪分化的产物。《河图括地象》云："易有太极，是生两仪，两仪未分，其气混沌。清浊既分，伏者为天，偃者为地。"[①]天地是太极的体现，也是人类所见的最大的物象，故《易大传·系辞上》有"法象莫大乎天地"之说。天地由天体云气和山川地物构成，由于它们与太极、两仪的生成关系，而成为祥物的构成材料。

第一节 天体祥物

天体祥物包括太阳、太阴、吉星、祥云等天空中存在之物，由于它们能发光，能运动，运行有常，高不可及，而又万世永在，被古人视作神物。它们的图像与信仰早在原始社会就已十分兴盛，它们不仅作为光明与温暖的象征，也成为定方位、记岁时、生息兴作的主要凭依。"三光日月星，三才天地人"，天体对人的生存与精神具有决定性的意义，并是一切祥瑞观念的基础。

一、太阳太阴

太阳、太阴是最为显见的地外之物，又各称作"日"、"月"。它们不仅作为昼夜的象征，并被赋予了哲学与社会的内涵而进入文化创造和风俗生活。《京房易传》曰："日月大光，天下和平，上下俱昌，延年益寿，长世无极。"[②]日、

① 转引自《艺文类聚》，卷1"天部上·日"。

② 同上。

月成了决定社会、人生的标志，是和、昌、寿、长等吉祥因素的基础。日、月及其兽体形态、出入之所、载体与内物等，均成为祥物的构成材料。

太阳乌

所谓太阳乌，又称“踆乌”、“三足乌”、“朱雀”等，它或作为太阳的兽体形象，或作为太阳行天的载体。

《广雅》曰：“日名朱明，一名耀灵，一名东君，一名大明，亦名阳乌。”

《淮南子·精神训》曰：“日中有踆乌”，高诱注云：“踆，犹蹲也，谓三足乌。”

以上文献所说的“阳乌”、“踆乌”、“三足乌”，都是指太阳的化身，即太阳的兽体象征。

关于乌为太阳的载体之说，见于《山海经·大荒东经》：

> 大荒之中，有山名曰孽摇頵羝，上有扶木，柱三百里，其叶如芥。有谷曰温源谷。汤谷上有扶木。一日方至，一日方出，皆载于乌。

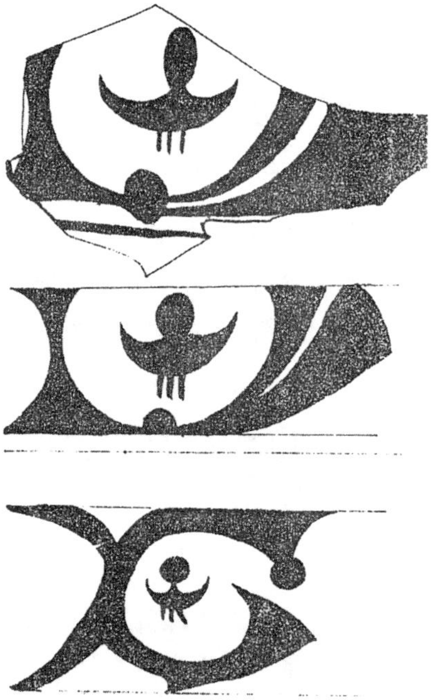

图6-1　仰韶文化彩陶上的三足乌

三足乌的图像在新石器时代的仰韶文化彩陶上已经出现（图6-1），而日、鸟叠合的艺术构图，同样在新石器时代已见于一些原始雕饰上，例如，在浙江河姆渡文化遗址出土的骨匕上（图6-2），在安徽含山县凌家滩文化遗址出土的“玉鹰”上（图6-3），都见有鸟的构图，而鸟身上刻有日纹，表现了鸟、日相化或日载于鸟的文化认识。

在中国，鸟为“阳物”的认定由来已久，《经籍纂诂》卷47引《楚辞·自悲》“鸟兽惊失群兮”注云：“鸟者，阳也。”鸟之“阳”有两层涵义：其一，为太阳的精魂和载体；其二，鸟头似男根，作为阳具的象征，故男性生殖器又俗称作“鸟”、“麻雀”、“雀雀”之类。由于与阳气相联，故日、鸟成为祥瑞的象征，成为长生或化生的象征。在汉画像石中有大量的“金乌在日”或“金乌载日”的图像，以阳气长在之象表安魂诱生

图 6－2　河姆渡文化骨匕上的鸟日纹

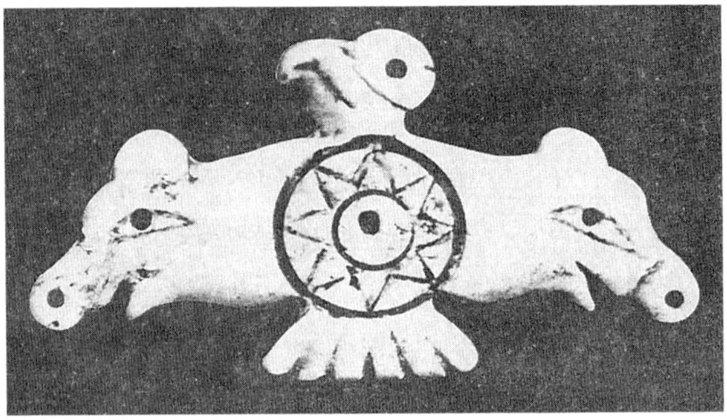

图 6－3　带日纹的玉鹰

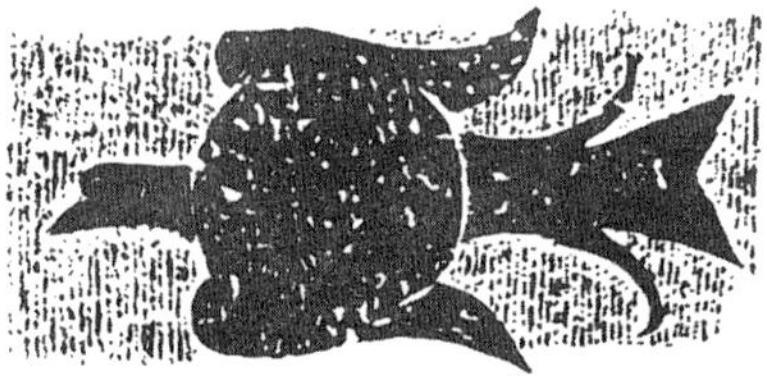

图 6－4　金乌载日图

图 6－5　印第安人的太阳鸟

(图 6－4)。

无独有偶，鸟、日叠合的图像也见之于美洲印第安人中。印第安人的太阳鸟也有"蹲日"和"载日"两种基本构图(图 6－5)，透露出印第安文化与中国远古文化的惊人相似，不能不使人推测同源播化的可能。

正是有太阳鸟的幻想，才产生"羿射九日"的神话，并以鸟死羽堕表太阳的熄灭。① 太阳与鸟的并合，首先是原始人类用神话的思维对太阳天际运行所作的合理性解释，太阳东升西落，无翼而飞，于是幻想它是被一只无形之鸟所载负，或其本身就是一只鸟。其次，人类最初的生存空间是原始荒原，到处是茂

① 《淮南子》曰："尧时十日并出，草木焦枯，尧命羿仰射十日，中其九，乌皆死，堕羽翼。"参见《古今事文类聚》，卷 2。

密的丛林，林木遮住了地平线，于是太阳的东升西落，有如鸟儿在枝头起落。再次，乌鸦有知归之性，每日晨去暮归，而太阳运行有常，正如知归之鸟，守时有信，故以"乌"相比附。最后，鸟以头颈似男根而被视为阳物，而太阳以光热、升腾表阳气，阴阳与性别的对应认定，将鸟、日联结起来，并成为太阳鸟幻想的又一基础。

太阳鸟作为祥物曾有广泛的应用，它在不同的原始文化类型中曾反复出现，它神秘古奥、播化久远，可以说是最早、最重要的祥物之一。

太阳树

太阳树，为太阳栖息之树，又称作"宇宙树"。太阳树的虚构，乃出于神话的创造，系前逻辑思维的产物。在中国神话体系中，扶桑、若木、建木等，均作为太阳树而千古流传。

扶桑，又叫"扶木"。《山海经·海外东经》曰：

> 汤谷上有扶桑，十日所浴，在黑齿北。居水中，有大木，九日居下枝，一日居上枝。

扶桑为十日所居，显然是一棵"太阳树"。汤谷为日浴之所，其地也打上了"太阳"的标记。此外，《山海经·大荒东经》所载的"汤谷上有扶木，一日方至，一日方出"，这"扶木"就是"扶桑"，此说强调了太阳轮番次第而出的规律。

扶桑在中国古典诗文中屡见载录。屈原《离骚》中有"饮余马于咸池兮，总余辔乎扶桑"句，而《淮南子·天文训》则曰："日出于旸谷，浴于咸池，拂于扶桑，是谓晨明"。"咸池"为"汤谷"的具体化，是与扶桑相联的浴日之所。晋张载有诗曰：

> 白日随天回，皦皦圆如规。
> 踊跃汤谷中，上登扶桑枝。

此外，傅玄有"汤谷发清曜，九日栖高枝"的诗句，均言扶桑为太阳之树。

至于扶桑的形状名称，《海内十州记》载：

> 扶桑在碧海之中，地方万里，上有太帝宫，太真东王父所治处。地多

林木，叶皆如桑，又有椹树，长者数千丈，大二千余围，树两两同根偶生，更相依倚，是以为扶桑。

“东王父”即太阳王，扶桑还是与太阳相关。《淮南子·地形训》另有“扶木在阳州，日之所曊”之载，“扶木”还是与“阳”、“日”相提并论。

此外，建木、若木、桑榆等，也均与太阳相关，构成太阳树的系列。

太阳树的图像以宇宙树的形式出现在战国时的半瓦当上（图6-6），在苗族剪纸中有“姜央射日图”，日月挂于树端，透露出太阳树或宇宙树的信息（图6-7）。太阳树的崇拜是一世界文化现象，在埃及第18王朝的一份草纸上就有太阳树的图像（图6-8），表明了太阳树信仰的久远与普遍。

图6-6 战国半瓦当上的宇宙树

图6-7 姜央射日

图6-8 古埃及的太阳树

太阳树作为一种符号，与阳气、光明相联，与神主、仙人相通，故始终带有吉祥的意义。

天 马

天马又称天驷、神马，是太阳的又一个动物象征。《白虎通·封公侯》曰：“马，阳物。”这除了说马健壮、有阳刚之气外，也与马为日精的神话认识相关。《左传》曰：

鲁庄公新作延厩，凡马日中而出，日中而入。

马、日的对应建筑在马、日相感的神话基础上。张衡《东京赋》有“龙雀蟠蜿，天马半汉”之句，称“天马”为行空的神兽。此外，葛洪《抱朴子》曰：“腾黄之马，吉光之兽，皆寿三千岁也。”其“吉光”，即阳光，作为阳光之兽，马实际上就是阳光的形象比拟。汉代《天马歌》曰：

太一贶，天马下。
沾赤汗，沫流赭。
志俶傥，精权奇。
躡浮云，晻上驰。
体容与，逝万里。
今安匹，龙为友。①

可见，这“躡浮云”、“龙为友”的“天马”，是与“太一”等天体相联的天际之物。从汉代另一首《天马歌》中的“天马来，从西极”、“经千里，循东道”之句，可看到“天马”与“太阳”的趋同。

图 6－9　天马(汉画像石)

其实，天马的幻想来自古人对太阳的观察：太阳东升西落，日行万里，阳光穿透云层，瞬间即至，其行天与快捷使人们联想到飞驰的骏马，故产生天马的比附。

天马的形象往往带有一对翅膀或三根“飞毛”，以表行空得阳。例如，汉画像石上的天马，除有飞翼，更有飞毛，毛取三根，尾为三绺(图 6－9)。数字“三”使人联想到“三足乌”，天马也就透露出日精的寓意。在唐代的织锦图案中有联璧天马纹，飞马下有祥云(图 6－10)，表明了这一天体祥物在当时已进入了凡俗生活，并潜含着纳吉迎阳的文化意义。

日月之象

日、月的图像或分绘，或同绘，最初都带有神话的和原始宗教的印记，它们同生殖崇拜、农业活动、生死观念等相联系，被视作诱生助长的吉祥符号。

---

① 转引自《艺文类聚》，卷 93。

图 6－10　联璧天马纹(唐代织锦)

在原始彩陶、岩画上，出现了多种太阳图案，其中大多突出了它的发光特点(图 6－11)。而“太阴”月亮的圆缺变化及夜晚发光之性也早就受到普遍的注意，其图像及相应的崇拜活动见于世界各地。

图 6－11　阴山岩画上的太阳纹

在中国，有蟾蜍伏月、嫦娥奔月、玉兔在月、老牛望月(图 6－12)等吉祥图画。在域外，美索不达米亚有月纹钱币(图 6－13)，亚述人有带翼的月亮和三种形态的圣月树(图 6－14)，埃及人有月舟，克里特人有圣月树神庙(图 6－15)，等等。月亮的信仰丰富多趣，古奥神秘。

日、月为阳、阴两极的基础，它们相反相成，互为依靠，常常同图出现，表阴阳转合、生死相联。在汉墓画像石、画像砖的构图中，有多种伏羲女娲执规矩、捧日月的图像，以日月、男女、方圆的对应、同在，作为化生长生的吉祥符

图 6-12　老牛望月(花钱)

图 6-13　美索不达米亚钱币

图 6-14　亚述人的圣月树

图 6-15　克里特人的圣月树神庙

号(图 6-16)。在新疆吐鲁番唐墓出土的“伏羲女娲图”,虽未直接绘出日月,但有规矩、男女之身、星象图,且上下各有一轮,这重轮实际上就是日、月的象征(图 6-17)。

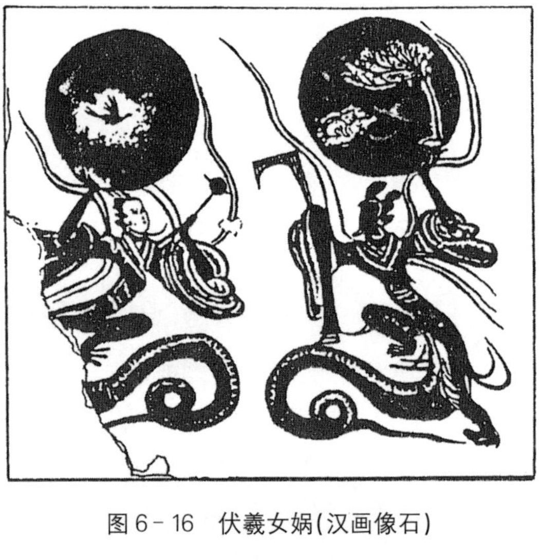

图 6-16　伏羲女娲(汉画像石)

图 6－17　唐墓中的伏羲女娲

图 6－18　日月凤鸟图

重轮齐庆、日月同辉，不仅作为吉语祥图用于民间礼俗之中，同时也作为宗教艺术的题材，使之带有神圣的意味。在云冈石窟第五十窟，其窟顶绘画中便有举日月、骑凤鸟的菩萨构图（图 6－18），表现出日、月在圣、俗两方面均有吉祥的意义。

日月代表着空间与时间的有序更替、阴阳男女的相分相合、明暗冷暖盈亏的规律性变化，而这些对立因素的和谐统一，正是一个祥和世界的存在基础。从这一意义上说，文化阐释中的日月之象，都是经历了哲学化、宗教化、艺术化的特殊祥物。

月中之物

月，古称“夜光”，被视作“太阴之精”或“阴精之宗”。月在神话传说中是一个清冷的世界，它只有嫦娥、桂树、吴刚、蟾蜍、玉兔等神仙神物，似乎是一个单调的、空荡的天地。不过，月中之物的存在都贴合着月亮本身的特性，拥有一个共同的吉祥主题——“不死”。

月有圆缺变化，循环往复，永不停息，使人联想到它有再生之力，不死之功。屈原《天问》中的“夜光何德，死则又育”之句，正是对月的“不死”之性所表现出的困惑。月是不死之境，月中之物也都为不死之物。

嫦娥飞升不死之境月宫，乃因偷食了不死之药。《淮南子·览冥训》曰：

羿请不死之药于西王母，姮娥窃以奔月，怅然有丧，无以续之。

图 6-19　嫦娥奔月

高诱注云：“姮娥，羿妻。羿请不死之药于西王母，未及服食之，姮娥盗食之，得仙，奔入月中为月精也。”“姮娥”亦作“恒娥”，“恒”、“常”同义，因避汉文帝刘恒之讳，后作“嫦娥”。嫦娥吃了“不死之药”，已成不死之仙，而不死之仙只能安排在不死之境，故嫦娥奔往月亮，成了月精。嫦娥因不死而成吉仙，于是“嫦娥奔月图”成了民间所喜爱的吉祥图画(图 6-19)。

蟾蜍作为月精，在古代墓画中多有所见。汉张衡《灵宪》曰：

月者，阴精之宗，积而成兽，象蜍兔。

又曰：“姮娥奔月，是为蟾蜍。”①按此说法，蟾蜍为嫦娥的形变或化身，尽管美女成了癞蛤蟆，但因能“不死”而成为祥物。蟾蜍与月的相联，还由于古人对其生存规律的误解。蟾蜍有冬眠春苏，似乎也能做“生——死——生”的无限循环，这正投合了月的“死则又育”之性，从而成为月中之物或月之象征。

玉兔也是月中之物，与蟾蜍往往相提并论。玉兔、蟾蜍可能是古人对月面亮处与暗处(阴影)的形象附会。晋傅咸《拟天问》有“月中何有？白兔捣药，兴福降祉”之句，白兔所捣之药当为“不死之药”，故成为“兴福降祉”之征。在古代图像中，捣药是白兔和蟾蜍的“合作项目”，或双双共捣，或白兔捣药，蛤蟆丸药(图 6-20)，颇有情趣。

吴刚、桂树也因不死之性而与月亮联结在一起。段成式《酉阳杂俎》载：

① 转引自《艺文类聚》，卷 1“天部上·月”。

旧言月中有桂，有蟾蜍，故异书言：月桂高五百丈，下有一人，常斫之，树创随合。人姓吴名刚，学仙有过，谪令伐树。

图6-20　月中捣药图

吴刚能在月中伐树，看来学仙虽"有过"，但仙已学成，因此只能打发他到不死之境去受永久的惩罚。而"树创随合"的月桂树则是一棵"不死树"，它能不断愈合创口，正吻合月的"死则又育"之性。

月中之物，包括嫦娥、蟾蜍、白兔、吴刚、桂树等，无不体现了月的不死主题，并因这一主题而成为吉祥的象征。

二、吉星祥云

星辰云气作为自然之物，自古被视作与人息息相关、有吉凶利害的征兆之物，其中以布恩施泽，得阳佑生为主，构成又一类天体祥物。星辰有"万物之精"、①"日分为星"之说，②古人视其与人有一种对应关系。袁景澜曰："万物之精，上为列星，阳光发荣，水液腾精，金流散气，石结成形。……在野象物，在朝象官，在人象事。"③至于云，《礼统》曰："云者，运气布恩普也。"④由于"在人象事"、"运气布恩"，故星、云图像多具有祥物的意义。

二十八宿

二十八宿是环赤道的星座体系，它在战国后期及秦代已经形成。在1975年湖北省云梦睡虎地出土的竹简上，已见有二十八宿的宿名，它们是：角、亢、牴、房、心、尾、箕；斗、牵牛、须女、虚、危、营室、东辟；奎、娄、胃、卯、毕、觜、参；东井、舆鬼、□、七星、张、翼、□□。⑤

---

① 《说文》曰："万物之精，上为列星。"
② 《春秋说题辞》曰："阳精为日，日分为星。"
③ 见《吴郡岁华纪丽》，卷6。
④ 转引自《艺文类聚》，卷1。
⑤ 见《云梦睡虎地秦墓》，文物出版社，1981年，图版页121～123。

二十八宿按东南西北的分区，各为七个星座，并以四神之名而冠之，即：

东方七宿（苍龙）：角、亢、氐、房、心、尾、箕；
北方七宿（玄武）：斗、牛、女、虚、危、室、壁；
西方七宿（白虎）：奎、娄、胃、昴、毕、觜、参；
南方七宿（朱雀）：井、鬼、柳、星、张、翼、轸。

古人称星所居曰次、曰舍，并视二十八宿为"日月次舍"，而二十八宿亦另有名称或职司。《吴郡岁华纪丽》卷6曰：

二十八宿，为日月次舍。东方苍龙，析木之津，寿星角亢，箕为傲客。房实农祥，心为大火。氐属天根，尾聚九星，后宫燕息，西方咸池。五车三柱，奎为封豕，娄主众聚，胃实天仓，毕泄云雨，昴象旄头，觜为军旅，参横上将，体成白虎。南方朱鸟，三光之廷。咮谓之柳，鹑火通耀。鬼为天目，星主绣文。翼轸鹑尾，宰辅势成。天厨在张，黄道倚井。北宫之武，虚次玄枵。南斗爵禄，东壁文章。女主布帛，牛系关梁。危为天府，营室告时。

这些名称与职司既有形象的附会，也有文化的理解，并由此带上吉祥的意义。

二十八宿因有文化的取意而用于星占活动，在《增补玉匣记通书》、《广玉匣记》等书中就有用二十八宿趋吉避凶的判词。例如，有关张宿的判词是：

张星日好造龙轩，年年便见进庄田。
埋葬不久升官职，代代为官近帝前。
开门放水招财帛，婚姻和合福绵绵。
田蚕大利仓库满，百般利意自安然。
（图6－21）

有关井宿的判词是：

井星造作旺蚕田，金榜题名第一先。
埋葬须防惊卒死，忽癫疯疾入黄泉。
开门放水招财帛，牛马猪羊旺莫言。

寡妇田塘来入宅，儿孙兴旺有余钱。
（图 6－22）

图 6－21　张宿图

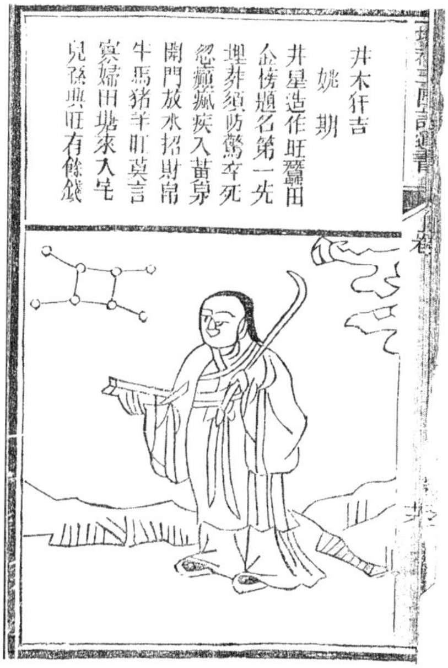

图 6－22　井宿图

有关轸宿的判词是：

轸星临水造龙宫，代代为官受敕封。
富贵荣华增福寿，库满仓盈自昌隆。
埋葬文星来照助，宅舍安宁不见凶。
更有为官沾帝宠，婚姻龙子出龙宫。
（图 6－23）

有关斗宿的判词是：

斗星造作主招财，文武官员位鼎台。
田宅钱财千万进，坟茔修筑富贵来。
开门放水招牛马，旺蚕男女主和谐。
遇此吉星来照护，时交福庆永无灾。
（图 6－24）

图 6-23　轸宿图

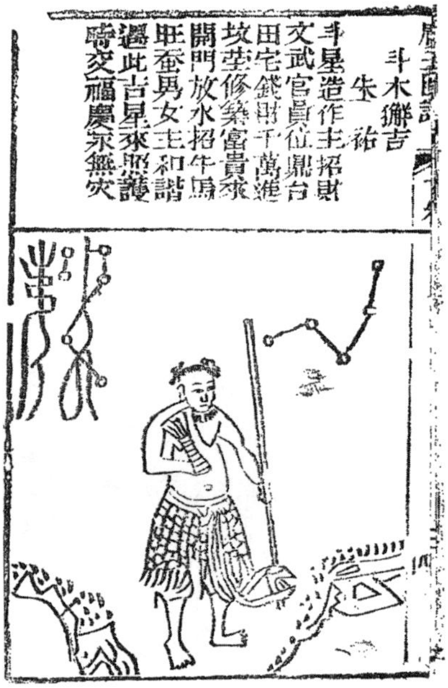

图 6-24　斗宿图

二十八宿还用来占风雨阴晴,《增补玉匣记通书》、《管窥辑要》等书辑录了与二十八宿相关的四时占验歌诀。其歌曰:

春季
虚危室壁多风雨,若遇奎星天色晴。
娄胃乌风天冷冻,昴毕温和天又明。
觜参井鬼天见日,柳星张翼阴还晴。
轸角二星天少雨,或起风云傍岭行。
亢宿大风起沙石,氐房心尾雨风声。
箕斗蒙蒙天少雨,牛女微微作雨声。

夏季
虚危壁室天半阴,奎娄胃宿雨冥冥。
昴毕二星天有雨,觜参二宿天又阴。
井鬼柳星晴或雨,张星翼轸又晴明。
角亢二星太阳见,氐房二宿大雨风。

心尾依然宿作雨，箕斗牛女遇天晴。

秋季
虚危壁室震雷惊，奎娄胃昴雨淋庭。
星觜参井晴又雨，鬼柳云开客便行。
星张翼轸天无雨，角亢二星风雨声。
氐房心尾必有雨，箕斗牛女雨蒙蒙。

冬季
虚危壁室多风雨，若遇奎星天色晴。
娄胃雨声天冷冻，昴毕之期天又晴。
觜参二宿半时晴，井鬼二星天色黄。
莫道柳星云雾起，天寒风雨有严霜。
张翼风雨又见日，轸角夜雨日还晴。
亢宿大风起沙石，氐房心尾雨风声。
箕斗二星天有雨，牛女阴凝天又晴。
占卜阴晴真妙诀，仙贤秘密不虚名。
掌上轮星天上应，定就乾坤阴与晴。

从墓室天文图到民间占验，可见二十八宿能化生死、定吉凶、占风雨，为人们生产、生活所用，故被视作吉星。

北斗南斗

北斗七星、南斗六星在中国早就受人祈拜，被当作能通天地、注生死的吉星。道教把北斗、南斗收入自己的神系，称为“北斗星君”、“南斗星君”，并将其母称作“斗姆”，或叫“紫光夫人”。

北斗在星辰崇拜中，地位颇高，它因是天皇大帝、紫微大帝的兄弟，故常与天帝、人祖联系在一起。北斗七星形似斗杓，又像车座，在汉画像石中就有天帝乘斗车出巡的图画（图 6－25）。东汉《河图始开图》则说：“黄帝名轩辕，北斗神也。”北斗与天帝、人祖的联系，表明了它在信仰体系中的特殊地位。

至于北斗七星的名称，《春秋运斗枢》曰：

北斗七星，第一天枢，第二旋，第三机，第四权，第五衡，第六开阳，第

图 6-25 天帝乘斗车

七摇光。第一至四为魁，第五至七为摽，摽合为斗，居阴布阳，故称北。①

《玉清无上灵宝自然北斗本生真经》则称北斗七星之名为：贪狼、巨门、禄存、文曲、廉贞、武曲、破旱。

北斗信仰虽带有神话的与宗教的印痕，但人们对北斗的观察却常常出于定岁时、分季节的需要，有“斗柄在东，天下皆春；斗柄在南，天下皆夏；斗柄在西，天下皆秋；斗柄在北，天下皆冬”的规律。② 人们还用北斗星来寻找北极星，并在夜行与航海中定方向。北斗七星予人恩惠，自然被视作吉星。

南斗与北斗相提并论，称一个“注生”，一个“注死”，见于《搜神记》中的管辂故事。《搜神记》卷 3 载：

管辂至平原，见颜超貌主夭亡。颜父乃求管辂延命。辂曰：“子归，觅清酒一榼，鹿脯一斤，卯日，刈麦地南大桑树下，有二人围棋次，但酌酒置脯，饮尽更斟，以尽为度。若问汝，汝但拜之，勿言。必合有人救汝。”颜依言而往，果见二人围棋。颜置脯斟酒于前。其人贪戏，但饮酒食脯，不顾。数巡，北边坐者忽见颜在，叱曰：“何故在此？”颜唯拜之。南边坐者语曰：“适来饮他酒脯，宁无情乎？”北坐者曰：“文书已定。”南坐者曰：“借文书看之。”见超寿止可十九岁。乃取笔挑上，语曰：“救汝至九十年活。”颜拜而回。管语颜曰：“大助子，且喜得增寿。北边坐人是北斗，南边坐人是南

① 转引自《艺文类聚》，卷 1“天部上 · 星”。

② 参见马书田：《全像中国三百神》，“北斗星君”，江西美术出版社，1992 年。

斗。南斗注生,北斗注死。凡人受胎,皆从南斗过北斗。所有祈求,皆向北斗。”

向北斗祈求乃为增岁延寿,北斗又成为与人寿相关的吉星。在民间花钱中,有一些以“福鹿”为题材的图案和铭文,常铸上北斗七星的星座图,表现出北斗与“福(蝠)禄(鹿)”相联,合成了“福禄寿”的主题(图6-26)。花钱上北斗七星的选用,本基于北斗信仰所固有的吉祥意义。

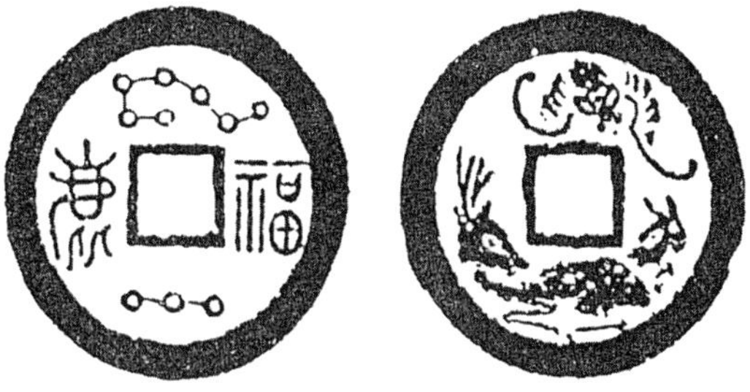

图6-26 福鹿星花钱

天 河

天河,又称天汉、河汉、星汉、银河、星河、灵河等,体现了中国古人对宇宙中璀璨群星的观察、想象与概括。

天上有水,星空为河,水浮天载地,天河、地川相通的神话观念早在新石器时期已见端倪。在兰州白道沟坪仰韶文化遗址出土的星河纹彩陶碗(图6-27),就直观地展示了星、河间的同位对应关系。尽管所谓“星”纹可能是鱼纹图案化后的高度浓缩,但与星在天河的神话认识一脉相通。《山海经·大荒西经》中有“风道北来,天乃大水泉”之说,《黄帝书》则言:“天在地外,水在天外,水浮天而载地者也。”关于天地之水的相连,古人亦多有所论。葛洪《抱朴子》曰:

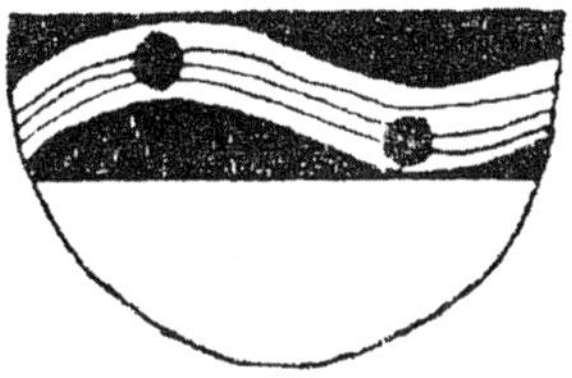

图6-27 星河纹彩陶碗

河者,天之水也,随天而转入地下过。

《孝经援神契》曰:

河者,水之伯,上应天汉。

此外,清周亮工《书影》卷7载:

天河两条：一条经南斗中，一条经东斗中过。两河随天转入地……地浮于水，天在水外……

天河、地川互应互连，故鱼成为信仰中的能登天入地的引道神。在战国铜匜上多见有巫师祭天的图画，匜口绘有天河，河上有两鱼或三鱼之像（图6－28），以表天地交通。

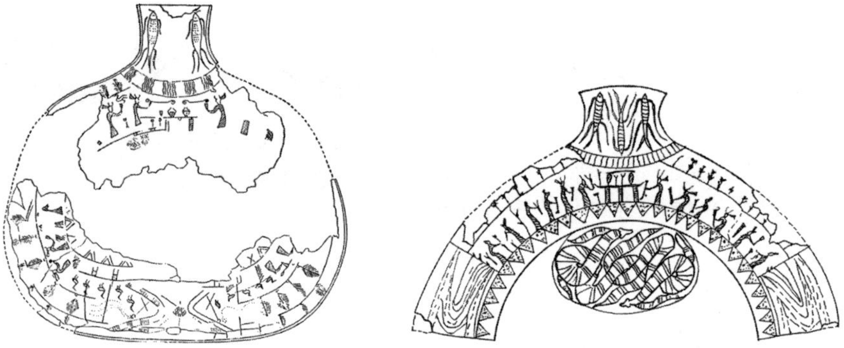

图6－28　战国铜匜

天河作为神界与人间的区分，以牵牛、织女二星的神话最为著名。《诗经·小雅·大东》最先将织女、牵牛二星相提并论，其诗云：

维天有汉，监亦有光。
跂彼织女，终日七襄。
虽则七襄，不成报章。
睆彼牵牛，不以服箱。

在诗中，他们是劳而无功之星，相互并无情感的联系。他们的悲剧性爱情是从汉代的《古诗十九首》发端的：

迢迢牵牛星，皎皎河汉女。
纤纤擢素手，札札弄机杼。
终日不成章，涕泣零如雨。
河汉清且浅，相去复几许？
盈盈一水间，脉脉不得语。

在汉代画像中出现了牛郎、织女的人形星象图，(图 6－29)映衬着《古诗十九首》所描写的二人欲语不得的苦恋。以天河隔绝牛女的星图，从汉代开始人形化，逐步被赋予了爱情的纠结，并传入了邻国高句丽，在纪年为永乐八年(409年)的德兴里壁画墓中，亦出现了牛郎、织女隔河而立的图画(图 6－30)。在魏曹植的《九咏》中，已有“牵牛为夫，织女为妇”的定说。

图 6－29　牵牛织女星座(汉画像石)

图 6－30　高句丽壁画墓中的牵牛织女图

由于天河与牛郎、织女二星的神话传说相关，故民间七夕风俗中，与天河相关的乞巧用“阴阳水”、乞美用“牛女泪”等，都成了昔日妇女们所热望的祥物，以盼获得织女之巧和天孙之美，并得到人间男子的钟爱。

祥　云

云，为自然之气，因其运动而称作云。《说文》释曰：“云，山川气也。从雨，云象回转之形。”《春秋说题辞》曰：“云之为言运也，触石而起谓之云。”[1]云能运动回转，又能降雨布恩，故《周易》有“云从龙”之说，并被视作瑞应。

云纹图像早在新石器时代已作为装饰图案出现在陶器上。近年在江苏金坛三星村遗址出土了距今 5 500～6 500 年的云雷纹陶豆，其纹样与布局与商

① 见祝穆：《古今事文类聚》，卷 3。

周青铜器纹饰十分相似,可称为云雷纹的滥觞。①

在秦代瓦当中,有多种云纹图案,诸如卷云纹、连云纹、S形云纹、羊角形云纹、蘑菇形云纹等(图6-31)。在汉画像石中,云纹常与神仙羽人相伴,从而展露出祥瑞的气息(图6-32)。在明代石雕祥图“松鹿图”上,刻有羊角形云纹,以添加其吉祥意义(图6-33)。在后世的吉祥图案中,云纹常作为配饰烘托以图文表达的吉祥主题(图6-34)。

图6-31　秦代云纹瓦当

图6-32　羽人祥云图(汉画像石)

图6-33　祥云松鹿图(明石雕)

图6-34　福寿祥云

① 见庾康等:《长江下游远古文明璀璨夺目》,载《新华日报》1998年6月11日。

云气何称祥云呢？楚荀况《云赋》称，云“圆者中规，方者中矩，大齐天地，德厚尧禹，精微于毫毛，充盈于天宇。”此言云能方能圆、能巨能微，有行有德。曹植《吹云赞》则曰：

天地变化，是生神物。
吹云吐润，浮气蓊郁。

云被视作天地之间的神物。祥云由自然而社会，由其充盈天宇而成“太平之应”，[①]故为“大齐天地”的祥物。

第二节　地物祥物

所谓地物祥物，系指地上的非生命的自然之物，包括高山、河流、土地、石头、岛屿、泉水等，它们既有实在的，又有虚拟的，往往以神话传说作为其存在的文化基础，并由此传导出祥瑞的意义。

一、神山灵石

山因高峻雄奇、难以登攀而被幻想为神仙的居处，这在世界神话体系中是一共同的母题。就中国吉祥文化而言，昆仑山、三神山（或五神山）、扶桑山、度朔山、崂嵊山、钓影山、昆吾山、洞庭山等，都被赋予了神异色彩，也均被视作吉山。石头本出自山上，灵石的虚构实际上是山石崇拜被夸饰的结果，同神山一样，可统归于地物祥物之列。

昆仑山

昆仑山在中国神话和神仙传说中，是西王母和其他神仙们的居处。《山海经·大荒西经》曰：

赤水之后，黑水之前，有大山，名昆仑之丘，有神，人面虎身，有尾。

同西王母的形像相仿，昆仑之神是人兽的合体。

---

① 孙氏《瑞应图》曰：“景云者，太平之应也。”见《艺文类聚》，卷1。

在神仙传说中，昆仑山为仙人所居，并产仙物，能使人成仙。《葛仙公传》曰：

昆仑，一曰玄圃，一曰积石瑶房，一曰阆风台，一曰华盖，一曰天柱，皆仙人所居也。

昆仑山不仅为仙所居，还产让人成仙、不畏水火、白刃的仙食。东方朔《神异经》载：

昆仑山上有柰，冬生子碧色，须玉井水洗之，方可食也。刀味核生南荒中，树形，高五十丈，实如枣，长五尺，金刀剖之则甜，若竹刀剖之则饴，木刀剖之则酸，芦刀剖之则辛。食之地仙，不畏水火、白刃。

昆仑山之重要，还因"四角大山"、[①]其泉东南而流，位处"地之中也"。[②] 昆仑作为中国大河的源头，而备受景仰。《博物志》曰：

昆仑从广万一千里，神物之所生，圣人神仙之所集，五色云气，五色之流水，其泉东南流入中国，名为河也。

来自昆仑的河水滋润着中华大地，哺育了芸芸众生，昆仑因此被称作"水之灵府"。郭璞《昆仑丘赞》曰：

昆仑月精，水之灵府。
惟帝下都，西羌之宇。
嵥然中峙，号曰天柱。

称昆仑为"天柱"，乃因"帝"缘其上下，实乃天梯。

昆仑山还被古人幻想为"山有九层"，每层"相去万里"，"群仙常驾龙乘鹤游戏其间"，每层各有宝物，例如，第六层有五色玉树，第三层有禾穟、柰，第五

① 语出《海内十洲记》。
② 《水经》曰："昆仑墟在西北，去嵩高五万里，地之中也。"见《艺文类聚》，卷7。

层有神龟，第九层有五色石等。① 昆仑山有神仙宝物，能立地通天，以河润华夏，在人们的观念中自然便成了圣域和祥物。

三神山、五神山

三神山与五神山也是神话传说中神仙的居处，与昆仑山不同的是，它们不是在西边的地中，而是东边的海上。

所谓三神山指蓬莱、方丈、瀛洲。据《史记·秦始皇本纪》载：

> 齐人徐市等上书，言海中有三神山，名曰蓬莱、方丈、瀛洲，仙人居之。

又《封禅书》曰：

> 自威、宣、燕昭，使人入海求蓬莱、方丈、瀛洲。此三神山者，其传在渤海中，去人不远；患且至，则船风引而去。盖尝有至者，诸仙人及不死之药皆在焉。其物、禽兽尽白，而黄金、银为宫阙。未至，望之如云；及到，三神山反居水下。临之，风辄引去，终莫能至云。

三神山是凡人难至的神秘境界。山中的“不死之药”，使东海的三神山与西方的昆仑山，以及东王公与西王母联系起来。在沂南汉画像石上便有东王公、西王母各居三山之上，东王公山下有龙，表位在东方；西王母山下有虎，表位在西方，山上各有捣药的羽人、羽兽（图 6 - 35），同产“不死之药”。从海中三神山与西方三神山的对应，可见三神山的吉物性质。三神山图像在铜镜、瓷盘（图 6 - 36）、盆景、园池步石等方面多有运用，成为又一类来自神话题材的民间祥物。

五神山指岱舆、员峤、方壶、瀛洲和蓬莱，据《列子·汤问》载，“其上台观皆金玉，其上禽兽皆纯缟。珠玕之树皆丛生，华实皆有滋味，食之不老不死。”可见，五神山也是一个专产不死之药的圣地。袁珂先生指出，“五神山之说当即本于三神山而又有所增饰”，②因此，五神山同三神山一样，作为神仙之岛而被视同祥物。

---

① 见晋王嘉：《拾遗记》，卷 10。
② 见《中国神话传说词典》，上海辞书出版社，1985 年，页 75。

图 6-35　三神山与西王母、东王公(汉画像石)

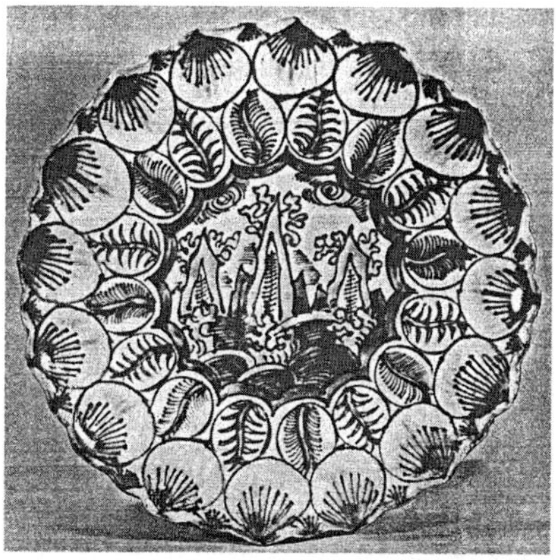

图 6-36　三神山瓷盘

神岛仙洲

在中国神话传说中有不少神岛仙洲，那里有各种神异之事和祥瑞之物，是古人祈望盼求的遇仙成仙之境。

现援引数例以解说：

《神异经》曰："大荒之东极，至鬼府山臂、沃椒山脚巨洋海中，升载海日，盖扶桑。山有玉鸡，玉鸡鸣则金鸡鸣，金鸡鸣则石鸡鸣，石鸡鸣则天下之鸡鸣，悉鸣则潮水应之矣。"

《海内十洲记》曰："沧海岛在北海中，地方三千里，去岸二十一万里，海四面绕岛，各广五千里，水皆苍色，仙人谓之沧海也。岛上俱是大山，积石至多，石象八石、石脑、石桂、英流、丹黄子、石胆之辈百余种，皆生于岛。石服之，神仙长生。"

汉郭宪《洞冥记》卷 2 曰："岈嵲山，山临碧海上，万年一实，如今之软枣，咋之有膏，膏可燃灯，西王母握以献帝。……神女留玉钗以赠帝，帝以赐赵婕妤，至昭帝元凤中，宫人犹见此钗。黄讲欲之，明日示之，既发匣，有白燕飞升天。后宫人学作此钗，因名'玉燕钗'，言吉祥也。"

至于"仙洲"，实例亦颇多，现再举数例：

《神异经》曰："东海沧浪洲生强木焉。洲人多用作舟楫，其上多以珠玉为戏物，终无所负。其木方一寸，可载百许斤，纵石镇之，不能没矣。"

《海内十洲记》曰："生洲，在东海丑寅之间，接蓬莱十七万里，地方二千五百里，去西岸二十三万里。上有仙家数万，天气安和，芝草长生，地无寒暑，安养万物，亦多山川、仙草、众芝，一洲之水味如饴酪，至良洲者也。"

《海内十洲记》又曰："凤麟洲，在西海之中央，地方一千五百里，洲四面有弱水绕之，鸿毛不浮，不可越也。洲上多凤麟，数万各为群。又有山川、池泽及神药百种，亦多仙家煮凤喙及麟角，合煎作膏，名之为'续弦胶'，或名'连金泥'。此胶能续弓弩已断之弦，刀剑断折之金……"

上述神岛仙洲有一个共同点，即产灵异之物，诸如玉鸡、长生石、玉燕钗、不沉木、饴酪水、续弦胶等，或感应自然，或滋养人生，均被视作吉祥之物。"神岛仙洲"往往被安置在遥远的"巨洋海中"，凡人无法寻探，从而为其增添了神秘色彩。此外，山岛与海水相连，取山水对应之意，即山为阳，水为阴，山水相连即阴阳抱合。因此，这一境界本来就隐含着阴阳相就、化生万物，长生长养的文化意义。

神岛仙洲在民俗生活中的模仿，主要在民居门楼的山水画、私家园林的筑山叠石、理水修池，以及居室摆设中的盆岛小景等方面，构成了一组古奥飘逸的特殊祥物。

灵　石

人类在自身的生存与发展中同石头结下了不解之缘，经过漫长的石器时代，石头的功用与信仰已转化为一种文化情结留存在进化了的社会中。其中，灵石的传说与风俗就是原始文化情结的再现。

灵石作为社神的象征，是祭祀的对象。《淮南子·齐物训》曰："殷人之社，其社用石。"社石为主管丰歉的农神象征。由于这一崇拜，在后世风俗中派生出一些以石占丰俭的风俗。

梁代吴均的《续齐谐记》记述一种占丰俭的"石磨"：

> 吴兴故鄣县东三十里，有梅溪山，山根直竖一石，可高百余丈，至青而圆，如两间屋大，四面斗绝，仰之于云外，无登陟之理。其上复有盘石，圆如车盖，恒转如磨，声若风雨，土人号为"石磨"。转快则年丰，转迟则岁俭，欲知年之丰俭，验之无失。

这种占岁用的灵石，在近代风俗中也未绝迹。在河北省漳河两岸还传习着"过七河"的民俗。在每年正月十四夜晚，用煮水饺汤和灶火灰，成泥后，把一个有两个鼻儿的水罐与一块上百斤重的"捶布石"粘起来。村里要选七个不同姓氏的未嫁姑娘敬祭天神、五谷神、龙王、石头神。第二天，即正月十五，七个姑娘在院子里用各种谷粮洒下七条"河"：谷子第一条，麦子第二条，玉米第三条，豆子第四条，黍子第五条，高粱第六条，荞麦第七条，“河”与“河”之间相距二尺。然后姑娘们抬起那个水罐，水罐下粘着捶布石，一步步跨过七条河。若过了一条河，捶布石就掉下来了，或水罐鼻子坏了，就预示今年只收谷子；若过了两条河，预示今年谷子、麦子丰收；若七条河全过了，那预示着各种谷粮都丰收。① 在这一风俗中，捶布石是占验的中心，灵应的所在。

灵石不仅兆丰穰，还能使人“大明悟”，成为“通儒”。葛洪《西京杂记》卷1载：

> 五鹿充宗受学于弘成子。成子少时，尝有人过己，授以文石，大如燕卵。成子吞之，遂大明悟，为天下通儒。成子后病，吐出此石，以授充宗，充宗又为硕学也。

这“文石”被神化为聪明药，让人不学而通儒，真是既灵又奇了。

灵石既用于占验，还能发出预言。在《西京杂记》卷4中有这样一则奇事：

> 元后在家，尝有白燕衔白石，大如指，坠后绩筐中。后取之，石自剖为二，其中有文曰“母天地”。后乃合之，遂复还合，乃宝录焉。后为皇后，常并置玺笥中，谓为天玺也。

这“白石”实为天书，它能在天上、人间传递信息。

此外，灵石还用于乞子，如“押子石”之类；用于辟邪驱鬼，如“泰山石敢当”之类，等等。

石头的灵性从何而来？当然还是文化的附会使然。在《春秋说题辞》中有一段可用以揭秘的重要论断：

> 石，阴中之阳，阳中之阴，阴精辅阳，故山含石。②

由于石为“阴中之阳，阳中之阴”，故石即为阴阳化合之象，它先天地具有了通阴阳之性。正因为如此，它能用以占验、预言，能管丰歉，能通儒悟道，能赐子续嗣，能驱邪辟祟。石头作为“道”的具象，成为吉祥的象征，并构成灵石崇拜

① 参见新文：《漳河沿岸祈求麦黍丰收的民俗》，《民俗研究》，1993年第2期。
② 引自《初学记》，卷5。

后期泛化的主要动因。

二、吉水神土

水土作为地物祥物，乃因它们为生命存在的基础。人们对水与土的客观需要，成为愿望表达和文化创造的动因。人们对河川、飞瀑、井泉、溪涧和各类土壤的赞美与神化，导致了吉水神土这一祥物系列的产生。

神　泉

水在古人观念中，不仅是天下宇宙之物，而且是万物生长的基础。《玄中记》称水"高下无不至，万物无不润"，而《易·说卦》则曰："坎为水。润万物者，莫润于水。"它们强调，水是宇宙自然之物，也是生命的本源。人们对水的需要与关注，导致对水的社会化理解，使水这一自然之物带上了理、智、礼、勇、知、道等伦理的因素。《韩诗外传》曰：

> 夫水者，缘理而行，不遗小；似有智者，重而下；似有礼者，蹈深不疑；似有勇者，鄣防而清；似知命者，历险致远；似有道者，天地以成，群物以生，国家以宁，万事以平。①

水既能成天地、生群物、宁国家、平万事，无疑可称为吉水、祥物。

被神异化的吉水在志怪、志异等小说或传说中不胜枚举。例如，《海内十洲记》载：

> 瀛州在东海中，……又有玉石高且千丈，出泉如酒，味甘，名之为"玉醴泉"，饮之数升辄醉，令人长生。

又载：

> 元洲在北海中，……上有五芝玄涧，涧水如蜜浆，饮之长生，与天地相毕。

《洞冥记》卷 2 亦载有"水味如蜜"的"甜水"：

---

① 转引自《艺文类聚》，卷 8。

甜水去虞渊八十里，有甜溪，水味如蜜，东方朔游此水，得数斛以献帝，投水于井，井水常甜而寒，洗沐则肌理柔滑。瑶琨去玉门九万里，有碧草如麦，割之以酿酒则味如醇酎，饮一合三旬不醒，但饮甜溪水随饮而醒。

上述泉水或溪水，或使人酒醉，或令人酒醒，或使人长生，或让肌理柔滑，均为益人的吉水。

水在巫术、宗教中多有所用，巫道作法时口喷清水，小孩惊吓后洒清水喊魂，无子妇饮石中水以祈孕，上巳节妇女入水祓禊，三月三傣家有泼水节，四月八为水洒佛像的浴佛日，观世音柳枝洒的是净水等，其水均被视作吉祥之物。

水除了有解渴、灌溉、洗浴、游戏、观赏等实际功用，还能被赋予文化的解说以产生精神的作用。水同样被古人视作阴阳相合之物，《谷梁传》曰："水北为阳，水南为阴。"这本指河北岸迎阳，河南岸背阴，但易让人产生水有阴阳之见。水既为阴阳交并之物，当然能通天地、赐子嗣、益年寿、有神功了。看来，阴阳同在是神水有神效的前提。

五　土

土地生养万物，亦被古人视作神物。《春秋元命苞》曰："地者，易也。言养物怀任，交易变化，含吐应节，故其立字，土力于乙者为地。"①土地应时变化，养育万物，是生命运动的基础。土、地本交并相联，土存于地，地成于土，土是地形成的前提。

在土的文化观中，五土说是中国文化的一个独特现象。何为五土？解释不一。《初学记》卷5载：

范子计然曰："夫地有五土之宜，各有高下。"郑玄注《孝经》曰："分别五土，视其高下，若高田宜黍稷，下田宜稻麦，丘陵坂险宜种枣栗。"

此说五土为土地的地形之分及作物之别。此外，汉蔡邕《独断》曰：

选儒以社祭五土之神。五土者，一曰山林，二曰川泽，三曰丘陵，四曰坟衍，五曰原隰，明曰社者，所在土地之名也。

① 转引自《艺文类聚》，卷6。

这五土仍是不同的用地，并分别立社神以祭祀，打上了土地崇拜的印记。

周代的五土，则指五方之土，即为西土、南十、东土、北土和中土，系地域观念的体现。其中，西土为周人发祥地，在陕甘青一带；南土在洛邑之南，是周王封赐申伯的土地；北土在山西太原至河北燕蓟一带，系周王封赐唐叔之地；东土位于洛邑王城之东，系周武王封赐康叔之地；而中土乃指中原地区，意为土地之正中，并以此命国，名为“中国”。① 周代的五土说是政治地理概念，具有强调“王土”与“王权”的性质。②

在社神的祭祀中，五方之土常以五色相配，故又有“五色土”之用。《白虎通义》三“社稷”载：

> 其坛大如何？《春秋文义》曰：“天子之社稷广五丈，诸侯半之。”其色如何？《春秋传》曰：“天子有大社焉，东方青色，南方赤色，西方白色，北方黑色，上冒以黄土。”

在这社稷坛的定制中，东南西北中“五方”，其土则分别用青、赤、白、黑、黄“五色”相配，“五色土”是五土的方位象征。

在中古立春出土牛之仪中，“王城四门各出土牛，悉用五行之色”，③成为社祭的衍化。

五土或五色土，不论是与作物、地形、方位、政治、宗教相联，均有神圣的意味和吉祥的取义。《易》曰：“立地之道，曰柔与刚。”④柔与刚就是阴与阳，因此土地也是阴阳抱合之物。而五土，既含阴阳两仪，又为五行之色，它由两仪、五行的共在，体现了“地者，易也”的命题。正因为是“易”的体现，自然便成了神土、吉物。

息　壤

息壤在中国神话中与鲧禹治水的事迹联系在一起，成为奇妙难解而又令人神往的一件神物。《山海经·海内经》载：

> 洪水滔天，鲧窃帝之息壤以堙洪水，不待帝命。帝令祝融杀鲧于羽

---

① 参见王永谦：《土地与城隍信仰》，学苑出版社，1994 年，页 42。

② 《诗经·小雅·北山》：“溥天之下，莫非王土，率土之滨，莫非王臣。”

③ 见五代丘光庭：《兼明书》，卷 1。

④ 转引自《艺文类聚》，卷 6。

郊。鲧复生禹。帝乃命禹卒布土以定九洲。

郭璞注曰：

息壤者，言土自长息无限，故可以塞洪水也。

息壤又称息土，《淮南子·地形训》曰：

禹乃以息土填洪水，以为名山。

高诱注云：

息土不耗减，掘之益多，故以填洪水。

可见，息壤是"自长息无限"、"掘之益多"的抗洪神物。

因息壤与水相关，古人又信能以息壤而致雨除旱。苏轼写有《息壤》诗，其序曰：

今荆州南门外，有状若屋宇，陷入地中，而犹见其脊者。旁有石，记云：不可犯。畚锸所及，辄复如故。又颇以致雷雨，岁大旱，屡发有应。予感之，乃为作诗。

荆州之息壤当为附会之传闻，但流传久远，时人信之若真。直到清代，王士祯还作有如下的笔记：

荆州南门有息壤，其来旧矣，上有石记云："犯之颇致雷雨。"康熙元年，荆州大旱，州人请掘息壤，出南门外堤上。掘不数尺，有状若屋而露其脊者。再下尺许，启屋而入，见一物正方，上锐下广，非土非木，亦非金石，有文如古篆，土人云："即息壤也。"急掩之。其夜大雨，历四十余日，江水泛溢，决万城堤，几坏城。①

① 见王士祯：《香祖笔记》，卷3。

这些传闻是息壤堙洪水神话的衍生物，演绎了息壤见，雷雨降，洪水发的逻辑。

其实，息壤之“息”本为“生”、“长”之意。《集韵》曰：“息，一曰生也。”《孟子·告子上》“其日夜之所息”注曰：“息，长也。”可见，所谓息壤，乃是能生长的活土。有学者指出，它本为“最初的土壤”，属海洋型神话被大陆文化淡化了的信息。[①] 不论是活土，还是原土，它总与抗灾、创造、生息相关，因此也被视作吉壤神土。

① 参见叶舒宪：《中国神话哲学》，中国社会科学出版社，1992 年，页 341。

七　吉神吉仙

神仙作为人类的文化创造，体现了对自然世界与人类社会探求的欲望和对自身精神加以把握的努力，尽管属虚妄的幻想，但他们惩恶扬善，救苦解难，助生佑长，始终给人以信念与希望，成为吉祥的象征。

吉神吉仙不仅存在于观念之中，也见之于信仰风俗、民间艺术和生活器用等方面，其物化的应用，正是借以表达祥瑞的意义。

第一节　福神业神

神本为超自然之力或自然力的化身，《说文》释曰："神，天神，引出万物者也。"此说神为万物的创造者。《礼记·祭法》曰："山林川谷丘陵，能出云，为风雨，见怪物，皆曰神。"这里的"神"实为自然力的体现。在浩荡的中国神系中，除了最初的自然神，还有祖先神、英雄神、行业神、宗教神等支系，其中有吉神，也有凶神，但以执掌福运、财运、生命、婚姻、生育、行业、家室等方面的吉神为主。

一、福运神

所谓福运神，指用以招财、延寿、升迁、得子的一类吉神。当然，不同人等有不同的福运之求：士子盼得第高升，商家想招财进宝，平民想家宅平安，无子者求多子多福，有年岁者欲益寿延年等等。福运成了吉祥的别称，在这一神系中，包括福神、禄神、寿神、喜神、财神、文昌帝君、魁星神君、送子观音、灶神、宅神等。

魁星神君、文昌帝君

魁星神君和文昌帝君系民间信仰中主宰功名利禄的神灵,信能带来读书做官的福运。

魁星本为北斗星的“璇玑杓”,《晋书·天文志》载:“北斗七星在太微北,……魁四星为璇玑杓。”《春秋运斗枢》曰:“北斗七星,第一天枢,第二旋,第三机,第四权,第五衡,第六开阳,第七摇光。第一至四为魁……”此外,亦有“魁为北斗之第一星”之说。①

所谓魁星,实为“奎星”的俗称与附会,奎宿为二十八宿之一,系西方白虎七宿之第一宿。据《重修纬书集成》卷5《孝经援神契》云:

> 奎主文章。

而“魁”有为首、第一之意,旧时乡试中前五名就称作“五经魁”。对于魁、奎的相混,古代学者曾加以讥嘲。顾炎武《日知录》卷32曰:

> 今人所奉魁星,不知始自何年。以奎为文章之府,故立庙祀之,乃不能像奎,而改“奎”为“魁”,又不能像魁,而取之字形,为鬼举足而起其斗,不知奎为北方玄武七宿之一。(钱大昕注:奎,西方七宿之一,非北方也。)

东汉宋均称:“奎星屈曲相钩,似文字之画。”而魁星之“魁”取鬼抬脚抢“斗”,亦似“文字之画”。在版印纸马、铜铸花钱、神舆木雕之上常见有这种一手握笔,一手抓斗,一脚踏鳌,一脚抬起的“魁星”之像(图7-1),表现了时人对文运仕途的盼求。各地还有魁星庙、奎星阁、棂星门、魁星碑之类,魁星神君成了一位颇受青睐的吉神。

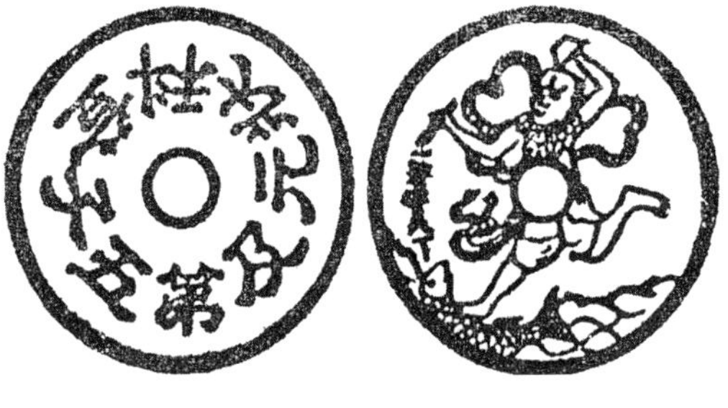

图7-1 魁星神君(花钱)

文昌帝君是梓潼帝君与文昌星神的合二而一。文昌星包括六颗星,即“一曰上将,二曰次将,三曰贵相,四

① 见顾炎武:《日知录》,卷32。

曰司命，五曰司中，六曰司禄。”①其职掌，据《春秋元命苞》云：“上将建威武，次将正左右，贵相理文绪，司禄赏功进士，司命主灾咎，司中主左理。”②其“理文绪”、“赏功进士”均与文运、文昌相关，故文昌星又有“文曲星”之称。

梓潼帝君，相传是晋代的张亚子，死于战事，被蜀人奉祠为保护神，在唐代被唐玄宗、唐僖宗追封为“左丞相”和“济顺王”，后流布全国。在宋代，已有梓潼帝君“掌注禄籍”之说。《梦粱录》卷14载：

> 梓潼帝君庙，在吴山承天观，此蜀中神，专掌注禄籍，凡四方士子求名赴选者悉祷之，封王爵曰惠文忠武孝德仁圣王……

至元代，张亚子被封为“文昌帝君”，全称“辅元开化文昌司禄宏仁帝君”。他既掌“禄籍”，又称“文昌”，这样，梓潼神与文昌星合二而一。

旧时，各地有文昌庙、文昌楼、文昌阁、文昌桥，民间祭祀中有“梓潼文昌帝君”的纸马。文昌帝君像旁常配二侍从，称作“天聋地哑”。《历代神仙通鉴》卷11曰：

> （文昌帝君）道号六阳，每出驾白骡，随二童，曰“天聋”、“地哑”。真君为文章之司命，贵贱所系，故用聋哑于侧，使其知者不能言，言者不能知，天机弗泄也。

天聋地哑的设置，表明了时人对仕途公正的期望，以冀福运功名不致旁落。

农历二月初三为文昌帝君诞日，官员、士子举“文昌会”。在民间新年祭祀中，凡有学童的人家均加祭文昌帝君，以望子成龙。

财　神

财神在中国民间信仰中是最为普及的一位神明，并形成“武财神”、“文财神”等不同的系列。

武财神多执有兵器，或有元帅、将军之称。其代表人物有赵公明、关公等。

赵公明，姓赵名朗，字公明，原为“督数鬼下取人”的“三将军”，至隋代又为瘟神，主秋瘟事宜。明代的《三教源流搜神大全》卷4称，赵元帅“头戴铁冠，手

---

① 见《史记・天官书》。

② 同上。

执铁鞭”,“面色黑而胡须”,“跨虎”,有“龙虎玄坛”,“讼冤伸抑,公能使之解释公平;买卖求财,公能使之宜利和合”,并有“上清正一玄坛飞虎金轮敕法赵元帅”之封(图 7-2)。因他管“买卖求财”,开始有了“财神”的性质。在《封神演义》中,姜子牙封赵公明为“金龙如意正一龙虎玄坛真君之神”,并率部下四位正神,他们是:“招宝天尊萧升,纳珍天尊曹宝,招财使者陈九公,利市仙官姚少司。”[1]至此,武财神的系列已经形成。

图 7-2　玄坛赵元帅

图 7-3　利市仙官

利市仙官(图 7-3)掌管利润和运气,多为少年形,与佛教“善财童子”有一定的关联,同时也是从《周易·说卦》“为近利,市三倍”之说化出。

关公作为武财神,是因为他有青龙偃月大刀及他的武将身份,同时关公重信义,而重信义正是经商之道,故被商家尊为财神。现店家多在店堂一角设有关公的神龛,供奉瓷像,配有灯烛,以祈商卖繁盛,财源滚滚。

至于文财神,多为文官打扮,戴纱帽,着官服,长须髯,手执如意或手捧元宝。文财神包括比干、范蠡、文昌帝君等。

比干为纣王的叔父,忠耿正直,纯正无私,被纣王剖心而死,被后人奉为财神,以盼为商公平。而范蠡则是春秋时越国大臣,打败吴王后他远走他国,隐名埋姓,经营农商,发了大财,他三次分财与人,是一个致富而不贪财的典范,故也被尊为财神。

---

① 见《封神演义》,第 99 回。

图 7-4　文财神

在民间的财神小庙中，多供奉文财神，同时在财神纸马上，也多为戴官帽、捧元宝的文财神之像（图 7-4），表现了人们对财官的喜爱。

在财神系列中，还有所谓的“路头之神”或“五路财神”，还有“招财王”沈万山等，他们与“元宝滚进来，五路都送财”的吉语和“聚宝盆”的传说相关，都作为财神爷而传世。

正月初五是接财神的日子，人们抢放头通炮仗，以迎来财神。乡人到财神庙去借元宝、买金马驹，即把庙中的纸元宝和驮有聚宝盆的纸扎马匹请回，以作发财的吉兆。“富”本为“五福”中的老二，当今人们对财富的追求似使财神占了寿星的上风，反映出人心的不古。

宅　神

宅神是江南地区颇有影响的一位民间神祇，凡人家砌房造屋、搬迁新居、逢年过节，都要对宅神加以敬祭，以祈家宅平安、人多财旺、粮米丰足。

宅神的形象为人首蛇身，其人兽合体的构图表明这一信仰的古奥和神秘。家蛇又称“小龙”、“土龙”，故对宅神的祭祀称作“安宅”，俗称“斋土龙”，又叫“蛮宅”。清吴骞《桃溪客语》卷 1 载：

> 毗陵之俗，多于幽暗处筑小室祀神，谓之蛮宅。神形人首蛇身，不知所自始。

可见，宅神之祭多在暗处进行，常州及江南一带古为荆蛮之地，“蛮宅”之称留下了远古的土著文化的信息。

家蛇与宅神的相认同，使家蛇的出现往往成为民间吉凶判断的征兆。例如，见家蛇盘在米囤里、箱柜中或床铺上，为吉祥之兆，主有财。俗话说：“家有仓（昌）龙（隆），交好运了！”若家蛇吊挂房梁上、桁条上或屋檐下，是凶险之兆，主有祸。家蛇的出现不论兆吉兆凶，都禁忌捕打，否则信有失火、死人、病痛之类的灾祸报应。在偏僻的乡村，还有人称家蛇为“祖宗亡人”，把宅神看作是祖灵的化身，显露出蛇图腾崇拜的印记。[1]

在宅神的祭祀中，要供奉宅神纸马。这种纸马或称“镇宅五方”，或称“水土”。著者近年在江苏省宜兴市乡村就搜集到一种题名“水土”的“宅神”纸马。该纸马的中心构图是人首盘蛇，其左右上方各有一较小的人首蛇身图，其下方为头戴官帽的人形神，左右为粮仓、米囤之形(图7-5)。全图突出了“家有仓(昌)龙(隆)”的吉祥主题。

图7-5　宅神

宅神的祭祀有一定的规矩，据韦中权先生的调查，设供不用台桌凳椅，香烛供品等一切物件均放地上，其位置在大门内墙旁阴暗的角落，取坐南朝北。平年放酒盅碗筷12套，闰年为13个月则放13套，碗盅一字形摆放在宅神纸马前，筷子则并作一把放在旁边。所供的菜肴有“三荤三素”，荤为肉、鱼、蛋，素为豆腐、百页、百炙饼。供品中另有糯米粉蒸制的龙形大团子和一个盛放着大米的升箩。祭祀过程包括设案、开祭、上香、上供、叩拜、烧化、送神等。祭祀于晚上在家中悄悄进行，不准闲杂人等参加，不准有嘈杂响声。

宅神含图腾崇拜、祖灵崇拜的因素，并以家宅平安、米粮满仓为功利，故被视作安宅发家的吉神。

二、行业神

所谓行业神，指一些行业的祖师爷或保护神，他们为业内人员所敬祭，成为特定行业的旗帜与恩神。诸如，裁缝业祖师——轩辕氏，织布业祖师——黄道婆，蚕丝业祖师——嫘祖，木匠业祖师——鲁班，茶叶业祖师——陆羽，造纸业祖师——蔡伦，酿酒业祖师——杜康，风水业祖师——刘伯温，占卜业祖师——鬼谷子，梨园业祖师——唐明皇，评话业祖师——柳敬亭，中医业祖

① 参见韦中权：《常州民间的宅神信仰》，《中国民间文化》，1995年第2集。

师——华佗，中药业祖师——孙思邈，理发业祖师——吕洞宾，染坊业祖师——梅葛二圣，制笔业祖师——蒙恬，造字神——仓颉等，均各司一行，具有创造神、始祖神、保护神的吉神性质。

蚕　神

中国是世界上最早的养蚕种桑的文明国度，传说黄帝之妃嫘祖始教民养蚕和织布，在甲骨文中已出现蚕、桑、丝、帛等字形，蚕桑活动当兴起于殷商之前。

蚕作为中国的珍宝，在古代的国际贸易和文化交流中曾发挥了独特的作用。《玄中记》载述了中土与大月氏互献珍异的友好交往：

> 大月氏有牛，名曰日及，割取肉一二斤，明日疮愈。汉人入国，示之以为珍异。汉人曰："吾国有虫，大如小指，名曰蚕，食桑叶，为人吐丝。"外国复不信有之。①

在外国人眼中，蚕是不可思议的神异之物。其实，中国人在认知养蚕种桑规律的同时，也伴有神秘的信仰观念，并创造出蚕神的系列，诸如嫘祖、天驷星、寓氏公主、菀窳妇人、蚕花娘娘（马头娘）、蚕丛氏等，或为行业神，或为物种神，或为保护神，均作为吉神而受到祭奉。

嫘祖本为黄帝的正妃，②传说她首先养蚕，被奉为"先蚕"之神（图 7－6）。

图 7－6　蚕神嫘祖

① 转引自《艺文类聚》，卷 65"产业部上 · 蚕"。
② 《史记 · 五帝本纪》曰："黄帝……娶于西陵之女，是为嫘祖。嫘祖为黄帝正妃。"

宋罗泌《路史·后纪》卷5有“以其始蚕”之载，宋高承《事物纪原》卷9有嫘祖“养蚕为丝”之说，宋刘恕《通鉴外纪》则称嫘祖“治丝茧以供衣服”，可见，嫘祖是缫丝业的祖师。江南蚕桑农户有嫘祖的庙祭活动，以祈这一行业神的佑护。

天驷星即房星，为神马之喻。郭璞《马赞》有“马出明精，祖自天驷”之句，而蚕头似马头，古人幻想它出自天驷之星，为天降之宝。蚕户对天驷的祭祷多在卧种期间，据《再续高邮州志》卷2载：“卧种之日，升香以祷天驷，先蚕也。”《农桑经》记述了蚕户祭祀天驷时的祝祷，其辞为：

> 唯蚕之精，天驷有星。唯蚕之神，伊耆著名。气钟于此，孕卵而生。

将天驷视作蚕神，体现了天物、天人相感的信仰观。

菀窳妇人、寓氏公主也是古代蚕户祭奉的蚕神。《后汉书·礼仪志》注引《汉旧仪》曰：

> 今蚕神曰菀窳妇人、寓氏公主，凡二人。

至于亲神的期日与宜蚕之法，《玉烛宝典》卷2引《淮南子·万毕术》曰：

> 二月上壬日，取道中土、井华水和，泥蚕室四角，宜蚕。神名菀窳。

在清代，有“割鸡设醴以祷菀窳妇人、寓氏公主”的祭法。① 对其名称，《搜神记》卷14释曰：“公主者，女之尊称也；菀窳妇人，先蚕者也。”在古代，皇后要参加“亲桑”活动，并祭蚕神，《宋书·礼志》卷4载：

> 汉仪，皇后亲桑东郊苑中，蚕室祭蚕神，曰菀窳妇人、寓氏公主，祠用少牢。

由于皇后、夫人、后妃等有躬桑亲蚕之举，于是作为女性神的蚕神也带上了妇人、公主之类的人间贵族女子的尊号。

蚕花姑娘，又称“马头娘”、“蚕姑”、“马头神”等，也为蚕户敬祭的蚕神，其

---

① 见《再续高邮州志》，卷2。

图7-7　马头娘

图像多为一女子与马相伴(图7-7),或一女子披着马皮,俗以十二月十二日为其诞日。马头娘的名称来自一则古代传说,在《搜神记》卷14中有较完整的记录:

旧说,太古之时,有大人远征,家无余人,唯有一女。牡马一匹,女亲养之。穷居幽处,思念其父,乃戏马曰:“尔能为我迎得父还,吾将嫁汝。”马既承此言,乃绝缰而去,径至父所。父见马惊喜,因取而乘之。马望所自来,悲鸣不已。父曰:“此马无事如此,我家得无有故乎?”亟乘以归。为畜生有非常之情,故厚加刍养。马不肯食。每见女出入,辄喜怒奋击。如此非一。父怪之,密以问女。女具以告父,必为是故。父曰:“勿言,恐辱家门。且莫出入。”于是伏弩射杀之,暴皮于庭。父行,女与邻女于皮所戏,以足蹙之曰:“汝是畜牲,而欲取人为妇耶?招此屠剥,如何自苦?”言未及竟,马皮蹶然而起,卷女以行。邻女忙怕,不敢救之。走告其父。父还,求索,已出失之。后经数日,得于大树枝间,女及马皮,尽化为蚕,而绩于树上。其茧纶厚大,异于常蚕。邻妇取而养之,其收数倍。因名其树曰“桑”。桑者,丧也。由斯百姓兢种之,今世所养是也。

由于蚕由小女所化,故有蚕姑、蚕花姑娘、蚕娘、马头娘等名称。马头娘作为蚕神不仅在江浙一带受蚕户祭祀,而且还远播日本,在远野等地出现了许多蚕马神社,并且还祭供于农户的家堂之中。

此外,蚕神也有男性神,即流行于蜀地的“蚕丛氏”,又称作“青衣神”。相传,他身着青衣,教民养蚕,每年做金蚕数千赠送百姓,凡得金蚕者,蚕花必丰。

蚕神的众多,反映了人们对蚕桑业的重视和这一行业的普及,并寄托着对行业神的感戴与崇敬。

鲁 班

鲁班是传说中的能工巧匠，也是民间信仰中的木工神和工匠保护神。

鲁班，又叫“公输般”、“公输子”，又写作“鲁般”，是春秋时代的鲁国人。传说，他有神奇的技艺和智巧，能制作车舟、云梯、木鸢、宫室及木工工具，被木工们奉为祖师。清黄斐默《集说诠真》引《鲁班经》曰：

> 鲁班姓公输名班，字依智。鲁人，父名贤，母吴氏，鲁定公三年五月初七日生。受业于鲍老董，注意雕镂刻画，经营宫室，制造舟车器皿。既竭目力，继以规矩准绳。……年四十，隐于历山，得异人秘诀，云游天下，白日飞升，止留斧锯。明永乐间，封辅国大师，工匠祈祷，靡不辄应。

关于鲁班的身世，还有其他说法，或云生于工匠世家，或称其为“鲁昭公之子”，但古籍更多地记述了鲁班的工巧。《墨子·鲁问》曰：

> 公输子削竹、木以为鹊，成而飞之，三日不下，公输子以为至巧。

另，《论衡·儒增》曰：

> 世传言曰，鲁班巧，亡其母也。言巧工为母作木车马，木人御者，机关备具，载母其上，一驱不还，遂失其母。

一说木鹊能飞天三日不下，一说木人御木车马一去不复返，均以夸张的手法描绘鲁班的神工奇巧。

在传说中，著名的赵州古桥、巧丽的栋宇、高耸的佛塔等，均附会为鲁班所造，表现了人们对工匠祖师的信仰化。鲁班庙、祖师殿、鲁班纸马曾到处可见，在纸马上鲁班或被称作“先师”，或被称作“大仙”（图7-8）。

图7-8 鲁班大仙

鲁班作为工匠的行业神不仅受

汉族敬祭，也在少数民族中受到尊崇。例如，聚居在云南省新蒙的蒙古族人擅长建筑工艺，新蒙被誉为“建筑之乡”。那里每年四月初二要举行为期三天的“鲁班会”，又称作“鲁班节”。相传四月初二是鲁班向旃班赠送《木经》的日子，又是旃班每年招收徒弟的日子。在鲁班节里，村里要杀猪宰羊，搭台唱戏，还要抬着鲁班的檀香木雕像到各村巡游，一路上锣鼓喧天，鞭炮齐鸣，极为热闹。每到鲁班节，出门在外的泥瓦工、木工和石工们，不论路途多远，都得赶回来，否则被认为是个不尊师爱贤的人，并会被人看不起。①

新蒙地区的鲁班会同汉族地区的鲁班祭一样，均显示了鲁班是一位深受民间爱戴的行业吉神。

苍　颉

苍颉，又作仓颉，相传是汉字的创制者，故被尊为“字祖”。《世本》曰：“黄帝使仓颉作书。”看来，苍颉是受黄帝之命而开始了造字的伟大发明。至于苍颉造字的方法，古人多有载述。许慎《说文·序》曰：

> 黄帝之史仓颉，见鸟兽蹄迒之迹，知分理之相别异也，初造书契，百工以乂，万品以察。

《世本》引《春秋元命苞》曰：

> 苍帝……穷天地之变，仰观奎星圆曲之势，俯察龟文、鸟羽、山川、指掌，而创文字。

《蔡邕集·篆势》曰：

> 字画之始，因于鸟迹。苍颉循圣作则，制之体，有六篆，要妙入神，或象龟文，或比龙鳞……

历代《神仙通鉴》卷1称，苍颉“姓侯冈，名颉”，“四目电光”，“依龟文鸟迹，一画一竖，一点一圈，撇捺钩挑，配聚而成字体。”

从上述记述可见，苍颉是根据鸟兽之迹、龟文之理、奎星之势、山川走向、

① 参见唐祈等编：《中华民族风俗辞典》，江西教育出版社，1988年版，页85～86。

指掌纹理等而创制文字的，可谓创造型文化英雄。

苍颉作为字祖，旧时主要为衙门中办理文书案牍之胥吏所祭拜，并被尊为“苍王”。据宋叶梦得《石林燕语》卷5载：

京师百司胥吏，每至秋，必醵钱为赛神会，往往因剧饮终日。……余尝问其何神，曰：“苍王。”盖以苍颉造字，故胥吏祖之。①

苍颉庙中的苍颉神像同其版印图像一样，为四目之形（图7－9），以表神异。旧时，苍颉庙中有这样的对联：

明四目制六书万世文字之祖，

运一心赞两仪千古士儒之师。

该联句对苍颉文字祖师的功绩作出了精当的概括和褒美。

图7－9　苍颉

第二节　灵祖吉仙

中国是一个祖先崇拜的国度，随着人的神格化和神的人格化，世俗的祖先往往被升格为神，成为家族和氏族的信仰中心。先祖作为精魂之神，被看作无处不在、无所不能的创造者和保护者。如果说先祖是死去了的亲人，那么，仙人指永生不死之人。汉刘熙《释名·释长幼》曰：“老而不死曰仙。仙，迁也。迁入山也。故其制字，人旁作山也。”不论是死变，还是生化，祖灵和仙人都有超越自然与社会的神力，被人们视作可亲近、可信赖的对象。

① 转引自马书田：《中国民间诸神》，团结出版社，1997年，页348。

一、灵　祖

灵祖，指具有灵性的先祖，他们往往在信仰中与神仙等同，受到普遍的敬重与尊崇。灵祖包括始祖神、族祖神、国祖神、家祖神等，他们分别在不同的层面上展现其文化内涵和存在意义。灵祖中的始祖神一般集合着神话、宗教与社会的因素，更具有历史与文化的价值。中华始祖神中的炎帝、黄帝、女娲、伏羲、有巢氏、燧人氏、盘古、尧、舜、禹、蚩尤等，均交织着人格与神格，成为吉祥的象征。

炎　帝

炎帝、黄帝同为中华民族的始祖，传说为同胞异德的兄弟。《国语·晋语》云：

> 昔少典娶于有蟜氏，生黄帝、炎帝。黄帝以姬水成，炎帝以姜水成。成而异德，故黄帝为姬，炎帝为姜……

炎帝的形象比较怪异，他因人身牛首而显得原始而神秘。梁萧绎《金楼子》曰：

> 炎帝神农氏，姜姓也。母曰女登，为少典妃。游华阳，有神龙感女登，生炎帝。人身牛首，有圣德，以火承木，都陈，迁鲁。嘉禾生，醴泉出，在位百二十年。

图 7-10　炎帝神农氏

由上述感生神话可知，炎帝在族源上为龙的属种，但后世炎帝图像均绘有双角，以保持其人身牛首的基本形象（图 7-10）。

炎帝的功绩首先在农业方面，是农具的发明者和农耕的教化者。《绎史》卷 4 引《周书》曰：

> 神农之时，天雨粟，神农遂耕而种之；作陶冶斤斧，为耒耜锄耨，以

垦草莽，然后五谷兴助，百果藏实。

图 7－11　田祖氏

汉班固《白虎通·号》另说神农"教民农作，神而化之，使民宜之"。神农氏因兴农教民，又被古人尊奉为"田祖氏"(图 7－11)。

神农尝草，发明医药，是这一始祖神的第二大功勋。《史记·补三皇本纪》载：

神农……以赭鞭鞭草木，始尝百草，始有医药。

另《淮南子·修务训》曰：

神农尝百草之滋味，一日而遇七十毒。

因此，炎帝神农氏又是中医药的恩主。

炎帝还是一个文化创造英雄，在诸多方面为后人造福。例如：创二十四卦，定日月时序；倡作蜡祭，岁末报功；制七弦之琴，以"禁淫僻，去邪欲"①，"通万物而考理乱"②；"弦木为弧，剡木为矢"，"以威天下"③；"日中为市，致天下之民，聚天下之货，交易而退，各得其所"④；凿地为井，"井出水以救渴"⑤；"筑圆丘以祀朝日，饰瑶陛以揖夜光"⑥等等。其创造涉及农事、医药、历法、宗教、仪礼、商贸、兵器等诸多方面。

炎帝的功勋还在于他是社会生产与生活的组织者和训导者。他以"士有当年而不耕者，则天下或受其饥矣。女有当年而不织者，则天下或受其寒矣"

① 汉扬雄《扬子》："昔者神农造琴以定神，禁淫僻，去邪欲，反其天真者也。"
② 语出汉桓谭：《新论》。
③ 同上。
④ 见《汉书·食货志上》。
⑤ 见汉王充：《论衡·感虚篇》。
⑥ 见东晋王嘉：《拾遗记·炎帝神农》。

为训辞，①把社会生活的秩序建立在劳动自养的基础上。炎帝神农氏不仅劝耕，更能亲耕，“以为天下先”，并广施德政，导民“不贵难得之货，不器无用之物”，终使“衣食饶溢，奸邪不生，安乐无事，而天下均平。”②东汉袁康《越绝外传·枕中第十六》记述了神农的治世之德及赫赫事功：“昔者神农之治天下，务利之而已矣。不望其报，不贪天下之财，而天下共富之，不以其智能自贵于人，而天下共尊之。”由于他“刑政不用而治，甲兵不起而王”，③常“怀其仁诚之心”，④而使天下归顺。显然，炎帝神农氏已从族祖、业祖上升到了国祖的地位。后世帝王视炎帝为佐邦佑国的英祖，在祭文中常把炎帝奉若护国之神。⑤

由于炎帝有田祖、药祖、族祖、国祖的身份，至今被国人视作始祖吉神。

黄　帝

黄帝，又称“有熊氏”、“轩辕氏”，同炎帝一样，是中华民族传说中的英雄始祖（图 7－12）。

图 7－12　黄帝

黄帝最初的神职为雷神。《河图稽命征》曰：

> 附宝见大电光绕北斗权星，照耀郊野，感而生黄帝轩辕于青邱。

《春秋合诚图》曰：

> 轩辕，主雷雨之神也。

《河图帝纪通》曰：

> 黄帝以雷精起。⑥

---

① 见吕不韦：《吕氏春秋·爱类》。
② 见《淮南子·齐俗训》。
③ 语出战国商鞅：《商子·画策》。
④ 《淮南子·主术训》：“昔者神农之治天下也，神不驰于胸中，智不出于四域，怀其仁诚之心，甘雨时降，五谷蕃植……”
⑤ 详见陶思炎：《炎帝神话探论》，《江苏社会科学》，1998 年第 4 期。
⑥ 引自袁珂：《中国神话传说词典》，上海辞书出版社，1985 年，页 347。

黄帝后为中央天帝，故有“黄帝四面”之说。1973年长沙马王堆三号汉墓出土的战国佚书《十六经·立命》言及黄帝的“四面”：

昔者黄宗（帝）质始好信，作自为象（像），方四面，傅一心。四达自中，前参后参，左参右参，践立（位）履参，是以能为天下宗。①

此外，《太平御览》卷79引战国佚书《尸子》曰：

子贡曰：“古者黄帝四面，信乎？”

孔子曰：“黄帝取合己者四人，使治四方，不计而耦，不约而成，此之谓四面。”

至汉代，黄帝已成为“中央土”的主宰，并配有四方之帝，其中心位置得到了强调。据《淮南子·天文训》载：

东方木也，其帝太皞，其佐句芒，执规而治春；南方火也，其帝炎帝，其佐朱明，执衡而治夏；中央土也，其帝黄帝，其佐后土，执绳而制四方；西方金也，其帝少昊，其佐蓐收，执矩而治秋；北方水也，其帝颛顼，其佐玄冥，执权而治冬。

可见，黄帝已成统领四方的中央之神。

在传说中，黄帝在阪泉打败炎帝，又在涿鹿擒杀蚩尤，成为炎黄部落的首领，即华夏民族的族祖。

黄帝也是一位文化创造的恩主，他在宫室、舟车、养蚕、棺椁、文字、历法、音律等方面均有建树，被视作“能成命百物”，尊奉为“轩辕圣帝”（图7－13），拥戴为中华的始祖。

图7－13　轩辕圣帝

① 转引自叶舒宪：《中国神话哲学》，中国社会科学出版社，1992年，页179。

传说黄帝活了110岁，死后葬于桥山。今陕西省黄陵县桥山仍留有黄帝陵，每年清明时节举行公祭，它已成为海内外华人追思先祖的圣地。

女　娲

女娲，“古之神圣女，化万物者”，①是中华民族的女始祖。传说，她为伏羲之妹，又有说为伏羲之妇。他们的形象是“伏羲鳞身，女娲蛇躯”，②即均为人首蛇身的怪异之象（图7－14）。

图7－14　伏羲女娲图

女娲的功绩首先在于化物、造人。《楚辞·天问》王逸注曰：“传言女娲人头蛇身，一日七十化。”她一天之内便生化众多，当为首屈一指的大母神。女娲抟土造人的事迹凸显了她作为始祖神的身份。《太平御览》卷78引《风俗通》云：

> 俗说天地开辟，未有人民，女娲抟黄土作人，剧务力不暇供，乃引绳于泥中，举以为人。

抟土作人是世界神话中的共同母题，用泥土和水，或用泥土和神血造人者，都领有人祖和族祖的地位。

女娲还为人置婚姻，成为“皋禖之神”。《路史·后记二》注引《风俗通》曰：

> 女娲祷祠神，祈而为女媒，因置婚姻。

《路史·后记二》另载：

---

① 见《说文》12。
② 语出《文选·鲁灵光殿赋》。

以其载媒，是以后世有国，是祀为皋禖之神。

女娲因置婚姻，由人祖而为国祖。

炼石补天是女娲造福于民的又一伟大功绩（图 7－15）。《淮南子·览冥训》曰：

往古之时，四极废，九州裂；天不兼覆，地不周载；火爁焱而不灭，水浩洋而不息；猛兽食颛民，鸷鸟攫老弱。

于是女娲炼五色石以补苍天，断鳌足以立四极，杀黑龙以济冀州，积芦灰以止淫水。

苍天补，四极正；淫水涸，冀州平；狡虫死，颛民生……

图 7－15　女娲氏炼石补天

在这里，女娲又成了一位始祖英雄。甚至在有的古籍中，女娲还有“射十日”的伟业。[①]

在民间有一些女娲庙、人祖庙、高禖庙，专供奉女娲娘娘，满足着人们祈偶求子的心愿。人们把女娲奉为始祖母神，感戴她造人、成家、立国、消灾、弭患的神恩，并盼得到她永久的护佑。

二、吉仙

仙人即迁人，或入山，或下海，或腾云，他们能转移生存空间，且老而不死。葛洪《神仙传》对“仙人”有具体的解说：“仙人者，或竦身入云，无翅而飞；或驾龙乘云，上造天阶；或化为鸟兽，游浮青云；或潜行江海，翱翔名山；或食元气，或茹芝草；或出入人间而人不识，或隐其身而莫之见；面生异骨，体有奇毛；率好深僻，不交流俗。”仙人虽常常隐而莫见，但俗信“仙人无影，而全阳也。”[②]全阳之物，那当然就是吉物。因此，几乎全部神仙都可称之为“吉仙”。诸如，和

① 《路史·发挥一》注引《尹子·盘古篇》云：“女娲补天，射十日。”
② 见清朱梅叔：《埋忧集》，卷 10，附录“袁氏传”。

合、刘海蟾、八仙、彭祖、麻姑、张仙、安期生、张紫阳、偓佺、琴高等，都是众所仰慕的吉仙。

和合二仙

和合二仙是宋以后出现的吉仙，他们常为“蓬头笑面”的二童子形，其一手擎荷花，另一手持圆盒，以荷、盒二物作为“和合”的象征(图 7－16)。

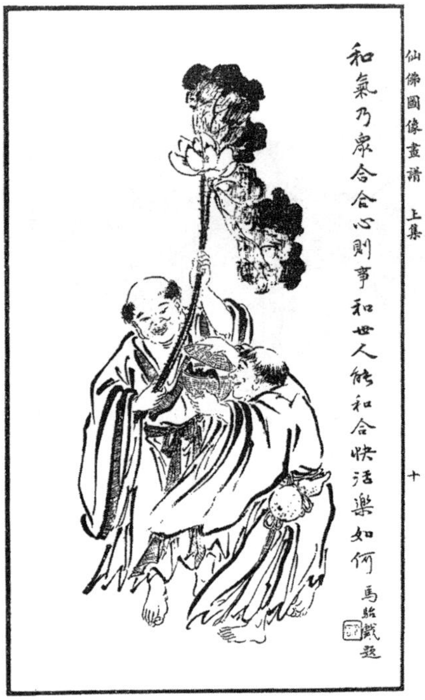

图 7－16　和合二仙

和合二仙的职掌颇为纷然。唐宋时称其为“万回哥哥”，并作为行神而祀奉。据明田汝成《西湖游览志余》卷 23 载：

> 宋时，杭城以腊月祀万回哥哥，其像蓬头笑面，身着绿衣，左手擎鼓，右手执棒，云是和合之神，祀之可使人万里外亦能回来，故曰“万回”。今其祀绝矣。

万回者，唐时僧人，俗姓张氏，贞观六年五月五日生，因其能日行万里而得号。《铸鼎余闻》卷 4 引《酉阳杂俎 · 贝编篇》云：

> 僧万回，年二十余，貌痴不语。其兄戍辽阳，久绝音问，或传其死，其家为作斋，万回忽卷饼茹，大言曰：“兄在，我将馈之。”出门如飞，马驰不及，及暮而还，得其兄书，缄封犹湿。计往返一日万里，因号焉。

此外，《辍耕录》卷 11 亦记有“朝往夕返，以万里而回”之事。称作“和合”的“万回哥哥”，似为行神，戍边与商旅之家多祀之，以祈远行的亲人早日平安归来。这一信仰到明代已消歇，和合信仰有了新的吉祥内蕴。

和合二仙在近古以来的文化象征主要有三种：

其一，作为财富的象征。“二仙”手中的盒子被视同聚宝盆，表示钱财取之不竭。在“聚宝增福财神”、“招财和合利市”等纸马上，均以和合同财神、利市相配,“和合”被卷入了财神队列。

其二,夫妇婚合的象征。《周礼·地官·媒氏》疏云:“天施地化,阴阳和合。”男女婚合就是“阴阳和合”,因此,和合二仙的图像用于婚礼中的中堂画、喜帖以及绣品、摆设、餐具之上,以表达对夫妻恩爱、生活美满的祝愿。

其三,和睦的象征。《三教源流搜神大全》说:“万回圣僧,和事老人。”其“和事”的职能,体现了人们对人际和睦的追求。

在寺僧传说中,寒山、拾得被称作“和合二圣”。在苏州寒山寺有木雕寒山、拾得之像,并有清罗聘所绘的“二圣”石刻(图7-17)。他们被树为“和睦”的榜样,以宣扬佛徒的寡欲和亲善。

“和合”被称作“和合二仙”出自《镜花缘》,该书第1回云:

图7-17 和合二圣

> 说话间,四灵大仙过去,只见福、禄、寿、财、喜五位星君,同着木公、老君、彭祖、张仙、月老、刘海蟾、和合二仙,也远远而来。

和合二仙虽列入吉仙,但也有来历。寒山、拾得为附会之说,万回哥哥说亦不可信,和合二仙的真正原形当为波斯主生殖、丰收的女神阿娜希塔(Anahita),在波斯萨珊王朝的银瓶上可见到她一手拿荷花,一手持盒子的图像(图7-18),留下了寻踪的线索。①

不论“和合”有何来路,民间早已把他们用于各种吉祥物中,在绣品、瓷画、木雕、剪纸、花钱、玉佩(图7-19)等方面均有所用,成为人们喜爱的题材之一。

刘海蟾

刘海蟾作为吉仙,主要以“戏金蟾”的祥图而广传民间,在木版年画、木雕装饰、吉祥花钱(图7-20)等载体上常可见之。

① 详见陶思炎:《中国鱼文化》,第4章“鱼谜揭解·和合与双鱼”,中国华侨出版公司,1990年。

图7-18　阿娜希塔女神

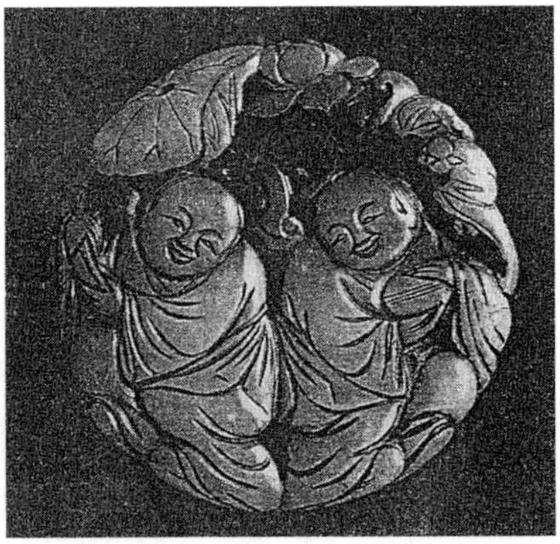

图7-19　和合二仙(玉佩)

图7-20　刘海戏金蟾(花钱)

刘海蟾,又叫"刘海",本名刘操,字宗成,自号"海蟾子",为五代时燕主刘守光之上相,后遇道人点化,而修真成仙。元刘志玄、谢西蟾《金莲正宗仙源像传·海蟾子》载有刘海蟾的事略:

师姓刘名操,字宗成,号海蟾子。燕山人也。年十六,登辽之甲科,仕至上相。嗜性命之学,未究玄蕴。

忽有道人来谒,师以宾礼延之。问其姓名,默而不答,惟索鸡卵十,金钱一,以金钱置案上,垒垒叠十卵不坠。师叹曰:"危哉!"道人曰:"公身命俱危,更甚于此。"师复问曰:"如何是不危底?"道人乃敛鸡卵、金钱,掷之于地,长笑而去。师于是顿悟,因夜宴,尽碎宝器。明日,解相印,易道衣,佯狂歌舞,远游秦川。复遇前次道人,授以丹诀,方知是正阳子也。师尝有句云:"抛离火宅三千口,屏去门兵十万家。"……

师后以妙道授董凝阳、张紫阳,乃遁迹于终南、太华之间,不知所终。有诗文行于世。

文中“正阳子”即钟离权，故刘海蟾是钟离权的弟子，传说他活了100多岁。

由于有叁卵叠钱之戏，而刘操又号“海蟾子”，故后世附会为“刘海戏金蟾”，而“金蟾”与“金钱”音近，又讹为“刘海戏金钱”，使他又稀里糊涂地当上了“财神”。古有“蟾蜍辟兵，寿在五月之望”之说，①并在五月五日日中时取蟾，同时蟾又收入五毒图之列，故刘海戏金蟾的图像常与端午时令联系在一起(图7－21)。

由于刘海蟾为道仙，蟾能辟兵、益寿、多育，而“金蟾”与“金钱”相通相转，故刘海蟾被视作吉仙，并成为民间常用的祥图祥物中的人物。

图7－21　刘海戏金蟾(端午符)

八　仙

八仙在中国民间是妇孺皆知、人人喜爱的一组吉仙。他们是铁拐李、钟离权、吕洞宾、张果老、蓝采和、何仙姑、韩湘子、曹国舅(图7－22)。他们的排列次序众说纷纭，《东游记》第1回曰：

图7－22　八仙(床板浅雕)

① 语出《文子·上德篇》。

八仙者，铁拐、钟离、洞宾、果老、蓝采和、何仙姑、韩湘子、曹国舅，而铁拐先生其首也。

在明朱有燉杂剧《八仙庆寿》中，以张果老为八仙之首，而明《西洋记》中又以汉钟离为第一。[1] 此外，北京白云观八仙殿与道教圣地安徽齐云山三清洞中的八仙位序也不一致。

八仙之说形成于元代，清赵翼《陔余丛考》卷34云：

今戏有《八仙庆寿》，尚是元人旧本。则八仙之说之出于元人，当不诬也。

八仙，究竟指哪八位，及至明代，亦说法不一。例如，《列仙全传》中无张果老，而有刘海蟾；《西洋记》中无张果老、何仙姑，而有风僧寿、元壶子；《事物原会》中无铁拐李，而有李元中等，不一而足。直到吴元泰的神魔小说《八仙出处东游记》（又名《东游记》、《上洞八仙传》）问世，才稳定为今传的铁拐李、钟离权、吕洞宾、张果老、蓝采和、何仙姑、韩湘子、曹国舅八人。

八仙并非同时代人，在《东游记》中为参加蟠桃大会而汇聚一起，他们各以自己的法器或宝物渡海，于是后世便有了“八仙过海，各显神通”之说。对八仙的这种组合，在《事物原会》中有着有趣的解说：

八仙：张、韩、吕、何、曹、汉、蓝、李，为老、幼、男、女、富、贵、贫、贱。一云：老则张，少则蓝、韩，将则钟离，书生则吕，贵则曹，病则李，妇女则何。

可见，八仙代表着不同的性别、年龄、身份与状况，成为全社会的象征。也许正因为如此，八仙得到社会不同人等的承认与喜爱。

八仙各有自己的法器，时时不离手掌，它们是铁拐李的葫芦、汉钟离的扇子、吕洞宾的宝剑、张果老的渔鼓、蓝采和的花篮、何仙姑的荷花、韩湘子的竹箫、曹国舅的响板。这八件仙人法器，实为八件祥物，它们往往成为主人的象征，故称作“暗八仙”。暗八仙作为吉祥图案，在建筑装饰、木版年画、家具、刺绣用品等方面广为应用（图7-23）。

---

① 参见山曼：《八仙信仰》，学苑出版社，1994年，页9。

八仙题材在民间文艺中屡见不鲜，除了各种戏曲，还见于各地的民间歌谣中。在江苏省金坛县城东后庄村流传着《唱八仙》的歌谣：

图7-23　暗八仙

正月里来闹元宵，八仙过海浪滔滔，
王母娘娘开寿筵，众仙齐集赴蟠桃。

二月里来杏花开，韩湘子吹箫驾云来，
不恋凡尘求仙道，曾渡文公上天台。

三月里来桃花红，何仙姑面孔红通通，
抛却红尘甘寂寞，苦忘修行在山洞。

四月里蔷薇花儿开，汉钟离修仙终南山，
身列仙班道行大，识破人情脱凡胎。

五月里来是端阳，肩背龙泉吕纯阳，
曾在岳阳楼上醉，白牡丹唱的逍遥腔。

六月里来荷花放，蓝采和也来渡海洋，
小小年纪厌尘世，修炼得道离凡乡。

七月里来是金秋，铁拐李脸上黑黝黝，
虔诚炼得长生法，一跷一拐四海游。

八月里来是中秋，道巾道袍曹国舅，
看破世情修行好，手拿竹板去云游。

九月里来菊花黄，张果老满头白苍苍，

倒骑毛驴呵呵笑，竟把繁华抛长江。

十月里来小阳春，众神都去把云腾，
相约同赴蟠桃会，共饮寿酒更长生。

十一月里雪花飞，南极仙翁笑嘻嘻，
阶前鹤鹿琼浆献，洞口灵芝一色齐。

十二月里春调唱，蓬莱仙岛有株桑，
陈抟一梦千年醒，彭祖年高四百双。

八仙春调唱完了，奉劝诸君要学好，
共入修练路一条，都去庆寿赴蟠桃。①

如果说八仙进入春调，反映了俗民们对这群吉仙的喜爱，使之融入岁时风俗的话，那么，八仙花钱流传民间，则满足了人们赏玩与趋吉的双重需要（图 7－24）。

图 7－24　八仙花钱

八仙图像和名称在医药、玩具、菜肴、筵席、武术、灯盏、果蔬等方面多有所用，成为吉仙中最为普及的一群。

① 蒋金寿演唱，蒋云记录，引自《中国民间文学集成・金坛县》（资料本），1989 年印，页 340～341。

八　物种祥物

所谓物种祥物，系指自然界中实有的，以及人类所幻想、虚构的动物与植物类祥物体系。它们因怪异的造型、奇特的习性、实用的价值、文化的取义而成为吉祥的象征。不论取自动物，或取自植物，它们都因自身为有生命的活物而先天地带有灵性，而文化的识解又让它们从精神层面楔入生活，从而使这些人类的“亲属”们为人类带来苦苦祈望的福祉。

第一节　动物祥物

动物祥物，指以各类动物构成的祥物系列，它包括野兽、家畜、飞禽、昆虫、水族等实有动物，也包括龙、凤、麒麟、天禄等人创的虚拟动物。它们是人类需要与依靠的对象，是助手和恩神，当然也是可靠的祥物。德国哲学家费尔巴哈曾精辟地论述了动物与人的关系，他指出：“动物是人不可缺少的、必要的东西；人之所以为人要依靠动物；而人的生命和存在所依靠的东西，对于人来说，就是神。”[①]动物既能成“神”，自然被视作吉祥之物。

一、兽类祥物

兽类祥物包括神兽、野兽、家畜等部分。神兽主要指龙、凤、麒麟、辟邪、天禄之类；野兽，即大象、狮子、老虎之属；而家畜，主要有马、牛、羊等。它们作为吉祥的瑞兽，或有实际的功用，或成为某种观念的象征。

① 见《费尔巴哈哲学著作选集》，三联书店，1962年版，页438～439。

龙

龙，是中华神兽中，历史最久、形象最奇、应用最广、文化含量最高，而来路最不明朗的神话动物。

1987年在河南省濮阳市西水坡仰韶文化遗址的墓葬中，发现的蚌壳龙，曾被称作“中华第一龙”。这条蚌壳龙长1.78公尺，高约0.67公尺，昂首、曲颈、弓身、扬尾、爪往前扒，与现今所传的龙形很接近，经碳位素鉴定，至少已有六千年的历史了。1993年在山西省北部发现了1 000多件中石器时代的石器和一组崖画，崖画上有龙的图像、长着鹿角的鱼图和鹿等，据判断，大约距今有一万年之久。[①] 1994年在具有“华夏第一村”之称的辽宁省阜新市查海古人类文化遗址发现了一条“碎石龙”，它由大小均等的黄褐色碎石块堆积铺陈而成，位置在村中房址和墓葬的中央。这条龙长达20公尺，龙身呈侧卧状，首摆西南，尾扫东北，嘴指东南，龙头、龙尾、龙爪、龙腹均清晰完整，考古专家认定这条龙的历史已有7 600～8 000年。[②]

龙的形象从何而来？它的真正原形和诱发因素是什么？这是一个众说纷纭、至今难有定论的文化之谜。有蛇原形说、鳄鱼说、蜥蜴说、猪说、鱼说、云气说、雷电说等，令人莫衷一是。龙纹早期往往与某一两个动物相像，于是出现了猪龙、蛇龙、马龙、牛龙、鱼龙、鳄龙之类，而后期则实现了综合化。南宋罗愿《尔雅翼》引汉王符之说云：

> 王符曰：“世俗常画马脊蛇身以为龙，实则有三停九似说。谓自首膊，膊至腰，腰至尾，皆相停也。九似者，角似鹿，头似驼，眼似兔，项似蛇，腹似蜃，鳞似鱼，爪似鹰，掌似虎，耳似牛。”

从单体动物龙到多体化合龙的形变，反映了图腾主义的衰微和社会文化的发展。

龙能化人化物，又能从云行雨，甚至被推崇到皇权、国家、民族象征的高度，这是对龙作为祥物的最大肯定，也是其他动物或神兽所难企及的。在民间信仰和神话传说中，龙能行雨助农，护佑万民，转合阴阳，道引升天(图8-1)，扶正王道，褒奖仁政等。龙图、龙纹是最常见的吉祥图饰，在建筑、墓葬、家具、衣饰、兵器、器用、佩物(图8-2)等方面多有应用。

---

① 见《扬子晚报》，1993年10月6日。

② 见《扬子晚报》，1994年11月27日。

图8-1　御龙升天图

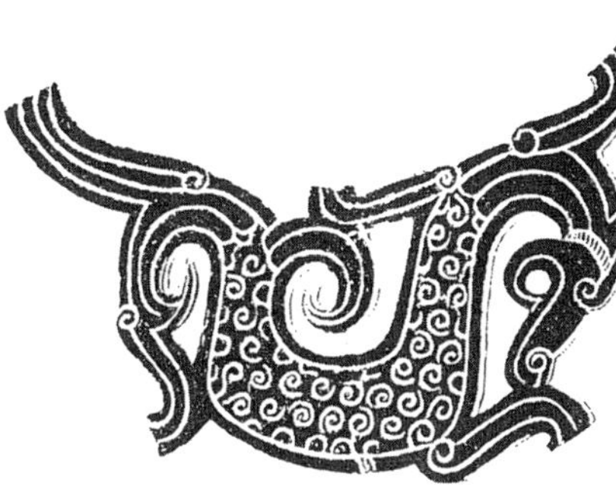

图8-2　战国龙形玉佩

民间有“龙生九子”的传说，它们是赑屃、螭吻、蒲牢、狴犴、饕餮、趴蝮、睚眦、狻猊、椒图，各用于龟趺、正吻、钟钮、牢门、铜鼎、桥栏、兵器、香炉、大门之上，成为吉物的标志。

凤　凰

凤凰是神鸟，也是瑞鸟，同龙、麟、龟合称“四灵”。凤凰有雌雄之分，雄者为凤，雌者为凰，被古人虚构为鸟类之长，并称作“鸟王”。《礼记》曰：

> 有羽之虫三百六十，而凤凰为之长。

《埤雅》云：

> 凤，神鸟，俗呼鸟王。

凤凰同龙一样，在形象上经神化而呈多物种化合之状，并成为吉祥、安宁的化身。《说文》云：

> 凤，神鸟也。天老曰：凤之象也，鸿前麐后，蛇颈鱼尾，鹳颡鸳思，龙文虎背，燕颔鸡喙，五色备举，出于东方君子之国。翱翔四海之外，过昆仑，饮砥柱，濯羽溺水，莫宿风穴，见则天下大安宁。

在《山海经》中，凤凰又被说成具有社会道德成分的五采瑞鸟：

有鸟焉，其状如鸡，五采而文，名曰凤凰，首文曰德，翼文曰义，背文曰礼，膺文曰仁，腹文曰信。是鸟也，饮食自然，见则天下安宁。①

关于凤凰，还有所谓“六象九苞”之说。《论语纬》云：

凤有六象：一曰头象天，二曰目象日，三曰背象月，四曰翼象风，五曰足象地，六曰尾象纬。有九苞：一曰口包命，二曰心合度，三曰耳听达，四曰舌诎伸，五曰色彩光，六曰冠矩朱，七曰距锐钩，八曰音激扬，九曰腹文户。②

对此，《尔雅翼》释曰：

图8-3　云锦上的凤凰

头像天者，圆也；目像日者，明也；背像月者，偃也；翼像风者，舒也；足像地者，方也；尾像纬者，五色具也。……口包命者，不忘鸣也；心合度者，进退精也；耳听达者，居高明也；知诎伸者，能变声也；彩色光者，文采美也；冠矩朱者，南方行也；距锐钩者，武可称也；音激扬者，声远闻也；腹文户者，不忘纳也。③

凤凰因其品质、形象而成为瑞鸟祥物，自古便有凤凰来仪、凤凰于飞、龙凤呈祥、丹凤朝阳之说，并形成传统的吉祥图案，体现着伦理的、政治的、情感的追求。凤凰图像在玉器、石雕、砖雕、瓦当、云锦(图8-3)、

① 见《山海经·南次三经》。
② 转引自贾祖璋：《凤凰研究》，《东方杂志》，第28卷第12号。
③ 同上。

刺绣、剪纸、木版画(图 8－4)等载体上反复出现,成为民间最喜闻乐见的祥物之一。

图8－4　木版画上的凤凰

麒　麟

《礼记·礼运》曰:“麟凤龟龙,谓之四灵。”麒麟这一神兽位列四灵之首,又被古人称作“仁兽”、“瑞兽”。《说文》云:

麒,仁兽也,麋身牛尾一角。

《诗疏》云:

(麟)瑞兽也,麋身牛尾,马足圆蹄。一角,角端有肉。……不履生虫,不践生草,不群居,不侣行,不入陷井,不罹罗网,王者至,仁则出。[1]

麒麟作为理想化的瑞兽,被赋予了社会的价值观念。《艺文类聚》卷 98 引《说苑》云:

麒麟,麋身牛尾,圆头一角,含信怀义,音中律吕,步中规矩,择土而

① 转引自王永波:《麒麟探源》,《民俗研究》,1992 年第 4 期。

践，彬彬然，动则有容仪。

麒麟成了帝王们盼求的神物，成了嘉瑞祯祥的使者。

同凤凰有雄雌一样，有麒为牡、麟为牝之说。麒麟的原形为何物呢？也是众说纷纭：有说为鹿，有说为马，有说为牛，有说为长颈鹿，还有说为獐。说法不一，乃因其亦包含着人工合成的成分。《太平御览》卷889引《晋中兴征祥说》云："（麟）獐身牛尾，狼头一角，马足，黄色。"此说就综合了獐、牛、狼、马四物，使麒麟也成了化合之兽。

在《拾遗记》中，有麒麟吐玉版而生孔子的传说，于是"麟吐玉书"成了召唤圣人的祥图（图8－5）。又由于麒麟至与圣人出的内在联系，以及从"麒麟送滋"到"麒麟送子"的谐音理解（图8－6），使麒麟又成了乞子的祥物，于是"麒麟送子图"出现在年画、门画、剪纸、刺绣、木雕等民间艺术品中，成为民间最习见的吉祥图饰。麒麟图像在婚用物品及新年风俗中运用最广，它烘托渲染着婚嫁与节日的喜庆、嘉瑞气氛。

图8-5 麟吐玉书

图8-6 麒麟送子

象

象因形异体巨，自古为人称美，并被看作天下太平的瑞应。在商周青铜器中有多种象纹和象器（图8－7），以作吉祥嘉瑞之征。大象很早就被驯化，能作象舞，是夸耀天下平定、四方来朝的凭物。《吴志》曰：

贺齐为新都郡守，孙权出祖道，作乐舞象。权谓齐曰："今定天下，都中国，使殊俗贡珍，百兽率舞，非君而谁？”①

图 8-7　青铜器上的象纹

从孙权之言可见，大象与“定天下，都中国”间有着一种文化的逻辑。

在古代传说中，大象与圣王间存在着感应关系。王充《论衡》云：

舜葬于苍梧，象为之耕，禹葬会稽，鸟为之田。

象为舜耕的传说还见之于“二十四孝图”中，并被称作“孝闻天下”，其附诗云：

队队耕田象，纷纷耘草禽。
嗣尧登宝位，孝感动天心。（图 8-8）

在佛经故事中，大象是佛或菩萨的坐骑（图 8-9），并称诸佛为“大象王”。②

图 8-8　孝闻天下

图 8-9　菩萨骑象图

大象因形异体巨而受人关注，郭璞赞曰：

① 转引自《艺文类聚》，卷 95。
② 《涅槃经》：“是大涅槃，唯大象王能尽其底。大象王者，谓诸佛也。”

图 8-10　平安吉祥

象实魁梧，体巨貌诡，
肉兼十牛，目不窬豕，
望头如尾，动若丘徙。

“象”与“祥”谐音，故作为祥物，它在剪纸、木雕等艺术中是常见的题材，构成了“太平有象”、“万象更新”、“平安吉祥”等图幅。在高淳县一字街有一种大象斜撑，象额上置有古瓶，瓶中安放一枝戟，按谐音，读“瓶”为“平”、读“戟”为“吉”、读“象”为“祥”，此木构件的主题则称作“平安吉祥”(图 8-10)。此外，以大象、万年青组合而成的“万象更新图”在当今亦广为流传。

牛

牛是家畜，也是祥兽。在神话体系中，牛被称作“中央之牲”，①“能任载地类”，②是大地的载体。此外，牛作为土属，还被说成是万年的木精。《玄中记》曰：“万岁树精为青牛。”《列异传》则说“梓树化为牛。”牛的万岁之命和土木之化使它带上了神兽的性质。

牛被古人认作祥物，用作崖画、画像石、青铜器的纹饰(图 8-11)，并在信仰中奉为吉征。据《蜀志》载，有个叫蒋琬的，夜中梦见一牛头在门前流血滂沱，就去请教占梦者赵直。赵直这样对他说：

图 8-11　青铜器上的牛头纹

夫见血者，事分明也。

① 《周礼·胎教》：“牛者，中央之牲也。”
② 《周礼·大司徒》“奉牛牲”注：“牛，能任载地类也。”

牛角及鼻，公字之象，君位当至公，大吉之征也。①

赵直之言虽穿凿附会，却建筑在牛为祥兽的观念上。

其实，牛对人类最大的帮助是能耕田，它的吉祥意义若少了这一功用将黯然失色。在江南稻作区至今流传着一则有关“牛的来历”的传说，讲牛本为天上玉帝座前的神兽，它最喜欢吃甜食，太白金星看地下农民们种田过于劳苦，于是以地下有“甜饭”和“糖水”吃诱使牛下到人间。牛来到人间后只能耕田、吃草、喝塘水，便大骂太白金星。太白金星笑它听错了，说吃甜饭是指吃田饭，喝糖水是指喝塘水，牛无话可说。这就是为什么牛在吃草、喝水时都要叹一口气，也许是怨自己听错了话，也许是恨太白金星把它骗到了人间。②

这类传说往往把牛说成是天上金牛星下凡，强调出牛的神兽身份。由于牛为神兽类家畜，故受到农民们的爱戴，各地有牛魂节、牛王节、洗牛节、牛生日之类的敬牛、喂牛、洁牛风俗，并祭祀牛王神或牛栏之神（图 8－12），以盼牛肥牛壮，给农家带来丰收的喜庆。

图 8－12 牛栏之神（纸马）

二、禽虫水族

动物祥物除了虚拟的神兽、体壮走疾的野兽和温顺劳苦的家畜，还由禽虫、水族等构成。飞禽中的鸳鸯、仙鹤、孔雀、鹰、乌鸦、喜鹊、大雁、燕子、雄鸡、吐绶鸟等，昆虫中的蜘蛛、蟋蟀、蝈蝈、螳螂等，水族中的鱼、蛙、蟾蜍、龟、虾等，都是祥物的构成材料。

乌 鸦

乌鸦在中古以前被称作“吉乌”和“孝乌”，是知归、反哺、报平安的祥物。

晋成公绥《乌赋序》云：

夫乌之为瑞久矣，以其反哺识养，故为吉乌。是以周书神其流变，诗

① 转引自《艺文类聚》，卷 94。
② 参见卢幼春采集的《牛的来历》，《武进民间文学集》，南京大学出版社，1990 年版。

人寻其所集，望富者瞻其爰止，爱屋者及其增叹，兹盖古人所以为称。

吉乌除反哺识养，还能时报平安。南宋陈造《思归》诗中有“多情但乌鹊，时肯报平安”句。古人把行路有乌鸣前引看作是喜事，乃取其平安之报。唐段成式《酉阳杂俎》前集卷16云：

乌鸣地上无好声。人临行，乌鸣而前引，多喜。此旧占所不载。

乌鸦平安引路的事迹还见之于著名传说《孟姜女》。孟姜女在千里寻夫的途中因迷途而痛哭，当时乌鸦感而飞至，在前引导，孟姜女正是跟着乌鸦，才终于来到了长城边。可见，孟姜女的传说在传承中融入了吉乌的信仰。

乌鸦作为孝鸟，自古多受褒美。

《周礼·罗氏》“掌罗乌鸟”注云：“乌者，孝鸟。”王充《论衡·指瑞》云：

乌，反哺之鸟，至孝之应也。

另，《春秋元命苞》云：

火流为乌。乌，孝鸟。何知孝鸟，阳精，阳天之意。乌在日中，从天，以昭孝也。

乌不仅因反哺识养而孝，还能因孝感而昭孝，这在古书与传说中不乏其例。

王韶《孝子传》云：

李陶，交阯人。母终，陶居于墓侧，躬自治墓，不受邻人助，群乌衔块，助成坟。

另《异苑》云：

东阳颜乌，以纯孝著闻。后有群乌衔鼓，集颜所居之村，乌口皆伤。一境以为颜至孝，故慈乌来萃，衔鼓之兴，欲令聋者远闻。即于鼓处立县，而名“乌伤”，王莽改为“乌孝”，以彰其行迹云。

乌鸦除能孝感，还能德感。《酉阳杂俎》记述了济南来府君和功曹崔公恕，在渴甚思水，水“升值万钱”之际，因“盛德”感青乌至，乌栖一方五六寸之石，乌起后翻动该石，便见“清泉涌出”。①

乌又是太阳之精和星辰所化，“日中有三足乌”和“摇星散为乌”之说，②都将乌鸦说成天体化身，即“阳精”之征。此外，青乌为西王母的使者，能在天上、人间传递信息，甚至搭桥跨越天河。乌鸦“晨去暮来”，号曰“朝夕鸟”，③它能使旅人知归，使情人相思，故为吉鸟祥禽。

蜘　蛛

蜘蛛，又叫“蟢子”、“蟢蛛”、“蠨蛸”、“喜母”、“长脚”等。民间对吐丝结网的蜘蛛不仅没有厌恶，反而加以偏爱，把它看作喜事到来的瑞应。《西京杂记》卷3记述了陆贾对“瑞应”的列举：

> 夫目瞤得酒食，灯火华得钱财，乾鹊噪而行人至，蜘蛛集而百事喜。

此外，刘勰《新论》云：

> 野人昼见蟢子者，以为有喜乐之瑞。

蜘蛛所兆的“喜乐”指什么呢？至少包括致爱、相思、得子、客至、得巧等人间乐事。

蜘蛛可做媚药，让人致爱而不忘。医书载：

> 七月七日取蜘蛛网，着衣领中，勿令人知，则不忘。④

另《延龄方》云：

> 蜘蛛一枚，鼠妇子十四枚，右置瓦器中阴乾百日，以涂女人衣上，夜必

① 见段成式：《酉阳杂俎》前集，卷9，“事感”。
② 语出《春秋运斗枢》。
③ 见《汉书·朱博传》。
④ 引自胡新生：《奇异的求爱巫术》，《民间文化》，1999年第3期。

自来。

蜘蛛能致爱，故为“喜乐”之兆。

蜘蛛还是女子寄托相思的比兴之物。清李调元《蜘蛛曲》云：

> 蜘蛛曲，妹相思。花不年年在树上，妹不年年作女儿。天旱蜘蛛夜结网，想晴惟有暗中丝。

曲中，“晴”与“情”、“丝”与“思”有双关之意。蛛丝因性粘，故诱发情牵致爱的联想。

蜘蛛因肚大腰圆，又成了怀儿得子的吉征，故称作“蟢子”，而民间妇人怀孕亦俗呼“有喜”。

蜘蛛还能诱感亲客到来。据三国吴陆玑《毛诗草木鸟兽鱼虫疏》云：

> 蠨蛸长跨，一名“长脚”，荆州河内人谓之“喜母”。此虫来着人衣，当有亲客至，有喜也。

可能是蜘蛛的长脚可远跨，成为亲客远来的征物。

蜘蛛在妇女七夕乞巧之戏中为得巧的祥物。康熙二十六年《常熟县志》卷9载：

> 七夕为浮瓜沉李之宴，女妇向月穿针，取蛛盒盘中，有丝则曰“得巧”。

蜘蛛能致爱、相思、得子、客至、得巧，难怪古人把它当作“百事喜”的瑞应了。

蛙

蛙，俗称“青蛙”，一名“活东”，又叫“田鸡”、“水鸡”、“蛤蟆”。

蛙作为益虫，具有农事的功用。在农占活动中，农户往往以蛙声占验水旱，故有“田家推五行，水旱卜蛙声”之说。康熙《常熟县志》卷9载有三月三日听蛙声占水旱的风俗，其占曰“午前鸣，主高田熟；午后鸣，主低田熟。”在江南水乡，正月十五日农家竞往田中，若见青蛙出土为丰年之兆。

蛙与水相连，故又成为古人乞雨的对象。古人乞雨有“服青衣”之制，并取五蛤蟆，错置社庙之中，以感应雨降。在陇右地区，乡民乞雨时先设神坛，祭社稷、风云雷雨、八蜡、城隍等神灵，并在坛龛前置一盛水大盆，内放八只青蛙。人们不停地守候其旁，待青蛙一叫，大家便兴高采烈地说："蛤蟆叫，雨来到。"[1]有的地方在乞雨时则祭祀青蛙神（图 8－13），或敲击有蹲蛙的铜鼓。

图 8－13　青蛙神

青蛙能食蝗虫，故有禁捕之事。据《古今事文类聚》后集卷 50 所收《绿衣乞命》云：

> 某朝皇帝尚食，将供虾蟆充御膳。上忽梦绿衣人数百乞贷命，后方悟其为虾蟆，因禁采捕。或云虾蟆能食蝗虫，故禁采捕。

这则青蛙托梦的故事意在强调蛙的益虫身份。

在五代时的墓葬中多见蛙俑随葬，例如在南京南唐二陵中发现有陶蛙，在扬州杨吴寻阳公主墓中有木蛙出土。关于蛙的神功异能，《经籍纂诂》引《广雅·释鱼》云："蛙，始也。"这所谓的"始"，即指蛙有冬眠春苏。同时，蛙又被称作"月精"。这样，蛙有周而复始，生命轮回之性，从而成为诱生的祥物。

图 8－14　蛙莲图

蛙还是多子的水族，从新石器时代彩陶上出现蛙纹开始，蛙就是生殖崇拜的对象，是人口繁衍的象征。这一意象至今还见于民间剪纸、刺绣等艺术中，特别是蛙纹与莲纹的同图，较突出地表达了对人口的盼求（图 8－14）。

蛙虽为寻常水族，但在文化观上却同天上的月亮、地下的作物及人的生死紧密相关，成为时限最久的吉祥物种之一。

① 参见王科社：《青蛙与求雨》，《民俗研究》，1993 年第 2 期。

龟

龟与龙、凤、麟合称为“四灵”，有“麟体信厚，凤知治乱，龟兆吉凶，龙解变化”之说。龟在中国古代被看作神异的瑞应，《孙氏瑞图》曰：

> 龟者，神异之介虫也。玄采五色，上隆象天，下平象地。生三百岁，游于蕖叶之上，三千岁尚在蓍丛之下。明吉凶，不偏不党，唯义是从。①

此说龟为天地同在、阴阳交会之长寿神物，能明吉凶。因此，殷商时盛行龟卜。此外，古代传说中有“大龟负图来投尧”，②以及“玄龟衔符”，黄帝“即日擒蚩尤”之说，③都与龟通天地相关。隋江总《上毛龟启》称龟：

> 影合四灵，光分五色。怀星抱月，负字衔图。

传说伏羲氏正是根据龟的背纹而创制了八卦。有趣的是，1986 年淮阳的一个小孩钓到了一个有 240 岁龟龄的白龟，该龟长 40 公分，宽约 15 公分，其背上及胸腹间的裂纹分布代表阴阳五行、二十四节气的各种符号，与伏羲氏传下的八卦图完全一样。④

龟还曾被赋予了种种品质，使之从自然之物而成为社会祥物。《史记·龟策列传》载：

> 龟者，天下之宝也。生于深渊，长于黄土。知天之道，明于上古，游三千岁，不出域，安平静正，动不用力。居而自匿，审于刑德，先知利害，察于祸福，以言而当，以战而胜。王者宝之，诸侯尽服。

由于龟能察祸福、明吉凶，除了占卜之用，还作为祥物用于社会生活的诸多方面。古之印章多为龟钮（图 8 - 15），陵前碑石雕为龟趺，青铜铭纹多铸龟纹，银盘器皿饰有龟图（图 8 - 16），石制砚台凿为龟身，玉质纸镇及佩玉亦见龟形，铜镜背饰及贺寿图画中常见“龟鹤齐龄”一类的祥图，甚至龟还能作为店铺的标

① 转引自《艺文类聚》，卷 99。
② 见《龙鱼河图》。
③ 见《黄帝出军决》。
④ 见严宽：《淮阳发现传说中的八卦白龟》，《北京青年报》，1993 年 3 月 9 日。

志,“龟”字被选作人的名字。

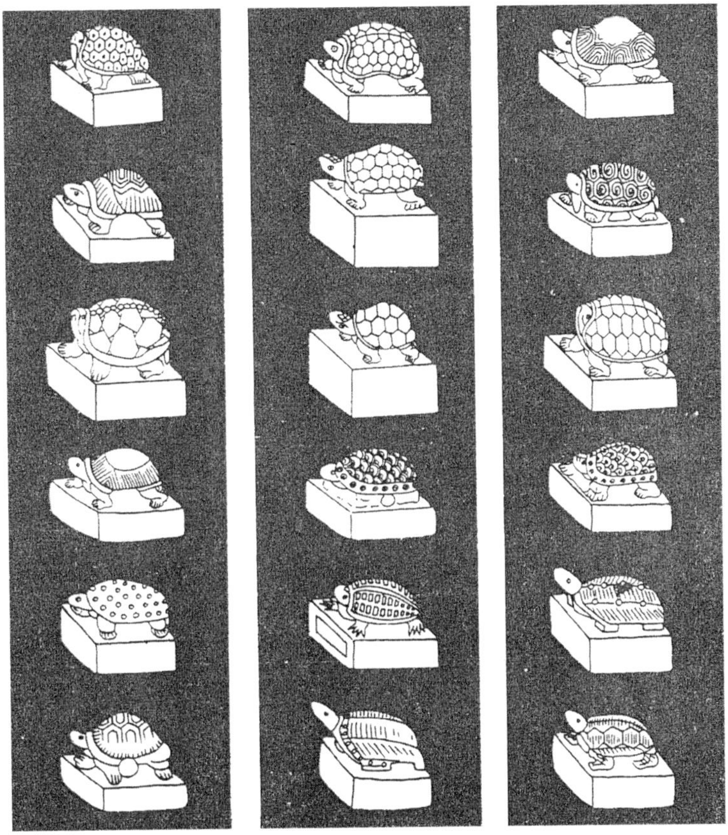

图 8-15　印章上的龟钮

龟的品类颇多,《尔雅·释虫》云:

十龟:一神龟、二灵龟、三摄龟、四宝龟、五文龟、六筮龟、七山龟、八泽龟、九水龟、十火龟。

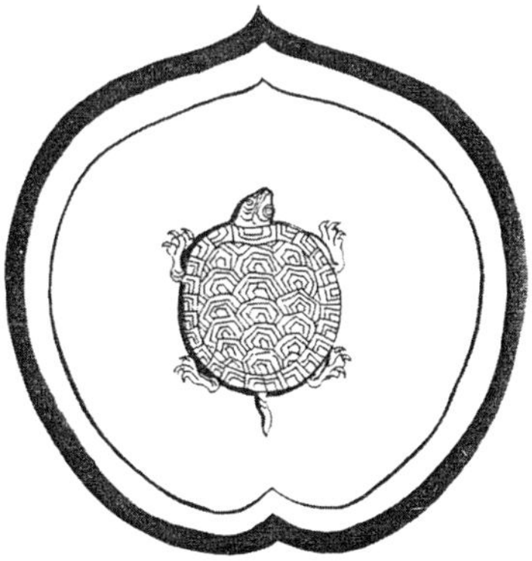

图 8-16　唐鎏金银盘上的龟图

其实,龟的种类远不止十种,古人的分类法往往不是生物学的,而是文化学的,至少是自然感知与文化认识的混同。龟作为祥物,主要不是体现其生物的特性,而是体现一种文化的价值。

第二节 植物祥物

植物祥物，是以树木、花草、果蔬等为基本材料所构成的祥物体系。人类对植物的崇拜，一般说来，要晚于动物崇拜，植物装饰的兴盛是农业社会确立的标志。格罗塞、普列汉诺夫等美学家都提出过人类的艺术经历了由动物装饰到植物装饰过渡的事实，并上升到文化史与社会发展史的高度去认识，指出它是“文化史上最大的进步”。① 中国长期以来是以农业为主体的国家，因此，植物祥物自然受到社会的重视，并有其广泛的应用。

一、神树祥木

所谓神树祥木，包括虚拟的与实有的某些树木，它们往往被赋予了神异之性和祥瑞之说，借神话传说、述异志怪、民间信仰、民间风俗而持久承传并发挥功用。其神树，多为虚幻之物，而祥木则为实有的树种，它们不论为虚为实，均体现了人们的精神追求和生活热望。

神　树

神树系幻想的产物，除了太阳树、月亮树、生命树等宇宙之树（图 8－17），

图 8－17　宇宙树（汉画像石）

① 见普列汉诺夫：《论艺术》，三联书店，1973 年，页 33。

还有遇仙成仙、返魂不死、长寿无病、不畏水火、树中生儿等神异之树，虽说虚幻，但仍有其乐生的吉祥意义。在中国述异志怪、神魔小说中，有所谓的返魂树、如何树、寿木、珍枝树、声风木、珊瑚树、人参果、菩提树等，均为吉祥的神树。且录数例于下：

《海内十洲记》云：神鸟山“山多大树，与枫木相类，而花叶香闻数百里，名为‘返魂树’。扣其树，亦能自作声，声如群牛吼，闻之者皆心震神骇。伐其木根心，于玉釜中煮取汁，更微火煎如黑饧状，令可丸之，名曰‘惊精香’，或名之为‘震灵丸’，或名之为‘返生香’，或名之为‘震檀香’，或名之为‘人鸟精’，或名之为‘却死香’，一种六名，斯灵物也。香气闻数百里，死者在地闻香气乃却活不复亡也。”

《神异经》云：“南方大荒有树焉，名曰‘如何’。三百岁作花，九百岁作实，花色朱，其实正黄。高五十丈，敷张如盖。叶长一丈，广二尺余，似菅苎，色青，厚五分。……实有核，形如棘子，长五尺，围如长。金刀剖之则酸，芦刀剖之则辛，食之者，地仙，不畏水火，不畏白刃。”

《拾遗记》卷 5 云：“天汉二年，渠搜国之西，有渠沦之国。其俗淳和，人寿三百岁。有寿木之林，一树千寻，日月为之隐蔽。若经憩此木下，皆不死不病。有泛海越山来会其国，归还其叶者，则终身不老。”

《西游记》第 24 回云：“人参果”三千年一结实，“人若有缘，得那果子闻一闻，就活三百六十岁，吃一个，就活四万七千年。”

上述返魂树可谓“起死回生树”，如何树为“地仙树”或“刀枪不入树”，寿木为“不病不老树”，而人参果则为“延年益寿树”。

除了这些虚构的神异之木，人们还把年久围大的参天巨树视作神木，例如，台湾的巨无霸神木、眠月神木等，因物久命长而成为吉祥的象征。

民间还有“神树符”以贴室内求吉，敦煌神树符所配的咒语曰：“宅神不安，钱财不进，失，家内难厄，安此符，安此神树，永无殡灾，大吉。”[①]此外，《广玉匣记》卷下有解梦的树占，其占云“树中坐卧病欲痊”、“林中树生添贵子”、“登大树名利显扬”、“松生屋上位三公”、“巢林中行主得财”等。树的符占是神树信仰的衍生物。

神树也并非单纯的植物祥物，它时常与动物神相缠相联，如印度的神树上有五头蛇，中国的扶桑树上有鸟头或牛首(图 8－18)，表现了神话意象的迭加和吉祥因素的综合。

① 见高国藩：《敦煌民间俗学》，上海文艺出版社，1989 年，页 425。

图 8 - 18　扶桑树(东汉画像石)

五谷树

五谷树系稀有树种,也是被神异化了的征兆之树。清朱梅叔《埋忧集》卷 7 云:

> 《异识资暇》:金陵有丞相府,胡惟庸所居。园有五谷树,一树而兼五谷丰歉之征:如其年麦熟,则树发麦叶,黍熟则发黍叶,五谷皆然。闻惟庸造逆,树发豆,豆皆人面;忽尽落,未几族灭。

有说这能占五谷丰歉的"宝物"是郑和下西洋时从海外带回南京的,他一共带回两棵,其一种在明故宫内,其二种在报恩寺内,后尽不知去向。

现在江苏省建湖县内仍有两棵五谷树,传说是近百年前从南京移去的,现被该县城乡建设环境保护局列为"重点保护"的珍稀树木,并立牌警示(图 8 - 19)。据说,这两株五谷树每年结实不同,有时像稻,有时像麦,有时像梨,有时像鱼,像什么则什么丰收:像稻则稻丰收,像梨则水果丰收,像鱼则当年有大水。著者 1999 年 6 月上旬曾到实地考察并摄影,并请农户从树端取下一条刚刚结果的小枝，发现上面的果实形状有点像小鱼，当年果然水大。农民们把五谷树当作“宝”，并将它作为观测年成的凭依，据说岁岁不差。

这种佑助农事的五谷树，自然被当地村民视作祥物，任重金高价也不售让，使之成为当地最具特色的奇宝异珍。

图 8－19　五谷树

竹

竹严格说不属树木，但竹、木在中国常相提并论，相互组合，例如：松、竹、梅称作“岁寒三友”(图 8－20)，梅、兰、竹、菊称作“四君子”，松、竹、梅、月、水图称作“五清图”等。中国可谓竹的故乡，中国的竹种占世界竹种的三分之二，仅浙江省安吉县就有竹种 250 余种。[①] 竹在石器时代已开始其文化的应用，竹文化是中国文化最持久、最活跃的领域之一。

图 8－20　岁寒三友

在西安半坡原始文化遗址出土的一些陶器的底部留有竹编织物印迹，在浙江吴兴钱山漾新石器时代遗址出土了篓、箩、篮、簸箕、席子等竹篾编织品，有十字形、人字形、菱形方格和梅花眼等多种编织花样。[②]

竹子有广泛的实用价值，在制陶、食具、盛具、生产工具之外，还用作砌造房屋的建材和制作乐器的材料，使竹成为《周礼・春官・大师》所谓“金、石、土、革、丝、木、

① 参见《中国植物志》，卷 3。
② 参见何明：《中国竹文化小史》，《寻根》，1999 年第 2 期。

匏、竹”中的“八音”之一。竹能做筷子，能制毛笔，能编为竹简、竹书，能用以造纸，能编织竹席、竹帘，能制作各类工艺物品，竹笋能食用等。

竹子还饱含精神文化材料，与图腾崇拜、祖先观念、传统道德、人口追求等联系在一起，成为吉祥的象征。

晋《华阳国志·南中志》云：

> 有竹王者，兴于遁水。有一女子浣于水滨，有三节大竹流入女子足间，推之不肯去。闻有儿声，取持归，破之，得一男儿。长养有才武，遂雄夷狄，氏以竹为姓。捐所破竹于野，成竹林，今竹王祠竹林。

这夜郎竹王传说含有图腾文化的信息，透露出人竹间的亲缘关系。

竹子在“拍喜”的乞子风俗中作为“祝子”的象征，竹子易长多节，“竹子”与“祝子”谐音，故诱发了用竹子打不孕妇人的野蛮“祝子”风俗。竹子还作为妇女品质的象征，湖北嫁女之家要以竹席为陪嫁，以寓守节之意。

竹子更被古人尊为“君子”的典范，赋予它传统文化道德。白居易《养竹记》云：

> 竹似贤何哉？竹本固，固以树德，君子见其本，则思善建不拔者。竹性直，直以立身，君子见其性，则思中立不倚者。竹心空，空以体道，君子见其心，则思应用虚受者。竹节贞，贞以立志，君子见其节，则思砥砺名行、夷险一致者。夫如是，故君子，人多树之为庭实焉。

竹因本固、性直、心空、节贞被白居易用以比附君子品质与道行。此外，唐刘岩夫《植竹记》亦云：

> 君子比德于竹焉。原夫劲本坚节，不受霜雪，刚也。绿叶萋萋，翠筠浮浮，柔也。虚心而直，无所隐蔽，忠也。不孤根以挺耸，必相依以森秀，义也。虽春阳气王，终不与众木斗荣，谦也。四时一贯，荣衰不殊，恒也。垂蕡实以迟凤乐，贤也。岁擢笋以成干进，德也。

竹被说是有刚、柔、忠、义、谦、恒、贤、德的君子，成为社会道德准则的体现。

竹以其广泛的实用性和文化的象征性而成为一种历久不衰的植物祥物。

梧　桐

梧桐一名“青桐”，又叫“榇梧”，又称作“引凤树”。作为嘉木，古人多在庭院种之，以获嘉瑞。《广群芳谱》卷73云，梧桐“皮青如翠，叶缺如花，妍雅华净，赏心悦目，人家斋阁多种之。其木无节，直生，理细而性紧。”

梧桐自古被称作“阳木”和凤凰栖息之树。《毛诗》曰：“梧桐生矣，于彼朝阳。”①《楚辞注》云：“梧柚春荣，阳木也。”②梧桐能引来祥鸟栖枝。《庄子》曰：

鸳雏发南海，而飞于北海。非梧桐不止，非竹实不食。

《诗经》郑玄笺云：

凤凰之性，非梧桐不栖。

此外，《晋书·苻坚载记》亦云：

凤凰非梧桐不栖，非竹实不食。

梧桐作为祥树，是制作琴瑟的良木。《新论》云：“神农、黄帝，削桐为琴。”以桐木制琴，传说从神农、黄帝时代即已开始。也有说东汉蔡邕以桐木造“焦尾琴”。据《后汉书·蔡邕传》载：

邕在吴，吴人有烧桐以爨者。邕闻火裂之声，知其良木，因请而裁为琴，果有美音，而其尾犹焦，故时人名曰“焦尾琴”焉。

此外，《古琴疏》也载有一则桐木制琴的故事：

吴叔治夏日纳凉门外，时闻桐树下有琴声。后一人请以五百金买此树，叔治曰：“金欲得耳，弟吾自以口就食，即见此树，今何忍伐之？”后叔治出为北海主簿，归已为族人卖去。久之，其人以二琴至，示叔治，一曰阴姬，一曰阳娃，不加少漆，斵磨光毫，其文宛然，各有仙女弄琴之状。云凉

① 转引自《艺文类聚》，卷88。
② 引自《广群芳谱》，卷73。

天月夜，不鼓自鸣。请留其一，以一相报，叔治不受。①

梧桐为制琴良木，自被人珍爱。

梧桐还能刻为鱼形，扣之声闻数里，董仲舒曾用这桐鱼以请雨。桐叶是报秋的使者，有“梧桐一叶落，天下尽知秋”之说。此外，桐叶是古人传书求爱的信物，有张士杰向龙祠龙女桐叶题诗、②洛阳宫女桐叶寄情等故事，③桐叶是有情人的示爱祥物。郭璞的《梧桐赞》曰：

桐实嘉木，凤凰所栖。
爰伐琴瑟，八音克谐。
歌以永言，噰噰喈喈。

嘉木就是祥木，故梧桐为历代文人墨客所赋咏。

二、名花异草

花草也是植物祥物的重要组成部分，它们不仅具有观赏性、装饰性和药用性，也有着特定的文化功能和价值取向，成为吉祥嘉瑞的象征。名花中的牡丹、莲花、菊花、兰花、梅花、桂花、茉莉花等，以及不死草、怀梦草、吉云草、灵芝草等异草，都因其文化寓义而超越了寻常的植物，归入了祥物的系列。

牡　丹

牡丹，一名“鹿韭”、一名“鼠姑”、一名“百两金”、一名“木芍药”，有“国色天香”之誉和“花之富贵者”之称。“牡丹”之名何意？李时珍《本草纲目》释曰：

牡丹以色丹者为上，虽结子，而根上生苗，故谓之牡丹。

牡丹可下种，也可根生，即雄者亦能繁衍，故有“牡丹”之谓。

中国自南朝以来便有观赏牡丹的记载，“永嘉水际竹间多牡丹”之录是牡丹受到普遍关注的起始。隋唐年间，牡丹得到大规模的人工培植，形成了花苑

---

① 引自《广群芳谱》，卷73。
② 事出《已疟编》。
③ 事出《云溪友议》。

与花市。据王应麟《玉海》载：

隋炀帝辟地二百里为西苑，诏天下进花卉，易州进二十箱牡丹，有赪红、鞓红、飞来红、袁家红、醉颜红。

唐开元中，天下太平，牡丹始盛于长安，每到暮春花盛时节，赏花、买花人趋之若鹜，到了“家家习为俗，人人迷不悟”的程度。宋代花都转向洛阳，有“洛阳之花为天下冠”之称。欧阳修在《风俗记》中记述了洛阳人好花的情状：

洛阳之俗，大抵好花，春时城中无贵贱皆插花，虽负担者亦然。花开时，士庶兢为游遨，往往于古寺废宅有池台处为市井，张幄帘，笙歌之声相闻。最盛于月陂堤、张家园、棠棣坊、长寿寺东街与郭令宅，至花落乃罢。①

牡丹的品种繁多，《群芳谱》所载的品名就有一百八十二种之多，有称牡丹之“绝丽者”为三十二种。②

牡丹因艳丽、华贵而为人们所爱，成为美女、富贵、美满、繁盛的象征。牡丹作为祥物成了多种吉祥图案的题材，例如，牡丹与芙蓉同图，称作“荣华富贵”（图8－21）；牡丹与猫同图，称作“正午牡丹”；牡丹插花瓶中，称作“平安富贵”；牡丹与猫、蝶同图，称作“富贵耄耋”等。

牡丹早在唐宋间已被称作“物瑞”，孙光宪《生查子》词曰：

清晓牡丹芳，红艳疑金蕊。乍占锦江春，永认笙歌地。

感人心，为物瑞，烂熳烟花里。戴上玉钗时，迥与凡花异。

图8－21　荣华富贵

① 转引自《广群芳谱》，卷32。
② 见仲休：《花品叙》。

这与凡花迥异的牡丹，作为“物瑞”能感应人心，成为凝聚着情感与精神因素的植物祥物。

梅　花

梅花属蔷薇科落叶乔木，原产中国西南山区，系山谷中的野生树种，后广为种植，在东南一带最为繁盛。《花镜》云：

> 古梅多着于吴下、吴兴、西湖、会稽、四明等地，多百年老干。其枝樛曲万状，苍藓鲜皴，封满树身，且有苔须垂于枝间，长寸许，风至，绿丝飘动。其树枝四荫，周遭可罗坐数十人，好事者多载酒赏之，盖梅为天下尤物，慕其香韵而称其清高也。

当今无锡梅园、苏州邓尉、杭州孤山、南京梅花山等处，仍是赏梅的胜地。

人们喜爱梅花，首先是因为梅是识春报春的瑞物。《事词类奇》云：

> 水陆草木之花，香而可爱者甚众。梅独先天下而春，故首及之。①

另，梁简文帝《梅花赋》曰：

> 梅花特早，偏能识春，或承阳而发金，乍杂雪而被银，摽半落而飞空，香随风而远度……

梅花“识春”之性历来为文人称颂，明杨维桢有诗云“万花敢向雪中出，一树独先天下春”，也是咏梅的名句。

梅因其品质而成为“天下之尤物”。梅花之香是其优长之处，后魏贾思勰说：“梅花优于香，桃花优于色。”此外，梅花还有韵、有格，《广群芳谱》卷 22 引《梅谱后序》云：

> 梅以韵胜，以格高，故以斜横疏瘦与老枝怪奇者为贵。

古人在种梅、赏梅的过程中，提出了梅具四德、四贵之说。《潜确类书》载：

---

① 转引自《广群芳谱》，卷 22。

在具四德：初生蕊为元，开花为亨，结子为利，成熟为贞。梅有四贵：贵稀不贵繁，贵老不贵嫩，贵瘦不贵肥，贵合不贵开。①

将梅花与“元亨利贞”相联，是种梅、赏梅活动的道德化与哲学化。正是梅的自身条件与人的文化理解，使梅花成为人见人爱的“尤物”。宋范成大《梅谱前序》云：

梅，天下之尤物。无问智愚、贤不肖，莫敢有异议。学圃之士，必先种梅，且不厌多，他花有无、多少，皆不系重轻。

梅花更为文人所钟爱，历代墨客留下了大量的《看梅》、《问梅》、《寻梅》、《探梅》、《梦梅》、《忆梅》、《题梅》、《折梅》、《嗅梅》、《浸梅》、《浴梅》、《惜梅》、《乞梅》之类的诗咏。他们甚至把梅花比作“仙客”和“玉妃”，如宋王十朋有“仙客风中飘素袂，玉妃月下试新妆”句，表达了崇敬与喜爱的情感。

梅花有精神的与实际的应用。“宝剑锋从磨砺出，梅花香从苦寒来”，历来是激励学子们发愤刻苦的座右铭。梅花能制梅粥、梅花脯、蜜渍梅花、梅花汤饼，此外还有梅花纸帐、梅花妆等，有实际的用途。梅花是吉祥图案的构成元素，与松、竹相配为“岁寒三友”，与喜鹊同图称“喜上眉梢”（图 8－22），它们在建筑装饰、衣饰鞋花、家具图案、吉祥花钱（图 8－23）等领域广为应用，成为民间最常见的祥物之一。

图 8－22　喜上眉梢

图 8－23　花钱上的梅花

① 转引自《广群芳谱》，卷 22。

瑞　草

在中国志怪述异类小说中，记录了不少有神异之性的瑞草，它们或使人不饥，或食而成仙，或能使死者复活，或能化作火炬，或能验梦之吉凶等，虽荒诞不经，但反映了古人以草祈祥的心态。古书中的瑞草有龙爪薤、吉云草、明茎草、宵明草、蹑空草、凤葵草、不死草、怀梦草、五味草、虹草等，现录数条以例说。

《洞冥记》卷2云："乌哀国有龙爪薤，长九尺，色如玉，煎之有膏，以和紫桂为丸，服一粒千岁不饥。故语曰：'薤和膏，身生毛。'"

《洞冥记》卷3云："有凤葵草，色丹，叶长四寸，味甘，久食令人身轻肌滑。"

《金楼子》卷5云："神州之上有不死草，似菰苗，人已死，此草覆之即活。"

《拾遗记》卷6云："有宵明草，夜视如列烛，昼则无光，自消灭也。有紫菊，谓之日精，一茎一蔓延及数亩，味甘，食者至死不饥渴。"

《洞冥记》卷3云："有梦草似蒲，色红，昼缩入地，夜则出，亦名'怀梦'。怀其叶则知梦之吉凶，立验也。帝思李夫人之容不可得，朔乃献一枝，帝怀之，夜果梦夫人，因改曰'怀梦草'。"

《拾遗记》卷6云："其北有草，名'虹草'。枝长一丈，叶如车轮，根大如毂，花似朝虹之色。昔齐桓公伐山戎国，人献其种，乃植于庭，云霸者之瑞也。"

上述龙爪薤、凤葵草、紫菊等为"仙草"，不死草、宵明草等为"神草"，怀梦草可称作"巫草"，而虹草则为"霸草"。它们均因有神异的超自然之性而被视作瑞草，长期存留于人们的观念中，成为俗人心向神往的对象和文人笔下的奇谭。

灵　芝

灵芝，又叫"木芝"、"菌芝"，一名"寿潜"，一名"希夷"。《说文》曰："芝，神草也。"《广群芳谱》曰："芝，瑞草也。"灵芝属真菌类，它由菌盖（伞）、菌柄（杆）、孢子构成，自古被当作有神奇疗效的灵药。其品种有100余种，分赤、黄、白、黑、紫数类。《本草经》曰："赤芝，一名月芝；黄芝，一名金芝；白芝，一名玉芝；黑芝，一名玄芝；紫芝，一名木芝。"

灵芝的嘉瑞来自它的药用功效，因有神芝、仙药之称。《博物志》云：

> 名山生神芝、不死之草，上芝为车马，中芝为人形，下芝为六畜。

这是对灵芝形象的神异化。《酉阳杂俎》则云："仙药有三十六芝。"作为仙药的灵芝，又被说成为西王母所有。《汉武内传》云：

西王母之仙上药，有大真红芝草。

此外，《思玄赋》有"聘王母于银台兮，羞玉芝以疗饥"句，可见，不论赤芝、玉芝，均为西王母的不死仙药。

灵芝被古人说成有延年益寿的神效，《抱朴子》称：青云芝，阴干食之，"令人寿千岁不老，能乘云通天，见鬼神"；黄龙芝，"日食一合，寿万年，令人光泽"；龙仙芝，"服一株，则寿千岁"；金菌芝，"饮其中水，寿千岁，耳目聪明"……道家术士对灵芝药性的夸张影响到民间传说，著名的《白蛇传》中有白蛇盗灵芝救活许仙的情节，灵芝在人们观念中不仅能益寿延年，而且能起死回生。

同其他祥物一样，灵芝也曾受到道德化的渲染。《孝经援神契》曰：

德至于草木，则芝草生。

《神农经》则称五色神芝之生为"圣王休祥"。早在汉代，灵芝已成为郊祀的对象。《汉书·郊祀歌》有"蔓蔓日茂，芝成灵华"之句，而班固《郊祀灵芝歌》则曰：

因露寝兮产灵芝，象三德兮瑞应图。
延寿命兮光此都，配上帝兮象太微。
参日月兮扬光辉。①

民间祥图中的祥云、如意头等，常为灵芝状，同时作为装饰图案亦见于木雕石刻中，它有着药物以外的其他应用，亦属多用性瑞草灵物。

三、珍果嘉蔬

瓜果蔬菜也是植物祥物的重要支系，它们既有美味、滋补、药疗的食用价值，又能观赏、馈赠、祭供、祈愿，成为吉祥文化的材料。所谓珍果，即富有文化内涵的果实，诸如柑橘、石榴、柿子、佛手、栗子、枣子、葫芦、桃子、西瓜等。所谓嘉蔬，指因其风俗的应用而带有嘉瑞意义的蔬菜，诸如芹菜、菠菜、荠菜、葱、蒜、辣椒、生菜、白菜、南瓜、萝卜等。果蔬作为俗用之物，可谓平中见奇的又一类植物祥物。

---

① 引自《广群芳谱》，卷87。

柑　橘

柑橘为中国南方的珍果，《晏子春秋》中有"橘生淮南则为橘，生于淮北则为枳"之说。晋胡济《黄柑赋》称柑橘"惟江南之奇果，资天地之正阳"。柑橘作为珍奇的果实，除了《韩非子》所说的"食之则美，嗅之则香"，还因它有多种益处。明徐光启《农政全书》云：

夫橘，南方之珍果。味则可口，皮核愈疾，近升盘俎，远备方物，而种植之，获利又倍焉。

可见，它有食用、疗疾、祭供、馈赠、生财等用途，故为珍果、嘉树。[1]

柑橘的品质自古受人推崇，屈原写有《橘颂》对之大加褒美：

后皇嘉树，橘徕服兮。
受命不迁，生南国兮。
深固难徙，更壹志兮。
……
苏世独立，横而不流兮。
闭心自慎，不终失过兮。
秉德无私，参天地兮。
……

橘被人格化，成为品质高贵的象征。

在中国古籍中，记录了不少有关橘的奇事异闻。《南史·孝义传》载：

王虚之居丧二十五年，盐酢不入口，墓上橘树一冬再实，时人咸以为孝感所至。

此言橘为有孝感的灵果。

另，《神仙传》载：

苏仙公者，桂阳人也，汉文帝时得道当仙。母曰："汝去之后，使我如

① 宋谢惠连《橘赋》曰："园有嘉树，橘柚煌煌。"

何存活?”先生曰:“明年天下疾疫,庭中井水,檐边橘树,可以代养。井水一升,橘叶一枚,可疗一人。”来年果有疾疫,远近悉求母疗之,皆以水及橘叶,无不愈者。[1]

此为对柑橘药用功效的夸张。

柑橘实用的与文化的作用,使之进入朝礼与民俗之中。唐皇每年九月九日在蓬莱殿赐群臣以橘,而民间在新年陈福橘,或以柑橘相互馈赠,取谐音“吉”意。民间祭祀大礼中,以猪头口含柑橘为供,意取“大吉大利”。在吉祥图案中,以两条鲶鱼与柑橘同图,称作“年年大吉”(图8-24);以柿饼与柑橘同图,则叫作“百事大吉”。在民俗中,原本实在的珍果已成了意象的符号,无声地传道着吉祥文化的信息。

图8-24 年年大吉

柿 子

柿,又称作“赤实果”,一般树高枝繁叶大,四月间开黄白色小花,八九月果熟。柿的种类很多,有红柿、黄柿、朱柿、着盖柿、牛心柿、蒸饼柿、八棱柿、塔柿等品种。世传柿有七绝:一多寿,二多阴,三无鸟巢,四无虫蠹,五霜叶可玩,六佳实可啖,七落叶肥大,可以临书。[2] 有此“七绝”,故柿树常被选作庭树。白居易诗云:“柿树绿荫合,王家庭院宽”,而苏轼有“柿叶满庭红颗秋”句,直到今日乡民仍以柿树装点庭院(图8-25)。

柿在古人看来,也能与人相感,互行恩惠。《广群芳谱》卷58引《东观汉记》云:

① 引自《广群芳谱》,卷64。
② 引自《广群芳谱》,卷58。

图 8-25　农户庭院中的柿树

> 韦顺为东平相，赏罚必信。有柿树生屋上从庭中，遂茂。顺至孝行，人以为感于天地而生。

此言柿为孝感之树，自有灵性。此外，古籍中还有柿树受封"凌霜侯"的传说。《在田录》云：

> 高皇微时过剩柴村，已经二日不食矣，行渐伶仃。至一所，乃人家故园，垣缺树凋，上悲叹久之。缓步周视，东北隅有一树霜柿正熟，上取食之，食十枚便饱，又惆怅久之而去。乙未夏，上拔采石，取太平，道经于此，树犹在。上指树，以前事语左右，因下马以赤袍加之，曰："封尔为凌霜长者。"或曰："凌霜侯"。

果木受封，事不多见，此柿子的又一美谈。

古人还称柿木中有文字，此又为一奇谭。宋沈括《梦溪笔谈》云，杭州南新县民家在柿木中曾发现"上天大国"四字，且"书法绝类颜真卿，极有笔力"。另，宋何薳《春渚纪闻》云，晋江尤氏之邻朱氏圃中种有柿树，一夕雷震木裂，中有浓墨书就的"尤家"二字，且大枝小枝均大小成字，字体带草，劲健如王会稽书，后其圃归尤氏。

柿木中见文字之说增添了柿的神秘气氛，使自然之物与文化创造并合同在，并由此而更显其珍。民间视柿为祥物，并有风俗的应用。江南人家，元旦清晨要吃一块柿饼、一个橘子，以讨"百事大吉"之利。在吉祥图案中，柿与百合、橘子同绘,亦意取“百事大吉”;柿子与如意同图,则谓“事事如意”。此外,柿蒂纹在石雕、木刻、印染、刺绣等领域多有所用,成为又一种吉祥装饰(图 8-26)。

图 8-26　柿蒂纹

柿为晚秋时节的嘉果,故有“悬霜照采,凌冬挺润”的美誉。①

芹　菜

芹,一名“水英”,一名“楚葵”。芹有水芹、旱芹之分,一般二月生苗,五月开细白花,叶似芎䓖,茎有节棱而中空,其气芬芳。用作菜蔬平时食用的有白芹、蒲芹、水芹数种。芹有止血养精、益气止烦、去伏热、杀药毒等药用功效,又清香可口,故为人们所喜爱。

《诗经・小雅》曰:“觱沸槛泉,言采其芹”,另《鲁颂》有“思乐泮水,薄采其芹”之句,可见,早在春秋时代,芹已进入人们的生活。芹的文化功用不是单一的食用,而有信仰的、礼仪的,或宗教的、社会的用途。

《周礼・天官冢宰下》曰:“加豆之实,芹菹兔醢。”此说芹菜和兔肉酱是盛于豆中用以祭祀天神的食物。此外,《尔雅翼》云:

水芹,微物也。而古人不以微薄废礼,犹愈于无礼也。今释奠先圣犹用之。

芹菜又是佛教用以奠祭的祭品。

芹菜还是社交礼俗中的馈赠之物。《四时宝镜》云:

东晋李鄂立春日,命以芦菔、芹菜为菜盘,相馈贶。

① 语出梁简文帝:《谢东宫赐柿启》。

芹菜不仅是俗民们相互馈赠的礼物，而且还能用以献给君王。宋高观国咏芹之词《生查子》曰：

野香春吐芽，泥湿随飞燕。
碧涧一杯羹，夜照无人翦。
玉钗和露香，鹅管随香软。
野意重殷勤，持以君王献。

芹菜作为清香可口的嘉蔬，历来受人之爱。《吕氏春秋》有"菜之美者，云梦之芹"的记载。在长江下游地区，芹菜是除夕年饭上的一道吉祥菜，尤其是水芹必不可少，俗称"路路通"，食之，以讨顺畅通达的吉利。

芹菜不论作为祭品、礼品或食品，都隐含祥瑞的意义。

九 饮食祥物

饮食是人类赖以存活的基础，也是一类最实用的祥物。饮食自古被视作物用之大端，《汉书·郦食其传》中有“民以食为天”之说，清李光庭《乡言解颐》卷4则称：“盈天地间皆物也。物为人用，其大者则为居处、饮食两端。”

中国饮食文化丰厚精深，成为国人的骄傲。孙中山先生在《建国方略》中曾指出：“单就饮食一道论之，中国习尚常超乎各国之上。此人生最重要之事，……实为一大幸事。吾人当保守之而勿失，以为世界人类师导可也。”

中国饮食不仅以美味著称，更不乏喜庆祥瑞的文化内涵，不少品种超越了果腹或解馋的单一功能，融入了赏悦、交际、养生、寄情、助兴、信仰等成分。饮食祥物既有作为饮食的本来用途，又有其他的功用，带上了若明若暗的精神的和社会的文化色调。

第一节 风俗性饮食

饮食文化往往是风俗现象，它具有突出的民族性或地方性的特征，且具有世代相传的文化惯性。《博物志·五方人民》曰：“东南之人食水产，西北之人食陆畜。食水产者，龟蛤螺蚌以为珍味，不觉其腥臊也。食陆畜者，狸兔鼠雀以为珍味，不觉其膻也。”这种食物种类的相异，正是风俗有别使然。

风俗性饮食包括日常饮食与节庆饮食等基本类型，其中既有一般饮食，也有祥物饮食，而后者具有更多的文化内涵。

一、日常饮食

日常饮食指各地平时作为主、副食的各类常见食品，包括米饭、面食、蔬菜、果品、杂粮、酒茶等。其中不少因名称、造型、礼俗、传说、历史等而带上嘉庆、吉利的成分，成为饮食祥物。此类祥物往往易被忽略，但却客观地存在着，诸如豆腐、馒头、面条、花馍、饺子、馄饨、糕团、小吃等，均有其值得发掘的吉祥意义。

豆　腐

豆腐，是奇妙的文化创造，也是极富营养的大众美食。豆腐，又名“黎祁”、“来其”，俗称“和尚肉”、“小宰羊”[①]，系人类最早提取出的植物蛋白质。

豆腐不仅在中国、日本等东方国家为人所爱，当今已成世界性的美味佳品。豆腐价廉物美，而食法多样，可用烩、炸、炖、煮、煎、拌等多种烹饪方式加工，各具风味。豆腐菜肴及小吃中有不少人见人馋的名品，诸如：麻婆豆腐、家常豆腐、凉拌豆腐、拔丝豆腐、鱼头豆腐、小葱豆腐、豆腐圆子、臭豆腐干、油炸干、老卤干、兰花干、五香茶干、腐竹、素鸡等，均为大众所喜爱。

豆腐的制法始于汉代，相传由西汉淮南王刘安所发明，故豆腐之法又称作“淮南术”。宋朱熹有诗云：

种豆豆苗稀，力竭心已腐。
早知淮南术，安坐获泉布。

其自注曰：“世传豆腐本淮南王术。”这是文献中有关豆腐为淮南王所制的最早记录。此后，文献多称豆腐为淮南王刘安所作。

明李时珍《本草纲目·谷部·豆腐》曰：“豆腐之法，始于汉淮南王刘安。”

明叶子奇《草本子·杂制篇》曰：“豆腐，淮南王刘安所作。”

明王三聘《古今事物考》曰：“豆腐，始于淮南王刘安方士之术也。”

清高士奇《天禄识余》曰：“豆腐，淮南王刘安造，又名黎祁。”

曾有人怀疑“淮南术”的存在，提出豆腐始于唐、宋之论，但1960年在河南省密县打虎亭一号汉墓中发现了大面积的画像石，其中有“豆腐作坊图”的刻画。由于刘安精于烹饪，曾写过《淮南王食目》、《淮南王食经》、《淮南王食经音》等已失传之著作，故刘安及其身边的方士发明了豆腐是大致可信的。[②]

---

① 陶谷《清异录》：“时戢为青阳丞，洁己勤民，肉味不给，日市豆腐数个，邑人呼豆腐为‘小宰羊’。”

② 参见王明德等：《中国古代饮食》，第2章“淮南王刘安始制豆腐”节，陕西人民出版社，1988年。

豆腐被视作饮食祥物，除出自方士之术，也因僧家、道家最为熟知，从而产生了通神得灵的联想。明诗人苏平《豆腐》诗曰：

传得淮南术最佳，皮肤褪尽见精华。
一轮磨上流琼液，百沸汤中滚雪花。
瓦缶浸来蟾有影，金刀割去玉无瑕。
个中滋味谁得知，多在僧家与道家。

该诗把豆腐比作琼液、雪花、明月、白玉，它不仅形制可爱，更因僧道的食用而带上了圣洁的光晕。

豆腐之为祥物，还因有“八公山豆腐”的传说。安徽寿县八公山豆腐相传即淮南术的制品。“八公”有说为刘安身边的八个术士，有说即编写《淮南子》一书的苏非、李尚、左吴、田由、雷被、毛被、伍被、晋昌八人。① 八公山是他们的仙升之处，故八公山豆腐便有“仙山豆腐”或“仙人豆腐”的寓意。豆腐既由仙人点画，自然便成了吉祥食物。

馒　头

馒头又叫“曼头”、“馒首”、“笼饼”、“蒸饼”、“炊饼”、“馍馍”等，是用面粉发酵后蒸制的食品，分有馅与无馅两种。

馒头的起源与诸葛亮的传说有关，本为人头祭品的替代。据宋代高承《事物纪原·酒醴饮食》载：

诸葛武侯之征孟获，人曰：“蛮地多邪术，须祷于神，假阴兵一以助之。然蛮俗必杀人，以其首祭之，神明飨之……”武侯不从，因杂用羊豕之肉，而包之以面，像人头，以祠。神亦飨焉，而为出兵。后人由此为馒头。

这一说法被罗贯中写进了《三国演义》第 91 回，诸葛亮的馒头是这样制做并祭用的：

唤行厨宰杀牛马和面为剂，塑成人头，内以牛羊等肉代之，名曰“馒头”。当夜于泸水岸上设香案，铺祭物，列灯四十九盏，扬幡招魂，将馒头

① 参见郭伯南：《华夏风物探源》，“豆腐”，上海三联书店，1991 年。

等物陈设于地。

在晋代，"曼头"与饧饼、髓饼、牢丸同为祠祭之物，①后演成风俗食品。到宋代，在市食点心中已出现了多种馒头，据宋吴自牧《梦粱录》卷16载，当时的馒头品种有：四色馒头、生馅馒头、杂色煎花馒头、糖肉馒头、羊肉馒头、太学馒头、笋肉馒头、鱼肉馒头、蟹肉馒头、假肉馒头、笋丝馒头、裹蒸馒头、菠菜果子馒头、辣馅糖馅馒头等。

馒头被视作祥物，主要因其有礼俗的应用，除了用于敬神祭祖，在上梁、庆寿、过年中亦常见用。

在上梁仪典中各地均有抛馒头的建筑礼俗。云南剑川白族人的馒头蒸成花形，其上插上竹叶，并堆成山形。其中有四个大馒头，内塞钱币，外包红绸或红纸，分别写上东方、西方、南方、北方，丢于建筑物的四个方向，然后再抛小馒头。每抛一个，说一句吉祥话，人人争抢。在他们眼中，馒头是吉祥之物，而大馒头为祥中之祥，抢得者为大吉。②

馒头若在顶部划个十字口，则能蒸出"开花馒头"，俗称为"笑"，人们往往还在馒头上加印红点，成为礼俗之用的吉祥馒头。作为贺寿的食品，馒头往往做成桃子形，人们在桃尖点红、在桃底抹绿，俗称"寿桃"，并视作长寿的象征。

馒头是江北人家过年时不可或缺的食品，年里吃不完，还可切片晒干，以备夏忙食用(图9-1)。清李光庭说："腊月望后，便蒸馒头，分有馅、无馅二种。……搀冰花糖以模印之，其白如雪，面有银光，谓之白包子。"并有诗云："长茧迎春结，斜桃馈岁投。"③可见，馒头又是迎春贺岁的吉祥食品。

图9-1 以备夏忙食用的馒头片

馒头因广泛用于礼俗活动，又称作"礼馍"。礼馍的造型丰富多彩，多拟各类祥物。例如，春节有神虫、盘龙、圣鸡、元宝

① 晋卢谌《杂祭法》曰："春祠用曼头、饧饼、髓饼、牢丸，夏秋冬亦如之。"
② 参见叶大兵等：《中国风俗辞典》，上海辞书出版社，1990年，页443。
③ 语出《乡言解颐》，卷4"物部上・馒头"。

等，端午节有春燕，七夕有金鱼、金蝉、莲子、佛手等，婚嫁有喜饽饽、喜饼、龙凤饼、虎头馍、鲤鱼、石榴、如意等，[1]均取吉祥之意。

市　食

市食，又称“小吃”、“点心”，即市井民众或乡野农民的传统食品，它们品种繁多，五花八门，美味可口，价格不昂。市食的繁盛历来是太平盛世的标志。

在北宋的汴梁和南宋的临安都曾有过浩繁的市食系列，让人惊叹而口馋。吴自牧《梦粱录》卷16载：

> 市食点心，四时皆有，任便索唤，不误主顾。且如蒸作面行卖四色馒头、细馅大包子，卖米薄皮春茧、生馅馒头、馅子、笑靥儿、金银炙焦牡丹饼、杂色煎花馒头、枣箍荷叶饼、芙蓉饼、菊花饼、月饼、梅花饼、开炉饼、寿带龟仙桃、子母春茧、子母龟、子母仙桃、圆欢喜、骆驼蹄、糖蜜果食、果食将军、肉果食、重阳糕、肉丝糕、水晶包儿、笋肉包儿、虾鱼包儿、江鱼包儿、蟹鱼包儿、鹅鸭包儿、鹅眉夹儿。十色小从食，细馅夹儿、笋肉夹儿、油炸夹儿、金铤夹儿、江鱼夹儿、甘露饼、肉油饼、菊花饼、糖肉馒头、羊肉馒头、太学馒头、笋肉馒头、鱼肉馒头、蟹肉馒头、肉酸馅、千层儿、炊饼、鹅弹。更有专卖素点心从食店，如丰糖糕、乳糕、栗糕、镜面糕、重阳糕、枣糕、乳饼、麸笋丝、假肉馒头、笋丝馒头、裹蒸馒头、菠菜果子馒头、七宝酸馅、姜糖、辣馅糖馅馒头、活糖沙馅诸色春茧、仙桃龟儿、包子、点子、诸色油炸、素夹儿、油酥饼儿、笋丝麸儿、果子、韵果、七宝包儿等点心。……又有粉食店，专卖山药元子、真珠元子、金桔水团、澄粉水团、乳糖槌、拍花糕、糖蜜糕、裹蒸粽子、栗粽、金铤裹蒸茭粽、糖蜜韵果、巧粽、豆团、麻团、糍团及四时糖食点心。及沿街巷陌盘卖点心：馒头、炊饼及糖蜜酥皮烧饼、夹子、薄脆、油炸从食、诸般糖食油炸、虾鱼划子、常熟糍糕、馉饳瓦铃儿、春饼、芥饼、元子、汤团、水团、蒸糍、栗粽、裹蒸、米食等点心。及沿门歌叫熟食：熬肉、炙鸭、熬鹅、熟羊、鸡鸭等类，及羊血、灌肺、撺粉、科头，应于市食，就门供卖，可以应仓卒之需。

此外，周密《武林旧事》卷6载有“市食”四十一种，果子四十二种，糕十九种，蒸作从食五十六种，粥九种等。

---

① 参见赵建民：《中华“礼馍”刍议》，《民俗研究》，1997年第2期。

南京的秦淮小吃亦颇负盛名，在南京流传着这样的《小吃谣》：

腊八粥，豌豆糕，荷叶乌饭炒元宵。
糖粥藕，糖芋苗，桂花酒酿小元宵。
豆沙条、马蹄糕，松子茶糕满街跑。
豆腐涝，火腿粽，扬州春卷加年糕。
油炸干、状元豆，蛤蟆酥儿和火烧。
小刀面、大馄饨，油条水饺蒸儿糕。
什锦包、三丁包，各色烧卖、枣泥馅心山药桃。
炸鹌鹑、炸黄雀，炸鸡腿、炸田螺，
手拿食品街上跑。
茶叶蛋、鸭肠汤，五香驴肉老卤干。
热老菱、糖山芋，熟荸荠、五香藕，炒米团子、百合绿豆羹。①

图9-2　乡镇上的小吃摊

在西北黄土高原亦有丰富的小吃名点，1988年山西省运城地区的名产名吃展销暨物资交流大会上共展销各类小吃146种，诸如莺莺饼、清真饼、冰糖葫芦、旦旦面、飞刀面、羊肉泡馍、牛肉水饺、米乐福包子等，都具有地域的特色。②

在江南的乡镇还见有油炸馓子、五香蛋、回卤干、煮花生、豆腐圆子等小吃(图9-2)。

市食点心为市民和游客所钟爱，虽大多为日常饮食，但它特有的民俗氛围能烘托出太平繁盛的欢乐景象，故可视作饮食祥物。

二、节庆饮食

传统民俗节日少不了吉祥食品的点缀，即便是寻常饮食在节日里也往往

① 引自季士家等编：《金陵胜迹大全》，南京出版社，1993年，页770～771。
② 见王森泉等：《黄土地民俗风情录》，山西人民出版社，1992年，页247～248。

别具意味。从春节第一餐到除夕年夜饭，历经四时八节，各有相应的食品，也各有吉祥的追求。节庆饮食最具风俗的特征，成为展示民族性与地方性的独特窗口。

新春第一餐

正月初一是新春，为一年之始，自古以来人们对第一餐多有讲究，各地形成了不同的传统。新春的食物不仅是美味佳肴，更有其象征的意义。

在晋代及南朝时期，三元之日要饮椒柏酒、桃汤、屠苏酒，吃胶牙饧、五辛盘，以取“发五脏、迎新岁”之意。及至当代，新春食品仍有吉祥的寓意。

南方大部分地区春节第一餐要吃年糕，以表“年年高”。在苏南农村有吃米面糕团的风俗(图 9-3)，以表“合家团圆，万事俱高”。北方人家新春第一餐多吃饺子，因饺子形似元宝，取“招财进宝”之意；有的人家把饺子、面条一同煮食，则称作“银线吊葫芦”或“金丝穿元宝”。上海郊区新年早晨吃小糖圆，意取“甜蜜、团圆”。山东、安徽一些农村，元旦每人要先咬一口萝卜，谓之“咬春”，可使一年吉祥。南京人家新年早晨吃面条，意表“长春长寿”。在江苏武进、阳湖一带，人们在元旦早晨坐床上先吃一个柿饼和橘子再下床，称作“百事大吉”。[①] 瓜洲人家，元旦早晨食枣栗、莲子羹，有“早立连子”、早生多育之意。[②] 杭州人家，新年食糕解粽，呼其名为“高中”。[③] 浙江钱塘县元旦吃红豆饭，谓之“来年饭”，以表家有余粮。湖北省团风人春节第一餐喝鸡汤，象征“清泰平安”。其中，家中主要劳力要吃鸡爪，意表“新年抓财”；年轻后生要吃鸡翅，意表“展翅高飞”；当家之人则吃鸡头，则意表“出人头地”。[④] 陕西元旦早晨吃馄饨，俗称“吃元宝”，亦有

图 9-3　农家的米面糕团

① 道光二十三年，《武进阳湖县合志》：“(元旦)拥衾即剖干柿及橘食之，云‘百事大吉’。”

② 见民国十六年，卷 28，《瓜洲续志》。

③ 见民国十一年，卷 170，《杭州府志》。

④ 见代志华文，《扬子晚报》，1994 年 2 月 10 日。

吃春饼者，谓之“咬春”。江西鄱阳地区，新年早晨吃鱼煮饺子，取“招财进宝，年年有余”之意。浙江有的地区元旦吃芹菜、韭菜、竹笋等做的“春盘”，以喻“勤劳久长”。

新春第一餐虽有地区差异和品种区别，但都围绕着一个共同的主题，那就是——新年纳吉。它借助节庆氛围而显露出自身的祥物性质。

在日本，正月里的第一顿饭也含有吉祥的追求。这顿饭名叫“杂煮”，取材呈红黄青白黑五色，以模仿魔王的五脏。其中，用鲣鱼表示火的红色，保护人的心脏；用鲍鱼表示土地的黄色，保护人的脾脏；用芋头表示树木的青色，保护人的肝脏；用年糕表示白金，保护人的肺脏；用海参表示呈红黑色的水，保护人的肾脏。人们在新年吃下魔王的五脏，就会比魔王还有气力。① 这杂煮，显然也是饮食祥物。

吃食谣

在中国民间流传着许多“吃食谣”，它们以节日食物的罗列与概括，展现特定的节日风情与食物的文化内涵。

由仇汝高等搜集的《十二月风俗吃食谣》是这样说的：

正月家家吃元宵，
二月二做饼带女儿，
三月清明吃凉粉，
四月立夏鸡蛋炒，
五月端午吃粽子，
六月初六炒面焦，
七月菱藕新上市，
八月中秋月饼咬，
九月重阳吃大糕，
吃红豆饭是十月朔，
冬月冬至吃水饺，
腊月腊八把粥烧。②

---

① 参见贾蕙萱：《中日吉庆食品的特点》，《西藏民俗》，1998 年第 3 期。

② 引自《中国歌谣集成·江苏卷》，中国 ISBN 中心，1998 年，页 381。

歌谣中的元宵、粽子、菱藕、月饼、重阳糕、红豆饭、水饺、腊八粥等，均为节日中的吉祥食物。

节庆饮食有一节一食的，也有一节多食的。描写南通地区的《端阳食谣》说道：

端阳时节忙碌人，剥粽蘸糖当早茶；
苋菜落油和片粉，面筋捣蒜拌黄瓜；
一方白肉连皮啖，两尾黄鱼带鳔叉；
烧酒醉来何物解，平桥脚下买枇杷。

其中，粽、苋菜、黄瓜、黄鱼、枇杷等应时节物，因点画出端阳的嘉庆气氛而具有祥物的性质。

南京的“十景菜”是辞岁迎年的节庆食品，有一首《十景年菜歌》从其配料一一说来，历数其祥瑞的意蕴：

一祝首季开门红（炒胡萝卜丝），
二祝如意万事兴（炒豆芽菜），
三愿来年节节高（炒竹笋丝），
四愿五谷又丰登（炒五香干丝），
五重百页万民书（炒百叶丝），
六忆孟姜与长城（炒生姜丝），
七采黄花百朵云（炒黄花菜），
八掬仙波一池春（炒菠菜），
九敬仙子黑牡丹（炒黑木耳），
十献白芹国民健（炒芹段），
十一风里生来雨中长（炒野荠菜），
十二霜雪雪冬红满天（炒雪冬菜），
十三正是豆蔻好年华（炒豌豆苗），
十四再写蒲芹新华章（炒蒲芹），
十五卸下绿装换金妆（炒腌冬青菜），
十六共祝家国满园春（上述蔬菜合一）。[1]

① 见《扬子晚报》，1999年2月15日，第2版。

从这首《十景年菜歌》选用的吉语，不难看出它作为饮食祥物的身份。

节庆饮食不仅为人所享用，有时也做给牲口吃。在江苏建湖县，每年清明节有煮杨柳饭喂牛的风俗，当地流传着这样的《杨柳饭谣》：

打一千，骂一万，清明吃顿杨柳饭。
杨柳饭，喷喷香，一顿吃去一大缸。
杨柳饭，营养高，吃下能添一个腰。
杨柳饭，吃个饱，赛过千斤黄稻草。
杨柳饭，贵如金，想吃还得到清明。①

这一歌谣的唱念同样能渲染节日的气氛，给民俗庆节涂上乐生、欢快的色调。可以说，不仅被歌咏的节庆饮食是祥物，就是这些“吃食谣”，也具有了祥瑞的意味。

元　宵

元宵，是元夕的传统食品，俗有“上灯元宵落灯面”的谣谚。元宵，又叫“圆子”、“元子”、“浮圆子”、“汤圆”、“汤团”、“粉团”、“汤元”等。元宵用糯米粉裹糖馅、肉馅、菜馅或果馅而搓成，也有不用馅子的实心小圆子。小圆子可用蔬菜煮食，亦可用桂花、糖、酒酿等做成酒酿元宵，或用赤豆、糖等煮制赤豆元宵，均为可口的节物。

元宵的烹饪方式很多，有人总结出十法：

1. 水煮法：有“滚水下，慢火煮”的口诀，沸水中宜加少许食盐。

2. 锅蒸法：先将盘底抹一层食油，再把元宵摆上，入锅蒸熟。

3. 生炸法：先将花生油烧到七成熟，再将元宵入油炸熟，呈金黄色时捞出。

4. 熟炸法：先把元宵煮熟，晾凉，然后入油锅炸至金黄色捞出。

5. 挂皮法：将生元宵先在鸡蛋清里滚一下，再放到油锅里炸。

6. 穿衣法：先将芝麻炒酥研末，放入稠糖糊中，放进用油炸好的元宵，使之滚沾均匀，出锅上盘。

7. 烘烤法：将元宵摆于抹有食油的铁盘内，入烤箱内烤至呈金黄色时取出。

---

① 引自《中国歌谣集成·江苏卷》，中国 ISBN 中心，1998 年，页 377。

8. 拔丝法：将花生油浇到五成熟，入元宵，炸到皮呈黄色取出。将香油在微火上烧到四成熟，加入白糖，炒至呈金黄色起泡时，迅速倒入元宵，将锅离火反复颠翻，使糖汁均匀挂在元宵上，盛出。

9. 琉璃法：将花生油烧到七成熟，将元宵入锅炸至金黄色取出。将香油在微火上烧到四成熟，入白糖搅炒，见露红色、起细泡时倒入元宵，随即离火翻颠，撒上芝麻、青红丝，倒在抹过油的案板上，稍凉用筷子逐个拨开盛盘。

10. 酒醉法：将小元宵煮熟放入碗中，将煮沸的甜酒浇入，加入糖桂花、橘子瓤、菠萝丁等则更佳。①

元宵不仅食法多，各地也出了一些名品，例如，四川的“赖汤元”，宁波的“酒酿圆子”，上海的“四喜汤圆”，广东的“鸡汤元宵”，香港的“糖不甩”，北京的“马家元宵”等。②

元宵作为饮食祥物，不仅在于它多样性食法所烘托的节日气氛，更在于它是吉星的象征。宋周必大《元宵煮浮圆子》诗云：

> 今夕知何夕，团圆事事同。
> 汤官循旧味，灶婢诧新功。
> 星灿乌云里，珠浮浊水中。
> 岁时编杂咏，附此说家风。

诗中“珠”、“星”对应，即将元宵比作星辰。此外李家瑞《北平风俗类征》引《京都风俗志》曰：

> （正月）初八日祭本命星君，以糯米为面，裹糖果馅，谓之元宵为献，以其形肖星象也。

可见，元宵是星辰的象征，它在元夕食用同放灯一样，意表“吉星高照”。

团圆饼

团圆饼是大江南北的农户在中秋节自炊自制的面饼，用以祀神拜月，也作

---

① 见李明文，《扬子晚报》，1995 年 1 月 31 日，转载《生活报》。

② 清《竹枝词》曰：“桂花香馅裹胡桃，江米如珠井水淘。见说马家滴粉好，试灯风里卖元宵。”

馈赠礼品和自家的节日食物。

团圆饼不同于“月饼”，是另种中秋节食。光绪《丹徒县志》卷4曰：

> 中秋夕买月饼及菱、藕、萄、榴诸果。又以面作大饼，谓之“团圆饼”。俗凡祀神，均用团圆饼。

江南丹徒县的团圆饼是一种面作大饼，与精巧的月饼显然不同。

在江北扬州地区，旧时中秋节家家自制圆圆的烧饼。这烧饼有两种，所用原料及所包馅心不同，名称也各相异：包蔬菜馅的面饼叫“团圆饼”，包芝麻糖馅的米粉饼叫“子孙饼”，另有专作拜月之用的“供饼”。供饼一般做五只或七只，一只比一只大，拜月时迭为宝塔形，高高巍巍，有接近月宫，承接月光之意。当然，也有人不分什么团圆饼、子孙饼、供饼，因在中秋节炊制，也就统称之为“团圆饼”。

中秋节做团圆饼、供团圆饼、吃团圆饼，同食月饼、食芋艿等一样，本在月圆日取“遇合”之意。

团圆饼除了作为节庆饮食，还用作婚嫁祥物。在苏北邳县一带，新娘陪嫁的针线筐底或陪嫁箱内，要放一块用发面做成的又大又厚的“团圆饼”。完婚后的第二天，由婆婆或其他长辈从针线筐内取出该饼，用刀切成一角一角的，分给邻家的孩子们吃，不能破碎，意取家庭和美、早生多育。

团圆饼，从它的名称到应用，都显示了它作为饮食祥物的身份。

第二节　功能性饮食

功能性饮食，指超越果腹、美味的需求，而另有明确的功利目标的饮食系列。它主要有药用饮食与信仰饮食两大类，其中不乏文化内涵和吉祥意蕴，构成饮食祥物的又一支系。

一、药用饮食

药用饮食不同于药物，它首先是饮食，但同时又有食疗的效用。饮食本可滋养人体，宋蒲虔贯《保生要录·论饮食门》曰：“饮食者，所以滋养人之血气。血，则荣华形体；气，则卫护四肢；精华者，为髓为精；其次者，为肌为肉。”带药性之饮食更可养生护体，祛病延年。药用饮食包括药粥、药酒、药茶、菜肴、糕点等。

药　粥

药粥用粳米、糯米或籼米配莲肉、芡实、胡桃、扁豆等果实或蔬菜煮成，具有滋补、调养的功用。

各类米粥均有其药物之性。《本草纲目》云："粳米、籼米、粟米、粱米粥：利小便，止烦渴，养脾胃；糯米、秫米、黍米粥：益气，治虚寒泄痢吐逆。"①而煮粥之水，以初春雨水和平旦第一汲"井华水"为最有益，前者含"春阳生发之气"，而后者能使粥"味添香美"。②

清曹庭栋《养生随笔・粥谱》记有"上品三十六"、"中品二十七"、"下品三十七"，计粥品百种，皆能"调养治疾"。且择录数例于下：

莲肉粥

《圣惠方》：补中强志。按，兼养神益脾，固精，除百疾。去皮心，用鲜者煮粥更佳。

藕粥

治热渴，止泄，开胃消食，散留血，久服令人心欢。磨粉调食，味极淡。切片煮粥，甘而且香。

芡实粥

《汤液本草》：益精强治志，聪耳明目。按，兼治涩痹、腰脊膝痛、小便不禁、遗精白浊。有粳、糯二种，性同。入粥俱须烂煮。鲜者佳。

扁豆粥

《延年秘旨》：和中补五脏。按，兼消暑，除湿，解毒。久服发不白。荚有青紫二色，皮有黑白赤斑四色。白者温，黑色冷，赤斑者平。入粥去皮。用干者佳，鲜者味少淡。

柿饼粥

《食疗本草》：治秋痢。又《圣济方》：治鼻窒不通。按：兼健脾涩肠，止血止嗽，疗痔。日干为白柿，火干为乌柿，宜用白者。干柿去皮纳瓮中，

---

① 见清曹庭栋：《养生随笔・粥谱》，"择米第一"。
② 见清曹庭栋：《养生随笔・粥谱》，"择水第二"。

待生白霜，以霜入粥尤胜。

此外，清黄云鹄亦编有《粥谱》一书，分"谷类"、"蔬类"、"蔬实类、樰类、蓏类"、"木果类"、"植药类"、"卉药类"、"动物类"数类，所收粥品凡237种，也均为养生治疾的"药粥"。由于其具有益人健体的功用，故被视作饮食祥物，历来为老年人所钟爱。

药　酒

酒为助兴饮品，又有祛病的药用。中国自古有配制药酒的传统，药酒成了民俗节日中不可或缺的饮品。例如，除夕的"屠苏酒"，用大黄、蜀椒、桔梗、桂心、防风、白术、虎杖、乌头八味中药合而为剂，酒泡而成，以"屠绝鬼气"、"苏省人魂"；①端午的雄黄酒，用以驱辟五毒；中秋饮桂花酒，以应时赏月；重阳饮菊花酒，以求"辅体延年"……

元忽思慧在《饮膳正要》卷3中论及酒的药性：

酒，味苦甘辣，大热，有毒，主行药。势杀百邪，通血脉，厚肠胃，润皮肤，消忧愁。多饮损寿伤神，易人本性。酒有数般，唯酝酿以随其性。

《饮膳正要》卷3还收录有药酒多品，现摘录数例，以见其功用：

虎骨酒
以酥炙虎骨，捣碎酿酒，治骨节疼、痛风、疰冷、痹痛。

枸杞酒
以甘洲枸杞，依法酿酒，补虚弱，长肌肉，益精气，去冷风，壮阳道。

地黄酒
以地黄绞汁酿酒，治虚弱，壮筋骨，通血脉，治腹内痛。

松节酒
仙方。以五月五日采松节，锉碎煮水酿酒，治冷风、虚骨、弱脚不能

① 详见陶思炎：《中国镇物》，台北东大图书公司，1998年，页73～74。

履地。

茯苓酒

仙方。依法酿酒，治虚劳，壮筋骨，延年益寿。

松根酒

以松树下撅坑，置瓮取松根津液酿酒，治风，壮筋骨。

五加皮酒

五加皮浸酒，或依法酿酒，治骨弱不能行走，久服壮筋骨，延年不老。

由以上数例可见，药酒有治病强身、延年益寿之效，自然也成了饮食祥物。

药　茶

茶在中国历史悠久，传说“炎帝崩于茶乡”，茶当作药材用以治病、解渴当在数千年之前。自唐陆羽的《茶经》问世以来，有关茶的理论及功用已言之凿凿。

陆羽《茶经》“七之事”引《神农食经》曰：“茶茗久服，令人有力，悦志。”

明朱权《茶谱》论及“茶之功”曰：“茶之为物，可以助诗兴而云山顿色，可以伏睡魔而天地忘形，可以倍清淡而万象惊寒，茶之功大矣！……一云早取为茶，晚取为茗。食之能利大肠，去积热，化痰下气，醒睡，解酒，消食，除烦去腻，助兴爽神。得春阳之首，占万木之魁。”

明罗廪《茶解·总论》曰：“茶通仙灵，久服能令升举。”

茶的药物功用也早见之于文学作品中，唐诗人卢仝《走笔谢孟谏议寄新茶》诗云：

一碗喉吻润，
两碗破孤闷。
三碗搜枯肠，惟有文字五千卷。
四碗发轻汗，平生不平事，尽向毛孔散。
五碗肌肤清，
六碗通神灵。
七碗吃不得也，唯觉两腋习习清风生。

茶能使人飘飘欲仙，当然也就被视作祥物。

唐王焘于公元752年编著的《外台秘要》一书，详细记载了药茶的泡制、饮用的方法。及至近代，各地仍有不少药茶方广为流传。例如，在山东黄河口一带常见的药茶有：

茶棵子（茶叶花、罗布麻）：生长在沿海滩涂和黄河沿岸，因叶子和花像茶而得名。味甘苦，能消热降火，平肝熄风。主治头痛眩晕、失眠等症，对心脏病、高血压也有很好的疗效。在农历五月，采其嫩叶焙干，掺少量茶叶冲饮。

茅根茶：野生的茅草。用白茅根10克，加茶5克，水适量，冲服或煎服，清热利尿，对麻疹亦有疗效。

石榴茶：当春季榴叶萌发之时，采其嫩叶，用文火焙干，加入少许茶叶，常年冲饮，有开胃、防止心脑血管病和保护肝脏等功效。

槐花茶：槐花有清香，性凉、味苦，与茶同饮能增强毛细管的韧性，对肠风、痔血、便血都有疗效。

菊花茶：有家菊、野菊两种。待菊花开后放香时，采瓣晾干，取菊花10克，龙井茶3克，共放杯内冲饮，有疏风散热、清肝明目之效。①

正因为茶有药用之功，才被古人视作“得春阳之首，占万木之魁”的“南方之嘉木”。②

图9-4　春宜食麦

食　疗

食疗是药用经验的归纳与总结，也是一种以防代治的有效手段。食疗有以时而作的古人之论，亦有按物论性的今人之谈。

元忽思慧《饮膳正要》卷2“四时所宜”，便是以时论食的疗法。他区别春、夏、秋、冬四时之不同，提出饮食的各有所宜。其书曰：

> 春气温，宜食麦。以凉之，不可一于温也。禁温饮食及热衣服。（图9-4）

① 参见王增山：《黄河口茶俗考》，《民俗研究》，1997年第2期。
② 陆羽：《茶经》，“一之源”曰：“茶者，南方之嘉木也。”

夏气热，宜食菽。以寒之，不可一于热也。禁温饮食、饱食，湿地濡衣服。（图 9－5）

秋气燥，宜食麻。以润其燥，禁寒食、寒衣服。

冬气寒，宜食黍。以热性治其寒，禁热食、温炙衣服。（图 9－6）

图9-5　夏宜食菽

图9-6　冬宜食黍

这还是一种比较笼统的食疗方法，而且也难把握。

今人郭仁杰集编有《食疗歌》，历数各种菜蔬、瓜果的药用性质，对民间食疗法加以总结和张扬。其歌曰：

盐醋防毒消炎好，韭菜补肾暖膝腰。
萝卜化痰消胀气，芹菜能降血压高。
胡椒驱寒又除湿，葱辣姜汤治感冒。
大蒜抑制肠炎发，绿豆解暑最为妙。
香蕉通便解胃热，健胃补脾食红枣。
番茄补血美容颜，禽蛋益智营养高。
花生能降胆固醇，瓜果消肿又利尿。
鱼虾能把乳汁补，动物肝脏明目好。
生津安神数乌梅，润肺乌发食核桃。
木耳抗癌入中药，黄瓜减肥有成效。

生梨柑橘化痰液，苹果消食有奇效。
紫阳茶叶含硒大，常饮能防癌症发。
海带含碘消淤结，香菇存酶肿瘤消。
菜花常吃癌症小，抑制癌菌猕猴桃。
紫茄祛风通脉络，莲藕除烦解酒好。
白菜利尿排毒素，蘑菇抑制癌细胞。
人体缺钙如何补，牛奶羊奶海带好。
健身佳品小米粥，脾胃肾虚有疗效。
醋泡鸡蛋能治病，四十五病疗效好。
蜂蜜润燥又益寿，葡萄悦色人不老。
西瓜天生白虎汤，物质丰富治病强。

从这道《食疗歌》(图 9－7)，我们可以看到，食疗法简便易行，基础深厚。它以劝诫、提示的方式倡导养生益寿，因此，《食疗歌》本身也就成了特殊的药用祥物。

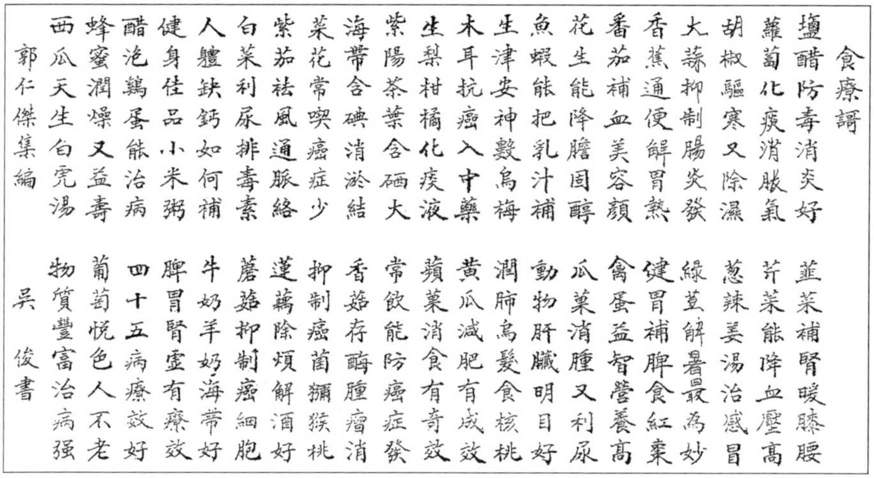

食療謠

壜醋防毒消炎好　韮菜補腎暖膝腰
蘿蔔化痰消脹氣　芹菜能降血壓高
胡椒驅寒又除濕　葱辣姜湯治感冒
大蒜抑制腸炎發　綠豆解暑最為妙
香蕉通便解胃熱　健胃補脾食紅棗
番茄補血美容顏　禽蛋益智營養高
花生能降膽固醇　瓜菓消腫又利尿
魚蝦能把乳汁補　動物肝臟明目好
生津安神數烏梅　潤肺烏髮食核桃
木耳抗癌入中藥　黄瓜减肥有成效
生梨柑橘化痰液　蘋菓消食有奇效
紫陽茶葉含硒大　常飲能防癌症發
海帶含碘消淤結　香菇存酶腫瘤消
菜花常喫癌症少　抑制癌菌獼猴桃
紫茄祛風通脈絡　蓮藕除煩解酒好
白菜利尿排毒素　蘑菇抑制癌細胞
人體缺鈣如何補　牛奶羊奶海帶好
健身佳品小米粥　脾胃腎虚有療效
醋泡鷄蛋能治病　四十五病療效好
蜂蜜潤燥又益壽　葡萄悦色人不老
西瓜天生白虎湯　物質豐富治病强

郭仁傑集編　吴俊書

图 9－7　食疗歌

二、信仰饮食

信仰饮食依存于信仰活动，或寄寓着信仰追求。它既实在，又神秘，往往因信仰观念的楔入而更引人注目。信仰饮食常常与一定的民俗情境相贴合，并借助一定的礼俗表达其吉祥的意义。

八仙宴、烧尾宴

八仙宴或八仙菜是在寿诞礼俗中常见的信仰性饮食祥物，但各地做法略有不同。

在江苏南通，八仙宴均用海鲜制成，分别取名为“仙姑起舞迎佳宾”（铁板文蛤）、“八仙聚合佐酒碟”（冷盘）、“国舅无火烹活虾”、“纯阳放生无尾螺”（田螺）、“拐李巧取西施女”（西施舌）、“采和点化蛤蟆精”（黄鱼）、“钟离喜食蟹之王”（花蟹）、“湘子托福万年青”（蔬菜）。因海鲜之“鲜”与“仙”谐音，菜取八道，故有“八仙宴”之名。①

在青海省，寿宴上的八仙菜也做八道：

1. 全鸡：寓意“终身吉祥”。
2. 韭菜炒肉：韭菜寓“久”，肉表滋补，合起来意表“福寿双全”。
3. 八宝红枣粥：取老来运红，晚年幸福之意。
4. 藕炒肉片：表生命绵长、路路通畅。
5. 竹笋炒肉：竹子瘦长多节，取其“有寿有节”之意。
6. 葛仙汤：酱油汤，色似葛洪在罗浮山所炼之丹，表“长寿养生”。
7. 馄饨：混沌是万物和人生之本，表返璞归真，永葆真元。
8. 长寿面：表生命久长。②

俗信吃了八仙宴或八仙菜，犹如八仙来庆寿，便能延年不老。八仙本为吉仙，饮食用八仙命名，不仅沾得了仙气，更增添了寿筵的喜庆气氛。

所谓烧尾宴，是古人为显达、高升而举办的宴会之名。唐许浑《晚登龙门驿楼》诗云：“风云有路皆烧尾，波浪无程尽爆鳃。”“烧尾”与“登龙门”的传说相关：鱼跃龙门时，必经雷电烧其尾而化龙。因此，古时士子荣登或迁徙，必盛置酒馔音乐，以展欢宴。这一宴会便名之为“烧尾宴”。及至现在，子女考上大学，亦有办庆宴者，虽不称“烧尾”，仍保留着“鱼跳龙门”的信仰观。

烧尾宴同八仙宴一样，同神仙传说相关，与吉物吉事相联，故打上了吉祥的印记。

开口糕、连心鱼

米糕是江南稻作区最常见的食品之一，其品种纷繁，口味不一，深为人们所喜爱。就太湖流域而言，米糕的品种及名称就有方头糕、条头糕、黄松糕、枣

① 参见韦来宏：《南通“八仙宴”》，《扬子晚报》，1992年7月20日。
② 参见苏克明：《寿·寿礼·寿星》，四川人民出版社，1994年，页141。

子糕、百果糕、猪油糕、八珍糕、蜜糕、薄荷糕、邱糕、茯苓糕、蒸蛋糕、绿豆糕、云片糕、小方糕、蒸儿糕、扁豆凉糕、枣泥拉糕、糖切糕、圆松糕、糖年糕、梅花糕、桂花糕、海棠糕、粢饭糕、蒸糕、雪花糕、软香糕、栗糕、荷叶糕等。

糕点也是礼俗中的象征物品,例如:喜糕是婚俗中的定亲之物,两头糕表男女双方“高高兴兴”,上头糕是在青年男女成丁、婚嫁礼俗中的馈赠之物,定胜糕为小孩上学所用,状元糕印有状元像于糕面,食之信可登科……

糕点在礼俗中的应用往往有信仰的成分,例如开口糕作为婚俗食品,就有其信仰的功能。过去农村人家多盼求生子,他们相信,夫妇进洞房后,谁先开口能决定生男生女,即新郎先开口生男,新娘先开口生女。为了头胎生个儿子,新娘会在闹过洞房、众人退去之后,拿出从娘家带来的开口糕请丈夫吃,丈夫说“谢谢”也罢,说“我吃不下”也罢,说“你自己吃”也罢,都信能生子。在这种民俗氛围中,开口糕就是一种婚用祥物。

食物与信仰的联系总是服务于一定的功利追求。贵州南部的苗民有吃“连心鱼”的信仰风俗。所谓连心鱼,是苗民待客的一道菜肴。其制法为:先将活鱼养在清水里,水中放入揉碎的花椒叶子,让鱼吸食后将肚中的食物和粪便吐泻干净。一般换三次花椒叶子水,鱼的肠胃就完全干净了。然后在鱼鳃下划一刀,抠出鱼胆,把鱼放入锅中,锅中有冷水,并倒入糟辣酸水和猪油。鱼煮熟后,主人用姜末、蒜末、葱花、盐、辣椒、花椒油做成蘸水,将鱼的一挂心肝连肠子一并夹出,放在蘸水中打个滚,敬献给客人,信能使主客心连心。①

连心鱼既是信仰食品,也是礼俗食品,它以巫术观念追求社会交际的功利,因此,也是一种信仰性饮食祥物。

爆孛娄、过街面

孛娄,即玉米,又叫“玉黍”、“玉蜀黍”、“玉茭”、“玉麦”、“苞谷”、“包米”、“棒子”、“珍珠米”,系一年生草本植物。孛娄在焦釜中可制成爆米花,由金黄色变为白玉色,称作“爆孛娄”。

爆孛娄是古代正月里的占事,由男女老幼各选一粒,以占终岁吉凶休咎。明李诩《爆孛娄诗》云:

> 东入吴门十万家,家家爆谷卜年华。
> 就锅抛下黄金粟,转手翻成白玉花。

---

① 参见卢有斌:《苗乡连心鱼》,《乡土报》,1987年第16期。

红粉美人占喜事，白头老叟问生涯。
晓来妆饰诸儿女，数片梅花插鬓斜。①

孛娄花不仅能用以占卜，也可作为吉祥饰品。在南京有正月十六“上城头”之俗，登城时孛娄花必不可少。据《金陵琐志·炳烛里谈》卷中载：

正月十六日，以棘刺穿玉黍作假花，执以上城，谓之“走百病”。

玉黍为多籽植物，妇人执玉黍花上城，乃讨多子的吉利。

同爆孛娄相类，“过街面”也是信仰性饮食。所谓过街面，与产育礼俗相关，是一种催生食品。《金陵琐志·炳烛里谈》卷上述及南京清代送过街面的风俗：

妇人将产子，母家必备小儿服饰及鸡、面、馓相馈，谓之“催生”。送礼后，逾月犹不生，则遣女仆备热面数碗送往女家，置诸地，急趋而出，女家人取食之，谓之“过街面”。是亦“催生”之余波也。

其实，过街面意为“过界面”，即指新生儿从彼界来到此界，从阴间来到人间。因此，它隐含着排除难产的镇辟意义和祈得顺产的吉祥追求。

孛娄花和过街面都是信仰与礼俗的产物，也均有明确的功能目标，它们既可食用，又表心迹，作为信仰性饮食，均从心理的层面增强了人们的生活信念，点亮了人们胸中的希望之光。

仙　食

仙人不食人间烟火，专吞气饮露，尝花食果。屈原《离骚》言及神仙们的饮食时说：“朝饮木兰之坠露兮，夕餐秋菊之落英。”他们的饮食与凡人迥然不同。在古代中国，有一些神仙饮食的传闻记录在志怪志异一类的笔记小说中，成为非实验的信仰。

汉郭宪《洞冥记》载录了一些“仙食”的实例，今选其数则，附记于下：

都夷香，如枣核，食一片，则历月不饥。以粒如粟米许投水中，俄而满

① 引自《戒庵老人漫笔》，卷6。

大盂也。①

细枣出崂嵻山，山临碧海上，万年一实，如今之软枣。咋之有膏，膏可燃灯。西王母握以献帝，燃芳苡，灯光色紫。有白凤黑龙弁足来戏于阁，边有青鸟赤头，道路而下，以迎神女。神女留玉钗，以赠帝，帝以赐赵婕妤。至昭帝元凤中，宫人犹见此钗。黄诛欲之。明日示之，既发匣，有白燕飞升天。后宫人学作此钗，因名"玉燕钗"，言吉祥也。②

乌哀国有龙爪薤，长九尺，色如玉，煎之有膏。以和紫桂为丸，服一粒千岁不饥，故语曰："薤和膏，身生毛。"

有龙肝瓜，长一尺，花红叶素，生于冰谷，所谓"冰谷素叶之瓜"。仙人瑕丘仲采药得此瓜，食之千岁不渴。瓜上恒如霜雪，刮尝如蜜滓。③

上述都夷香、细枣、薤和膏和冰谷素叶之瓜，或食之使人"历月不饥"，或本"万年一实"，或使人"千岁不饥"、"身生毛"而羽化登仙，或令人"千岁不渴"。它们或出自西王母，或本为神物，故能使人生命久长。

这些仙食神物乃出自幻想的虚构，而非实有的自然之物，它们仅作为信仰饮食而存留于仙话传说中。然而，由于它们所反映的对生命的热爱与肯定，使之充满了乐生入世的祥瑞气息，因此既神秘，又令人憧憬。

① 见《洞冥记》，卷1。
② 同上，卷2。
③ 同上，卷3。

十　文字图画

文字、图画作为人类文明的产物，用以表达情感、传递信息、唤起美感，并立意载道，成为最具艺术特质的一类祥物。中国古典美学强调文以载道、画以立意、乐以象德、诗以言志的思想，并有艺之为道，道之为艺之说。[①] 文字、图画正有为道、为艺的双重取向，故成为表达中国传统价值观的最好媒介，并成为祥物的构成材料。

第一节　吉祥文字

所谓吉祥文字，是指表达吉祥语义的文字符号，其构成方式有单体式和合体式两种。单体式，即以单个汉字独立地表现某一祥瑞的意象，并成为某种吉祥事物的概括与象征。合体式，则以单字的组合、部首的拆合，以及文字与图画的混合，以表现具有一定语义的吉祥事物。其中，部首的拆合与字画的混合更具艺术的与游戏的性质，是古人"志于道，据于德，依于仁，游于艺"观念的产物。

一、单体祥字

单体祥字一般独立地、完整地被加以运用，或作为某一风俗物品和民俗场景的主题，或作为艺术与生活的一种装饰，它的出现能带来喜庆嘉瑞的气氛，能给人以慰藉和欢乐。例如，民间常用的福、禄、寿、喜、财等文字，就归属于单体祥字之列。

① 语出《宣和画谱》。

福

福在中国民间是使用最广的单体祥字之一,其字义颇为丰富。

福由"示"、"一"、"口"、"田"组成,"示"代表对神的祭祀,尤其指对土地神的敬祭,而"口"与人口相联,"田"与田地、田猎相关,在神的护佑下,有人口和土地便是幸福。后来,幸福观从较原始的人口生产与食物生产追求中扩张开来,形成了"五福"之说,使之带有对生命与社会的关注,丰富了原先的文化内涵。何谓"五福"呢?《尚书·洪范》曰:

五福:一曰寿,二曰富,三曰康宁,四曰修好德,五曰考终命。

长寿、富足、无病、行善、老死成为古人衡量幸福与否的五个尺度。近世俗民对五福又有浅近的理解,他们把福、禄、寿、喜、财称作"五福",并书于门头,以讨"五福临门"之吉。

福字有多种制法,可用红纸书写或用红纸剪刻,另有木刻、砖雕、石刻、印刷、刺绣、印染的字形,以作为吉祥的装饰。中国最大的福字在北京市白龙潭万福山,刻凿的福字有百余平方公尺,刻痕入石 15 公分,十里之外亦清晰可辨。除了作为装饰和景物,福字还用于玩物和器物之上,例如长沙火柴厂曾出了一套"百福"火花,采用百体书就的单个福字(图 10－1),每枚一字,贴为一盒,百盒百枚,合为"百福"。

福字不仅单个运用,还与其他文字组合,成为常用的吉祥语词,诸如:福寿双全、福在眼前、福寿康宁、迎春接福、多子多福、福运当头、洪福齐天、洞天福地、福如东海、五福临门、寿山福海、五福百合、福寿绵长、五福捧寿、福缘善庆、天官赐福、福赠贵子、福星高照、五福蟠桃、万福来朝,等等。福成为这些语词吉祥意义的基础,并显露出其多用的特点。

寿

寿字是民间生活中使用最多的吉祥字之一。自古有"五福寿为先"之说,人们对生命的热爱、对人生的关注,往往通过寿字无声地展现出来。寿作为主题祥字,比一切替代物、象征物能更明确地传导信息,也更为人们所喜爱。

以物喻寿是中国吉祥文化中的常见手法,它包括动物、植物、非生物,并因寿的主题而合成一个祥物支系。诸如,鹤、蝶、绶鸟、鹿、猫、狮、龟、蟾蜍、兔等动物,桃、萱草、梅、菊、万年青、松柏、竹、灵芝、枸杞、菖蒲等植物,以及山石、日、月、星辰、露水、大海等非生物,均构成民俗礼仪、吉祥图案、民间语汇中的

图 10-1　百福火花

长寿象征。它们的存在与运用，更使文字寿突出了点题的作用。

中国人过去从 60 岁始，每逢“整生日”，要举办隆重的寿诞贺仪，而寿字在寿堂布置中处于最显眼的位置。除单体寿字出现在器物、食物、衣饰之上，还有多种形制的“百寿字”（图 10－2）和“百寿图”供贴挂，成为对单体祥字诸多变体的集大成式的应用。

图 10－2　百寿字

在山崖勒石为寿，也体现了求吉的传统。在山东省青州市云门山崖壁上有一巨大的单体寿字，其高 7.5 公尺，宽 3.7 公尺，蔚为大观。在广西省桂林市西南 75 公里处有一“百寿岩”，岩壁上有宋绍定己丑年（西元 1229 年）知县史渭书刻的大“寿”字，字高五尺余，笔画中另有小“寿”字百体，因此其地有“百寿县”、“百寿镇”之名。寿字不仅满足着人们的祥瑞追求，更成为独特的旅游资源。

变体寿字具有图案化的装饰效果，往往与其他祥物互映互现，生成多种吉祥图案。在文、图混成的结构中，单体寿字多处于显眼的位置，成为祥图的中心和主题。

财

财是物质生活的基础，其多寡决定着富裕与贫困，而富在古人的幸福观中位居第二，故财历来为人所重。

财究竟是什么呢？《国语・鲁语》曰：“财，宝也。”《说文》曰：“财，人所宝也。”即言财被视作宝物，并被人所珍爱。另，财还有“货”、“帛”、“泉谷”之说：

> 《尔雅・释诂四》云：“财，货也。”
> 《礼记・坊记》注云：“财，帛也。”

《周礼·大宰》“以九赋敛财贿”注曰：“财，泉谷也。”

上述说法均把财当作用以通货交易的金钱。

财在古代还指米谷禾稼。《周礼·舍人》“分其财守”疏曰：“财，即米也。”另，《艺文类聚》卷85引《梦书》云：

禾稼为财，田之所出。梦见禾稼，言财气生。

由于天为乾，地为坤，而禾稼植于田地，故又有“坤为财”之说。正因为财被释为米谷、禾稼，所以《礼记·坊记》有“先财而后礼，则民利”之载。强调先让人有饭吃，再行礼仪教化，才能利民。

古之圣贤并不鄙薄财富，甚至明言爱财。《国语·周语下》曰：

圣人保乐而爱财，财以备器，乐以殖财。

圣人之爱财乃为了保乐，即维护社会的制度，并以社会的安定促进米粮、财货的丰足，他们盼求“财货浑浑如泉源，汸汸如河海，暴暴如丘山”。①

财在后世多被视作金钱，财字不仅为商家所钟爱，亦为一般俗民所常用。财字作为单体祥字，也经历了艺术化的再创过程，其字体有百种之多，百体财字意义明确，人见人爱，能给人以有别于其他祥物的审美感受。在火柴贴花中，就有这样的百体“财”字（图10-3），表明了财字在日用俗物中同样具有广阔的应用空间。

二、合体祥字

合体祥字，指经过加工改造的文字符号，或单字拼合，或部首笔划叠合，或字、画合体，均以叠加的、混合的方式，传导祥瑞的意义。合体祥字是文字符画的一种，它以文字汇集信息，每一合体的符号都附丽着特定的吉祥语意。合体字符多明朗、活泼，富于创意，表现出民间特有的乐生入世的生活美学。

囍

囍，是两个相同的单体祥字的拼合，它不能作单字发音，意读为“双喜”，取

① 语出《荀子·富国》。

图 10-3　百财火花

双喜临门、男女好合之意。

相传，在婚庆喜堂内和洞房门窗上贴“囍”的风俗始于北宋文人王安石。王安石 23 岁时赴京赶考，遇上汴梁马员外家以征联方式选女婿，马家出的上联是：“玉帝行兵，风枪雨箭，雷旗闪鼓，天作证。”王安石便以考试中遇到的考题应对，他写出的下联是："龙王设宴，月烛星灯，山食海酒，地为媒。"①马员外见到此联大喜，便把独生女儿嫁给了王安石。婚礼进行中忽闻报子来报："金榜题名，头名状元！"洞房花烛与金榜题名同期而至，真是双喜临门，喜上加喜。于是，王安石在红纸上连写下两个"喜"字，便成了"囍"。他还吟诗一首道：

功对联成红双喜，天媒地证作丝罗；
金榜题名洞房夜，小登科遇大登科。

从此，结婚贴红双喜的风俗流传开来，后来囍竟成了新婚的标记。

囍作为单字拼合的合体祥字具有图案化的特征，它以形表意，无声地传道喜庆吉祥的意义。它除了红纸书写，更有红纸剪刻，文字的拼合与背景图案往往叠合（图10－4），使囍的主题更加突出和丰富。

图 10－4　双喜图案

笔画叠合

用笔画叠合或部首叠合的方式而造出的合体祥字具有欢快的、赏乐的游艺性质，同时又不乏新奇、神秘的象征意味。

合体祥字以商家用语和新春吉语的组合重构为主，多用斗方红纸书就，贴于门户、墙壁、橱柜等处，用以纳吉迎祥，并点画节庆气氛。民间常把黄金万两、招财进宝、斗大元宝、日进斗金等吉祥语词并合书写，生成语义相同而构图醒目的合体祥字（图10－5）。这些合体祥字是仿效道符的书写方式，以叠积组合、置换位序和巧于构图的合字特点，表现了浓郁的神秘气息和谐趣吉庆的意义。显然，笔画叠合后的吉祥字符要比"生意兴隆通四海，财源茂盛达三江"、"林立千秋事业，如招万里财源"一类率直的言辞更为清新、活泼。

① 另有异文云，马家的上联是："走马灯，灯走马，灯熄马停步。"而王安石应对的下联为："飞虎旗，旗飞虎，旗卷虎藏身。"

图 10-5 合体祥字

字画合体

字画合体的吉祥文图一般以文字为中心，或以文字为构图的主要手段，通过文字与图画的组合构成新的图案，并主要用以加强文字本身所具有的祥瑞成分。

字画合体的艺术创造有四种基本形式。

其一，配合式。所谓配合式，即文字、图像既不融合，也不重叠，而是各自分开，通过在同一平面的相互位置关系，而构成新的图案。例如，将五只蝙蝠的图像围绕一个寿字分布，以意取“五福捧寿”之吉（图 10-6）。其中寿字，多写成长条形，以寓长寿；而蝙蝠多涂为红色，以寓洪福。

图 10-6 五福捧寿

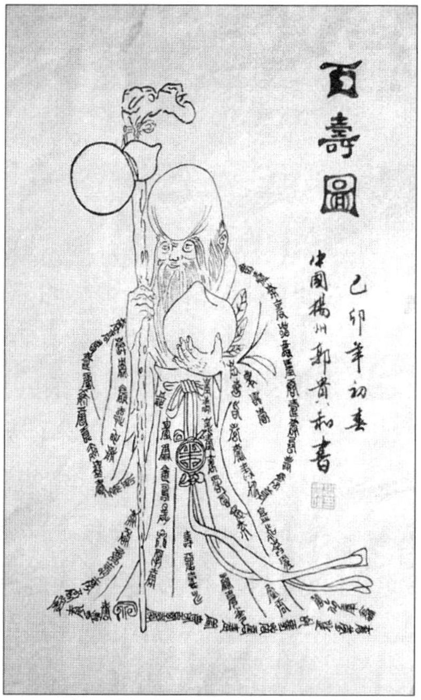

图 10-7 百寿图

其二，组合式。所谓组合式，即文字与图画紧密地组织在一起，构成一幅完整的图画。它往往以文字勾勒轮廓，同局部的图像自然组合，文字如同建筑中的砖石一般，成为构建祥图、祥物的基本材料。例如，扬州民间画师郭贵和绘制的“百福图”、“百禄图”、“百寿图”(图 10－7)、“百喜图”、“百财图”等，均以百体祥字为轮廓，将神像的头部、手脚、佩饰、道具等连接起来，合成一个完整的形象，产生字符式的嘉瑞效果。

其三，叠合式。所谓叠合式，即文字与图画呈重合关系，多以文字为基本构图，在字内填字或字内画图。例如，“百福图”有一种画法，就是在一大福字的笔画内填满大小不一的小福字，中间有一娃娃图，以表得子百福。另，用于寿诞礼仪、挂于中堂的大寿字，其笔画内则见有神山祥云、八仙的填绘，这种图画与文字的叠合，是以多路文化信息强化礼俗的主题(图 10－8)。

图 10－8　挂于中堂的寿轴

图 10－9　孝悌图(韩国民画)

其四，融合式。所谓融合式，即图画与文字既不是位置间的配合，不是构图上组合，也不是相互的重叠并合，而是将图画融入文字，成为某一笔画的替代，或在笔画的书写上显出图画的特征。融合式合体祥字具有艺术鉴赏和追求祥瑞的双重功用。例如，在朝鲜朝的“孝悌图”上，书写“孝悌忠信礼义廉耻”等字，其笔画分别由鱼、莲、龙、鸟、树、龟、日、月等替换，图与字浑成一体(图 10－9)。在日本宝永三年(1706 年)奥村屋版画“正月的惠比寿”上，汉字、平假名作为衣服与该福神的身体轮廓巧妙混融，其脚下另有福橘、寿虾、大福帐烘托出全图的吉祥气氛(图 10－10)。此外，在皖南黟县的祠堂内，高悬着一块孝匾，其第一、二笔画绘为一侧首的“孝子图”(图 10－11)，让人驻足品味，感慨不已。显然，融合式合体祥字更具艺术的感染力。

图 10－10　正月的惠比寿（日本民画）

图 10－11　皖南黟县祠堂内的孝字匾

第二节　吉祥图画

吉祥图画系指以祥物为表现对象的艺术构图，它们或动物，或植物，或器物，或人物，或神仙，用以唤起人们的生活热望，鼓励追求健康、快乐、富足的人生。吉祥图画通过民间艺人的手绘、版印、雕凿等加工，成为日常礼俗中最常见的艺术图像之一。社会礼俗的重复性与趋同性决定了吉祥图画题材的类型化、象征化，于是吉祥图案和吉祥符画就成了它的两个最显著的表现领域。

一、吉祥图案

吉祥图案是以吉利、祥瑞为主题的类型化、谱式化的民间图画。它应用于建筑装饰、家具器用、服装佩饰、年画剪纸、玩具食品等诸多方面，形成了一些构图法则和传统题材。民间常见的娃娃图、生肖图、八宝图、采菊图（图10－12）、二十四孝图等，也都经历了谱式化的过程，同平安富贵、一路连科、麒麟送子等图画一样，构成了吉祥图案的属种。

图 10－12　采菊图

娃娃图

娃娃图是近代民间年画中最受欢迎的一类题材，由于娃娃图像一般都绘得胖墩可爱，被人们视作得子、富贵的象征。娃娃图上除以男童作主题图外，多配有各类吉祥动物、吉祥植物、吉祥器物和吉祥文字，使全图成为新的吉祥图画。由于鱼、龙、鹿、蝙蝠、蟾蜍、喜鹊、狮子、荷花、牡丹、桃子、佛手、钱币、戟、磬、扇子、花灯等都已图案化，而娃娃也按“短胳臂短腿大脑颏，小鼻子大眼没有脖”的画规绘制，因此，娃娃图实际上就是一类吉祥图案。我们从娃娃图“喜报三元”（图10－13）和“玉堂富贵”（图10－14）上，不难看出吉祥的主题与图案化的手法。

娃娃图旧有百余式，以取“百子图”之瑞。每幅均有吉祥题名，多两幅并贴，形成上下相贯的吉祥语句。王树村先生曾介绍过百幅娃娃图的目录，它们是：1. 天地长春，子孙万代。2. 年年吉庆，富贵有余。3. 加冠进禄，冠带流传。4. 耄耋富贵，福寿双全。5. 莲有余利，乐有余荣。6. 二甲传胪，连中三元。7. 龙鲸进宝，金鱼呈祥。8. 二八登科，福寿三多。9. 金榜题名，喜自天来。10. 月月进宝，年年发财。11. 堆金积玉，宝聚财丰。12. 红梅结子，绿竹生孙。13. 百世流芳，万代居官。14. 金鱼现莲，龙鲸富贵。15. 乐子得金，欢

图 10－13　喜报三元

图 10－14　玉堂富贵

喜生银。16. 贵子卧莲，喜得呈龙。17. 金鱼贵子，富贵荣华。18. 吉庆有余，富贵满堂。19. 连科登第，钦加太师。20. 龙门跃鲤，鱼龙变化。21. 榴开百子，桃献千年。22. 三多九如，八百千秋。23. 簪缨继世，诗书传家。24. 官居一位，禄位高升。25. 一品当朝，凤凰来仪。26. 四时如意，八宝庆寿。27. 连生贵子，福寿绵长。28. 一元复始，万象更新。29. 年年如意，月月平安。30. 福缘善庆，鹤鹿同春。31. 青蚨飞入，宝马钱龙。32. 居家欢乐，教子成名。33. 太师少保，带子上朝。34. 金蟾同乐，高登一品。35. 琴棋书画，芝兰芙蓉。36. 鱼献珍宝，海屋添筹。37. 受天百禄，麟吐玉书。38. 兰孙贵子，指日高升。39. 花开四季，富贵长春。40. 驾福望喜，燕鹊呈祥。41. 长命富贵，瓜瓞绵延。42. 金银满堆，元宝成山。43. 凤舞文明，龙飞武昌。44. 读书封侯，禄位加官。45. 欢天喜地，竹报平安。46. 和合献瑞，海市蜃楼。47. 文韬武略，利禄功名。48. 安居乐业，天下太平。49. 梅呈五福，竹报三多。50. 麟游献瑞，凤舞呈祥。①

娃娃图除见于木版年画，还用作瓷器图案，在当代木雕挂件、火柴商标、新年贺卡等领域亦见应用，成为最有生命力的一类吉祥图案。

生肖图

生肖图，即有关十二生肖的图案（图 10－15），是以称作"十二属"的动物计年论岁的一类祥图。

图 10－15　生肖剪纸

生肖动物总是与地支相配，它们是：子鼠、丑牛、寅虎、卯兔、辰龙、巳蛇、午马、未羊、申猴、酉鸡、戌犬、亥猪。它们的定型有一个历史过程。十二生肖与地支相配的载录最早见于在湖北云梦发现的秦简《日书》，其中有"鹿"无"犬"，且一些动物与地支的相配与汉后的定说不一。② 不过，它比《法苑珠林》所引的《大集经》要早得多，推翻了汉地十二辰来自佛经的说法。

十二生肖大约产生于中国的战国时代，作为纪年的符号，它建筑在以十二年为周始的岁时认识和天象观察上。木星古称"岁星"，它以十二地球年为一周天，因此，十二生肖是"岁星纪年法"的一种形象表述。

古人对十二生肖与地支的对应有种种论断，诸如阴阳说、性情说、缺限说、文字会意说等。③ 其中，以阴阳说较占上风。古人以单数为阳，双数为阴。于是，一、三、五、七、九、十一为阳，二、四、六、八、十、十二为阴，作为月份，它们对

① 引自王树村：《中国民间画诀》，上海人民美术出版社，1982 年版，页 95～96。

② 秦简《日书》载："子，鼠也；丑，牛也；寅，虎也；卯，兔也；辰，（原简缺漏）；巳，虫也；午，鹿也，未，马也；申，环（猿）也；酉，水（雉）也；戌，老羊也；亥，豕也。"

③ 详见杨荫深：《事物掌故丛谈》，"岁时令节"，附录二"十二生肖考"，世界书局，1945 年。

应的地支中子、寅、辰、午、申、戌为阳，丑、卯、巳、未、酉、亥为阴。明郎瑛《七修类稿》云："地支在下，各取物之足爪，于阴阳上分之。"根据这一逻辑，鼠、虎、龙、猴、狗皆五指，而马为单蹄，其数皆为"阳"，而牛、羊、鸡、猪皆四爪，兔两唇，蛇两舌，都是双数，故为"阴"。阳阴的交替决定着时序、年岁的更迭。

作为纪年符号的生肖图具有多重的应用，它分别出现在饰品、年画、门笺、商标、剪纸、花钱、建筑木雕等领域，早已超出纪年的单一功用，成为纳吉迎祥的又一象征。

八宝图

八宝是明清以来中国民间习见的对某些物类的美称，如食物有八宝饭、八宝鸭、八宝莲子粥，佩饰有金八宝，此外，建筑装饰、云锦、刺绣中则有八宝图。八宝是对中古七宝——金、银、琉璃、砗磲、玛瑙、琥珀、珊瑚之说的增删和套用。除了以"八"言其多，还以"八"为庄重、稳当、周全。《白虎通·嫁娶》云："八者，纲维也。""八"有总领的性质。

民间所谓的八宝，又称"杂宝"，它从各种宝物中选取八件而合成。这些杂宝包括：珊瑚枝、珊瑚珠、金锭、银锭、犀角、书卷、方胜、双胜、古钱、火珠、笔锭、如意、秋叶、磬、法螺、灵芝、松、鹤、和盒、鼓板、双鱼等。

就建筑上的"八宝图"而言，多指和盒、玉鱼、鼓板、磬、龙门、灵芝、松、鹤八物，[①]它们各有特定的意义。

和盒，是一种六角形的盒子，既为财富丰厚、取之不竭的象征，又有夫妻恩爱、好和合一之意。

玉鱼，即双鱼，原表丰稔、昌盛，又作夫妇好合、子孙兴旺和富足长乐的象征。

鼓板，亦名"拍板"，由檀木制成，系用作打拍子的乐器。唐杜牧有"画堂檀板秋拍碎，一引有时联十觥"的诗句，其"檀板"就是"鼓板"。它使乐曲有节拍，有板眼，故比喻为生活有节奏、有规律，无舛乱、无灾祸之意。

磬，系玉石制成的打击乐器。《诗经》中有"既和且平，依我磬声"之句，它选入八宝，以喻男女老幼相依相安，合家和睦，共享天伦。

龙门，是鱼龙幻化的灵物，用以寄托超升腾达、化卑为尊的仕途进取之愿。

灵芝，被人们视作仙药、神草。《抱朴子》曰："山芝者，韩终所食也。与天地相极，延年寿，通神明矣。"灵芝进入八宝，反映出古人对年寿和康泰的追求。

---

① 此说见德龄：《御香飘渺录》。

松，作为长青之树，亦是长寿之征。《史记》有“松柏为百木之长也，而守宫阙”之载，因此，松为八宝之一除取长寿之功外，还寓有烘托居室庄严肃穆之意。

鹤，为高雅、纯洁、长寿、通仙的象征。《相鹤经》曰：“鹤，阳鸟也，而游于阴，盖族之宗长，仙人之骐骥也。”①鹤既作为“仙人之骐骥”，故有雅且不死之性。

可见，建筑八宝图与家庭人伦、功名生死相关，成为一组意义明确的吉祥图案。

受佛教影响，又有八宝吉祥或八吉祥的图案，藏民称之为“扎西扎杰”。八吉祥包括：海螺、法轮、宝伞、天盖、莲花、宝壶、双鱼、盘长。此八宝或单个应用，或组合变化(图 10－16)，成为器物、云锦等的装饰图案。八宝吉祥虽被说成与佛陀的生平和布道息息相关，②但早已走出宗教，进入民俗，成为又一组昭示吉祥的艺术图案。

图 10－16　八吉祥组合图

二十四孝图

“二十四孝图”是一组标榜孝道的吉祥图画，现有《二十四孝图诗》、《女二十

① 引自《艺文类聚》，卷 90。

② 详见〔印〕G. N. 梅赫拉：《不丹——静龙之国》，西藏社会科学院内部资料本，页 39～40。

四孝图》、《二十四孝图说》、《图解二十四孝》等书传世。这些书不著撰人，大约产生于元代。元张宪《玉笥集》卷 5 有《题王克孝二十四孝图诗》，可见二十四孝图在元代已经成形。有说，《二十四孝图书》为元郭守敬的弟弟郭守正所编。①

二十四孝图取虞舜、汉文帝、曾参、闵损、仲由、董永、郯子、江革、陆绩、唐夫人、吴猛、王祥、郭巨、杨香、朱寿昌、庾黔娄、老莱子、蔡顺、黄香、姜诗、王褒、丁兰、孟宗、黄庭坚二十四人的孝行传说而绘成，其图在长期传承与应用中也已经程式化、图案化了。这二十四幅孝图分别题名为：孝闻天下、亲尝汤药、啮指痛心、单衣顺母（图 10－17）、为亲负米、卖身葬父、鹿乳奉亲、行佣供母（图 10－18）、怀橘遗亲、乳姑不怠、恣蚊饱血、卧冰求鲤、为母埋儿、扼虎救亲、弃官寻母、尝粪忧心、戏彩娱亲、黑椹供亲、扇枕温衾、踊泉跃鲤、闻雷泣墓、刻木为亲、哭竹生笋、涤亲溺器。

图 10－17　二十四孝图·单衣顺母

二十四孝图不仅见之于书，作为吉祥图案也有多种应用：在河南少林寺地藏殿西墙壁，绘有二十四孝图；在江苏华西村农民公园内建有“二十四孝亭”，每亭中有一组孝行故事人物塑像，其形体与真人相仿，生动传神。此外，在旧时的香烟洋画上、年画上，亦见有二十四孝图。二十四孝图以图案方式在民间广为流传，以取教化之功。由于其构图方式基本相类，又以倡导孝道为主

① 见《辞源》，商务印书馆，1987 年版，页 69。

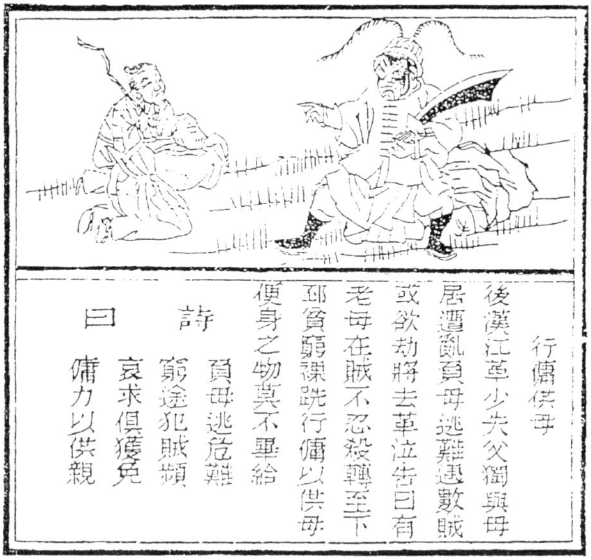

图 10－18　二十四孝图・行佣供母

旨，故可视作又一组吉祥图案。

二、吉祥符画

吉祥符画是吉祥图画中笔画简洁而意义幽深的类型，它比吉祥图案更加符号化，在宗教与民间信仰中多有所用。常见的吉祥符画有十字纹、卍字纹、星宿纹、日月纹、云雷纹、盘长纹、古钱纹、齿牙纹等，它们在单独出现或组合表意中均传导吉祥的意义。

卍字纹

卍字纹在中国是一个文字化了的吉祥符画，其读音为“万”，它作为一个汉字被确定下来，据说是在武则天的大周长寿二年，即西元 693 年。《翻译名义集》卷 6 引《华严音义》曰：

> 卍字本非是字。大周长寿二年，主上权制此文，著于天枢，音之为“万”，谓吉祥万德之所集也。

卍字作为吉祥的象征，是一世界文化现象。中国在内蒙古自治区敖汉旗小河沿文化层中出土的陶器上发现有六个卍形纹饰（图 10－19），其年代大约在公元前2500年左右，另在青海乐都县柳湾墓地发现马厂类菱形卐纹罐，其年代大约在公元前2300～2000年之间。古印度的卐字纹称作swastika，在梵语中有“幸福、愉快、好运”之意。它后被佛教所利用，绘于佛陀的胸前和足上，成为吉祥的标相。有趣的是，在古希腊的壶画上阿波罗神像的胸部也有卐形纹饰（图10－20）。此外，在古代埃及、小亚细亚、西亚及欧洲其他地方也见有这种纹饰。

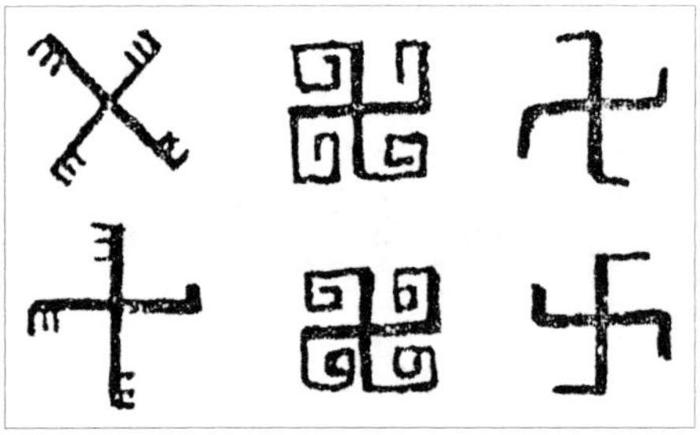

图10－19　小河沿文化陶器上的卐字纹

图10－20　古希腊壶画上的阿波罗神

图10－21　出土于特洛伊的女神像

卐字纹的吉祥意义来自它的象征。它或作为太阳的象征，或作为火焰的象征，或作为女性生殖器的标志（图10－21），即生育与繁殖力的象征。卐字纹又有左旋（逆时针方向）和右旋（顺时针方向）两种不同的纹饰，在古印度分别称作swastika和sauwastika。二者的涵义分别表示太阳自春至夏的正向运动和太阳自秋至冬的逆向运动。① 在中国吉祥符画卐字锦上，正是以左旋与右旋并在，表现出春秋无限的景象（图10－22）。

卐字纹作为吉祥符纹在中国民间广为流传，在建筑、家具、锦缎、绣品、器物上多有所见，并常与寿字、蝙蝠等相组合，形成“万寿”或“万福”一类的祥图。从应用看，卐字纹主要不是作为文字，而是作为一种寓意吉祥的符画在世代传用。

① 参见芮传明、余太山：《中西纹饰比较》，上海古籍出版社，1995年版，页43。

图 10－22　卐字锦

盘长纹

所谓盘长纹，系佛家八宝之一，但也单独为用。

盘长纹以线条的延绵不断和左拐右折，往往构成一个又一个的结，人称“百结”，以表“百吉”。由于它无头无尾，无始无终，无休无止，且有规律、有韵律地盘曲连接，人们把它视作世代延绵、寿康永续、生命不绝、幸福无边的吉祥象征。

盘长纹有多种样式，有与方胜相类的方胜盘长和套方胜盘长（图 10－23），也有以绳结模拟葫芦的万代盘长和四个盘长纹连体的四合盘长（图 10－24），另有造型如花的梅花盘长和双盘长（图 10－25），当然，所见最多的是单体盘长（图 10－26）。

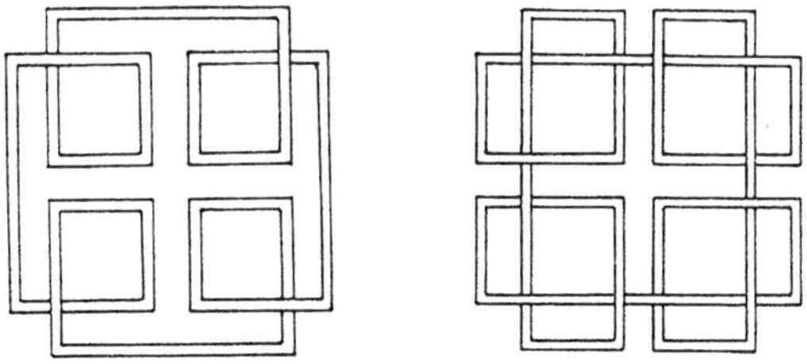

图 10－23　方胜盘长和套方胜盘长

盘长纹作为吉祥符画常用在建筑木雕、衣饰佩物、荷包刺绣、石桥栏板等上面，以当作迎祥纳吉的瑞应之物。

图 10－24　万代盘长和四合盘长

图 10－25　梅花盘长和双盘长

图 10－26　盘长纹

古钱纹

古钱，边圆孔方，是天地抱合、阴阳相就的象征。古钱具有祥物与镇物的双重身份，在民间习用的符画中颇为易见。诸如，民宅屋脊瓦饰、建筑砖雕与木刻、气窗与漏窗的纹饰、家具上的刻纹、新春贴于门楣的红钱、锦缎上的图案、剪纸与年画等，特别是摇钱树以及刘海戏金蟾之类的题材，均有古钱的纹饰，成为具有求吉功能的一种主题符画。

古钱纹的符画意义来自阴阳相合，实际上它是太极图的一种化用形式。《周易·系辞上》曰：

易有太极，是生两仪，两仪生四象，四象生八卦。

古钱呈两仪之象，系太极所生，有生化象、卦之功。周敦颐《太极图说》释云：

无极而太极，太极动而生阳，动极而静，静而生阴。静极复动。一动一静，互为其根。分阴分阳，两仪立焉。阳变阴合，而生水火木金土，五气顺布，四时行焉。五行一阴阳也，阴阳一太极也，太极本无极也。

古钱以方、圆的不同几何图形展现出阴阳之分和动静之态，演示着“太极本无极”的哲学内涵。

古钱在俗用中有财富的象征意义，又有调和阴阳，驱凶纳吉的取义，同时，也是对太极的哲学内涵作出的艺术式表达。

古钱纹除单个出现外，常成双并用，并与蝙蝠同图，以讨“福在眼前”之吉（图 10－27）。作为吉祥符画，古钱纹深为民间所喜爱，至今仍借刻纸、木雕、砌筑等形式而存留。

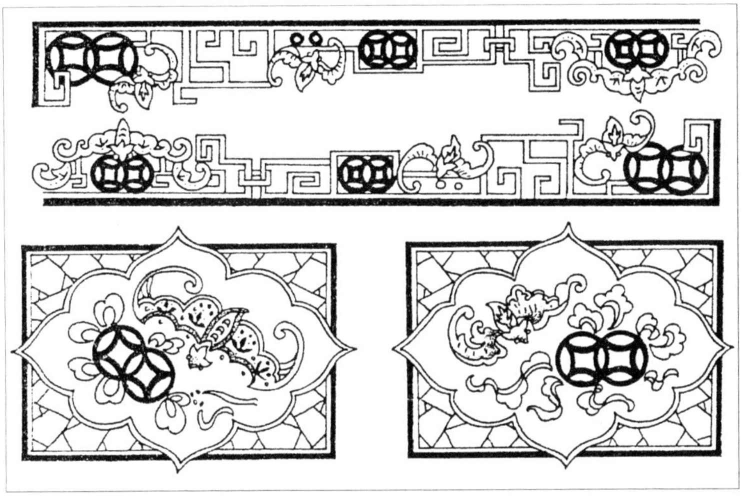

图 10－27　福在眼前

结　语

祥物作为福善、嘉庆的象征，是人类生活中不可或缺的充满意志力量的文化符号。它与镇物相反相成，均遵循物物、物事、物人交感的生成逻辑，追求祈福或禳祸的功利目标。

祥物是人类认识自然、把握生活的强烈愿望的物化，是人类艺术与审美情感的自然表达，也是人类智慧与创造的文化结晶。祥物以其乐观的基调、坦荡的品质、执著的理念、和谐的风格成为中国民俗艺术中最具魅力的物类。

祥物取材多样，生成复杂，构图丰富，应用广泛，具有长效的生命和不衰的功能，至今广为传习，并深为大众所喜爱。祥物不仅能作历史的传承，还不断有体现时代特色的新创，"新吉祥物"已成为当今国际性的文化现象。

新吉祥物多以动物、植物、文化物品、人物或精灵构成，用于盛大的运动会、重要的文化节和一些商业活动中。例如，1986 年墨西哥世界杯足球赛以名为"比基"的青辣椒为吉祥物；1990 年意大利世界杯足球赛的吉祥物为绿、白、红的三色小人；2000 年悉尼奥运会吉祥物为笑翠鸟"奥利"、针鼹"米利"和鸭嘴兽"悉德"。2002 年世界杯足球赛选用一大（黄色）二小（紫色和蓝色）三个精灵为吉祥物，据介绍，它们来自热爱足球的宇宙王国"ATMO"，大精灵是天国的王子，又是王国儿童的足球教练，他受国王的特别使命，率领"ATMO"足球队来到地球，负责渲染 2002 年世界杯赛的节日气氛。① 1999 年在江苏南京举办的第六届中国艺术节，选定"欢欢"、"喜喜"为吉祥物。他们头戴龙冠凤帽，颈挂金锁，身着肚兜，手持拨浪鼓，作行走状（图 1）。"欢欢"、"喜喜"借鉴了无锡惠山泥人和苏州桃花坞年画的艺术造型与色彩，获得了好评。此外，有 66 个国家和地区参展的"中国 1999 世界邮展"，则以当年的生肖图案为吉祥物（图 2）。

① 见《扬子晚报》，1999 年 12 月 2 日，A7 版。

图 1　第 6 届中国艺术节吉祥物欢欢、喜喜

图 2　中国 1999 世界邮展吉祥物

新吉祥物的兴盛反映了人类对幸福与美满的追求，对成功与欢乐的期盼和对和平与发展的呼唤。作为传统祥物的延续与补充，新吉祥物的风行是一个值得探索的文化现象，它同样具有生活认识、艺术审美和学术研究的特殊价值。

我们已经跨入了 21 世纪，在这新的世纪里，祥物在人类文化中是否还有一席之地？著者可以乐观地作出肯定的回答。只要人类在未来的发展中还受到自然力（来自客观世界）、生产力（来自科学技术）、道德力（来自社会伦理）和信仰力（来自精神意识和宗教情感）的制约与驱动，只要人类还有生理需要、安全需要、社交需要、尊敬的需要和自我价值实现的需要，①只要人类还保有永不枯竭的艺术创造激情，传统祥物就能伴随着文化变迁而发展，新的吉祥物类就会不断涌现。

天下大福善，世代长嘉庆，永远是人类心底里最质朴、最虔诚的祈盼，祥物寄托着人类的这一生活热望，催化着艺术创造的激情，成为文化天地中最富情趣与内涵的无价瑰宝。

① 由美国心理学家马斯洛提出的人类需求的五个层次，参见《民俗研究》，1997 年第 1 期，页 38。

后　记

早在我构思《中国镇物》的时候，便有了日后写作《中国祥物》的计划。镇物、祥物相反相成、互联互补，构成民间物承文化体系中最能体现精神追求与艺术情趣的两个重要环节。

如果说镇物略显凝重、严肃的话，那么，祥物则相对地显得轻松而活泼。不过，它们同作为人类的文化符号和特殊工具，服务于生活的目的。不论从风俗的角度，还是从艺术的角度看，祥物与镇物虽有价值取向与功能追求的差异，但在本质上却显露出趋同的特征。

《中国镇物》于 1999 年 12 月曾获得"江苏省第六次哲学社会科学优秀成果"一等奖，但愿即将问世的《中国祥物》也不会让读者们失望。不过，这部小作不在于穷尽中国祥物的类型与事象，而仅从"应用"与"构成"两个主道方面入手，以揭示祥物文化的基本内涵和一般规律。读者若能从这本小书中多少获取一些有关中国祥物与中国民俗文化的知识，则为著者所欣慰。

写书出书既是同自己的心灵交流，也是同读者朋友们交流，为此，我诚挚地期待朋友们的批评与指教。

陶思炎

于金陵望山楼

参考书目

《十三经注疏》(影印版),中华书局,1979 年。
《山海经》(外二十六种),上海古籍出版社,1991 年。
汉刘向:《列仙传》(丛书集成本)。
晋干宝:《搜神记》,中华书局,1979 年。
晋葛洪:《西京杂记》,中华书局,1985 年。
唐徐坚:《初学记》,中华书局,1962 年。
唐欧阳询:《艺文类聚》,上海古籍出版社,1982 年。
五代丘光庭:《兼明书》,辽宁教育出版社,1998 年。
宋祝穆:《古今事文类聚》,上海古籍出版社,1992 年。
宋吴自牧:《梦粱录》,浙江人民出版社,1984 年。
明李诩:《戒庵老人漫笔》,中华书局,1982 年。
清段玉裁:《说文解字注》,上海古籍出版社,1981 年。
清陈梦雷:《古今图书集成》,中华书局,1963 年。
清阮元:《经籍纂诂》,成都古籍出版社,1982 年。
清袁景澜:《吴郡岁华纪丽》,江苏古籍出版社,1998 年。
清汪灏:《广群芳谱》(影印本),上海书店,1985 年。
清李斗:《扬州画舫录》,江苏广陵古籍刻印社,1984 年。
清陆寿名:《续太平广记》,北京出版社,1996 年。
清顾铁卿:《清嘉录》(影印本),上海文艺出版社,1985 年。
潘宗鼎:《金陵岁时记》,南京市秦淮区地方史志编纂委员会印,1993 年。
郑传寅等:《中国民俗辞典》,湖北辞书出版社,1987 年。
叶大兵等:《中国风俗辞典》,上海辞书出版社,1990 年。
胡朴安:《中华全国风俗志》,河北人民出版社,1986 年。

丁世良等:《中国地方志民俗资料汇编》,书目文献出版社,1989 年。
王景琳等:《中国民间信仰风俗辞典》,中国文联出版公司,1992 年。
杨荫深:《事物掌故丛谈》,世界书局,1945 年。
张道一等:《美在民间》,北京工艺美术出版社,1987 年。
《中国歌谣集成・江苏卷》,中国 ISBN 中心,1998 年。
芮传明等:《中西纹饰比较》,上海古籍出版社,1995 年。
宋兆麟:《中国民间神像》,学苑出版社,1994 年。
马书田:《中国民间诸神》,团结出版社,1997 年。
王树村:《中国民间画诀》,上海人民美术出版社,1982 年。
《吉祥图案》,北京市中国书店,1986 年。
李苍彦:《中国民俗吉祥图案》,中国文联出版公司,1991 年。
王树村:《中国民间年画史图录》,上海人民美术出版社,1991 年。
吕胜中:《中国民间木刻版画》,湖南美术出版社,1990 年。
左汉中:《中国民间美术造型》,湖南美术出版社,1992 年。
《绣像二十四孝图说》,李光明庄梓行(张道一装订)。
张省:《工艺图案设计》,南京出版社,1989 年。
张志中:《花钱》,天津古籍出版社,1998 年。
郭若愚:《古代吉祥钱图像赏析》,上海教育出版社,1998 年。
朱开益:《江南民间木雕艺术图集》,上海书店出版社,1995 年。
濮安国等:《龙图 400 例》,轻工业出版社,1988 年。
故宫博物院陈列设计组编:《明代雕漆图案选》,人民美术出版社,1984 年。
高金龙编:《云南纸马》,黑龙江美术出版社,1999 年。
郑军等:《中国神仙图案集》,上海书店出版社,1996 年。
徐仲杰:《南京云锦史》,江苏科学技术出版社,1985 年。
苏州丝绸工学院工艺美术系编绘:《云冈石窟装饰》,天津人民美术出版社,1986 年。
刘庆孝等编绘:《中国吉祥动物图案集》,上海书店出版社,1996 年。
陶思炎:《中国纸马》,台北东大图书公司,1996 年。
陶思炎:《中国镇物》,台北东大图书公司,1998 年。
李玉川:《中国风土趣话》,世界知识出版社,1988 年。
郭伯南:《华夏风物探源》,上海三联书店,1991 年。
崔锦:《俗艺集》,天津杨柳青画社,1993 年。

沈之瑜:《剪纸研究》,上海人民美术出版社,1961 年。

《园林木雕图案》,重庆出版社,1984 年。

《马骀画宝》,荣宝斋,1983 年。

延安地区群众艺术馆编:《延安地区剪纸艺术》,陕西人民美术出版社,1986 年。

朱海容:《古吴春秋》,新疆青少年出版社,1994 年。

杨问春等:《江海风情》,大众文艺出版社,1999 年。

刘兆元:《海州民俗志》,江苏文艺出版社,1991 年。

蒋中健:《民间礼俗》,北方文艺出版社,1993 年。

孟燕等:《金龟·蟠桃·灵芝》,四川人民出版社,1993 年。

苏克明:《寿·寿礼·寿星》,四川人民出版社,1994 年。

刘克宗等:《江南风俗》,江苏人民出版社,1991 年。

金维新:《器物文化纪趣》,上海古籍出版社,1990 年。

图版索引

导论

一　岁时祥物

二　建筑祥物

四　交通祥物

五　礼仪祥物

六　天地祥物

七　吉神吉仙

八　物种祥物

九 饮食祥物

十 文字图画

结语

图书在版编目（CIP）数据

中国祥物/陶思炎著.—上海:东方出版中心，
2012.4（2020.5 重印）
ISBN 978-7-5473-0470-9

Ⅰ.①中…　Ⅱ.①陶…　Ⅲ.①民俗学—中国
Ⅳ.①K892.29

中国版本图书馆CIP数据核字（2012）第015893号

著作权合同登记号　图字：09-2011-464

中国祥物

出版发行　东方出版中心
地　　址　上海市仙霞路345号
邮政编码　200336
电　　话　021-62417400
印 刷 者　三河市德鑫印刷有限公司

开　　本　710mm × 1020mm　1/16
印　　张　25
字　　数　431千字
版　　次　2012年4月第1版
印　　次　2020 年 5 月第 2 次印刷
定　　价　41.00元